职业教育会计类专业系列教材

# 基础会计

主　编　刘亚荣

副主编　毛玉凤　常　虹

参　编　刘明霞　刘宗跃　王广敏　娄旭红

机械工业出版社

本书是为了适应中等职业教育财经类专业教学需要而编写的，全书共有10个项目，内容分为会计概述、会计要素与会计等式、会计科目与账户、会计记账方法、借贷记账法下主要经济业务的账务处理、会计凭证、会计账簿、账务处理程序、财产清查、财务报表。

本书内容涉及会计的基本原理、基本知识和基本技能，以模拟任务情景、布置任务检测的形式配合理论讲解，内容精练，通俗易懂，层次清晰，结构合理；突出会计基础知识和基本技能的培养与训练，充分考虑了中等职业学校对口升学和就业的需求。

本书可以作为中等职业学校财务会计类专业的基础教材，也可作为社会相关人员学习、培训的参考教材。

## 图书在版编目（CIP）数据

基础会计/刘亚荣主编. —北京：机械工业出版社，2019.5（2023.11 重印）
ISBN 978-7-111-62742-5

Ⅰ．①基…　Ⅱ．①刘…　Ⅲ．①会计学—中等专业学校—教材　Ⅳ．①F230

中国版本图书馆CIP数据核字（2019）第092468号

机械工业出版社（北京市百万庄大街22号　邮政编码100037）
策划编辑：李　兴　　责任编辑：李　兴　梁一鹏
责任校对：张　力　　封面设计：鞠　杨
责任印制：单爱军
北京虎彩文化传播有限公司印刷
2023 年 11 月第 1 版第 4 次印刷
184mm×260mm · 13.25印张 · 333千字
标准书号：ISBN 978-7-111-62742-5
定价：38.00元

电话服务　　　　　　　　　网络服务
客服电话：010-88361066　　机　工　官　网：www.cmpbook.com
　　　　　010-88379833　　机　工　官　博：weibo.com/cmp1952
　　　　　010-68326294　　金　书　网：www.golden-book.com
**封底无防伪标均为盗版**　　机工教育服务网：www.cmpedu.com

Preface
前言

"基础会计"是财经类专业的基础课程。本书参照最新颁布的会计专业相关法律法规，按照中等职业教育教学大纲以及河北省对口升学财经类专业考试大纲，结合社会对中等职业教育财经类专业毕业生的要求编写而成。

通过学习本课程，学生能够比较全面地了解、掌握会计基本原理、基本知识和基本技能。

**基本原理：**重在掌握会计的基本理论，明确会计是什么、核算什么、以什么样的方法进行核算。

**基本方法：**重在掌握会计基本方法的具体应用，明确企业在生产经营过程中，应如何进行确认、计量和报告。

**基本技能：**注重理论和实际相结合，全书以小明家开的工厂为主要线索，配合任务检测，做到学以致用。

全书共有10个项目，内容分为会计概述、会计要素与会计等式、会计科目与账户、会计记账方法、借贷记账法下主要经济业务的账务处理、会计凭证、会计账簿、账务处理程序、财产清查、财务报表。各项目内容环环相扣、层层深入、步步推进。

本书的主要特色是：

（1）体现中等职业教育的特色，注重对职业院校学生实际操作能力的培养。

（2）以最新的相关财经法律法规为依据编写本书的知识点。

（3）采用任务式的教学设计，所列任务目标、任务情景、任务检测紧扣核心内容，具有典型性。

（4）注重以学生为主体、教师为主导的教学理念，着重培养学生的创新精神和独立思考能力，使学生获得适应社会所需要的会计基础知识和基本技能。

本书由刘亚荣老师担任主编，毛玉凤、常虹老师担任副主编，参加编写的人员还有刘明霞、刘宗跃、王广敏、娄旭红。

为方便教学，本书配备了电子课件等教学资源。凡选用本书作为教材的教师均可登录机械工业出版社教育服务网www.cmpedu.com免费下载。欢迎加入中职会计教师交流群124688614分享和交流。

由于编者水平有限，书中不足之处在所难免，敬请读者批评指正。

编　者
2019年4月

Contents
# 目录

前言

Contents
目录

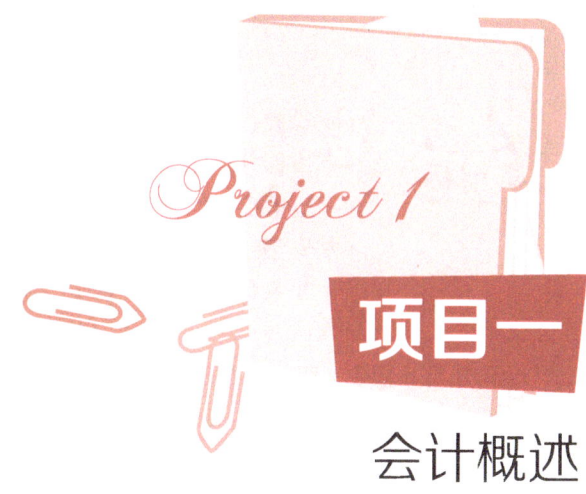

# Project 1

## 项目一

## 会计概述

熟悉会计的概念与基本特征，了解会计的产生与发展

熟悉会计对象，了解会计目标

掌握会计的基本职能以及各职能间的相互关系，掌握会计的核算方法

掌握权责发生制，了解收付实现制

掌握会计基本假设

熟悉会计信息质量要求

学习目标

## 任务一　知悉会计的概念与目标

**任务目标**
→ 掌握会计的概念及其含义，了解会计的产生与发展
→ 掌握会计的基本特征
→ 理解会计的基本职能
→ 熟悉会计对象，了解资金运动过程
→ 了解会计目标

　　金秋九月开学季，职教中心也迎来了新生。就要上课了，会计专业的学生聚在一起，讨论着"什么是会计"。

　　有人说："会计就和古代的账房先生一样，打打算盘，记记账。"

　　有人说："不对，现在会计都是在计算机上做账，报税。"

　　有人说："会计就是一种工作，咱们毕业后不就是找会计工作吗？"

　　有人说："会计是一个部门，每个单位都要设置会计部门的。"

　　有人说："会计是一门学科，我们现在要学的课程就是会计啊！"

**任务情景**

　　学生们说得对吗？看看下面的讲解……

**知识准备**　　作为一名会计专业的学生，我们需要知道：什么是会计？会计的特征、职能、目标都是什么？

### 一、会计的产生和发展

　　会计是随着人类社会生产的发展和经济管理的需要而产生、发展并不断完善的。在生产活动中，为了获得一定的劳动成果，必然要耗费一定的人力、物力和财力。人们一方面关心劳动成果的多少，另一方面也力求用尽可能少的耗费来换取尽可能多的劳动成果。为了达到这样的目的，就应该采用一定的方法对生产活动进行组织管理，来掌握有关人、财、物的情况和劳动成果的资料。于是，会计就应运而生了。

　　会计的雏形，是"生产职能的附带部分"。随着社会生产力的发展，剩余产品的出现，生产过程中需要计量和记录的内容多起来，生产者忙于生产，无暇兼顾记录，于是会计逐渐从生产职能中分离出来，成为一种专门的独立工作。

　　会计从产生至今，经历了一个漫长的历史过程。一般认为，会计的发展经历了三个重要的发展阶段。

#### 1. 古代会计阶段

古代会计阶段是从旧石器时代的中晚期始至15世纪末。

据考古文物证实，在文字产生以前的旧石器时代中晚期，人类最初的会计行为（即原始计量、记录行为）就已经发生了，如结绳记事、堆石记事、刻竹记事、绘图记事等，如图1-1所示。

"会计"一词起源于西周时代，据《周礼》记载，在约三千年前的西周就设有专门核算官方财赋收支的官职——"司会"，并采用"月计岁会"的方法来管理财赋收支，"零星算之为计，总合算之为会"。在西汉出现了名为"计簿"或"簿书"的账册，用以登记会计事项。在宋朝初期，官府官

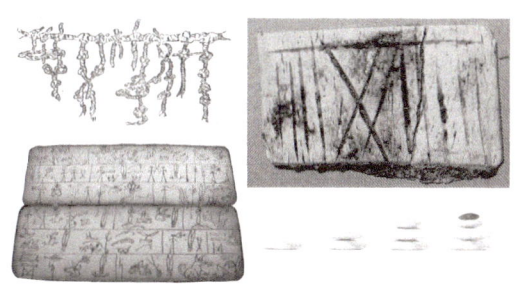

图 1-1 原始计量、记录行为

吏办理钱粮报销或移交，要编造"四柱清册"。所谓四柱，即指旧管、新收、开除和实在四个方面，相当于现代会计中的期初结存、本期收入、本期支出、期末结存。通过"旧管+新收=开除+实在"这一平衡公式，结算财产物资增减变化及其结果。"四柱清册"是我国会计发展过程中的一个重大成就，为我国传统的记账方法奠定了理论基础。

### 2. 近代会计阶段

近代会计阶段是从15世纪末至20世纪50年代初期。起源于意大利的复式记账法是近代会计形成的标志。1494年，被称为近代会计之父的意大利数学家卢卡·帕乔利出版了有关复式记账理论的专著《算数、几何、比及比例概要》，标志着记账方法由单式记账法向复式记账法的历史性转变，这也是会计发展史上的第一个里程碑，并标志着近代会计的开始。1854年，英国的苏格兰出现了世界上第一个会计师协会——爱丁堡会计师协会，该协会的出现被誉为会计发展史上的第二个里程碑。

我国会计从单式记账向复式记账的过渡一般认为是明末清初山西帮商人设计的"龙门账"，它是在"四柱清册"的基础上，把全部账目划分为"进（收入）""缴（支出）""存（资产）"和"该（负债）"四大类，并运用"进-缴=存-该"的平衡公式，编制进缴表（即利润表）和存该表（即资产负债表），实行双轨计算盈亏，两表结果相等称为合龙门。清代资本主义萌芽时期，我国从国外引进复式记账法，产生了"四脚账"（又称"天地合账"）。

### 3. 现代会计阶段

现代会计阶段自20世纪50年代开始至今。成本会计的出现和完善，以及在此基础上形成的管理会计并与财务会计相分离是现代会计的开端。

第二次世界大战结束以后，科技突飞猛进，知识更新加快，使会计的理论方法和技术得到进一步发展。为了满足企业管理者适应瞬息万变的外部市场环境的要求，成本会计出现并逐渐完善，在此基础上管理会计形成并逐渐同传统会计相分离，形成了一个与财务会计相对独立的领域。管理会计的诞生是会计发展史上的第三个里程碑，结束了会计只是对经济活动处于事后反映的被动局面，实现了会计对生产管理过程的事前、事中和事后的主动控制。现代数学、现代管理科学与会计的结合，特别是电子计算机在会计数据处理中的应用，使会计信息的搜集、分类、处理、反馈等操作程序摆脱了传统的手工操作，大大地提高了工作效率，实现了会计科学的根本变革。

## 二、会计的概念

会计的概念可以表述为：会计是以货币为主要计量单位，运用专门的方法，核算和监督一个单位的经济活动的一种经济管理活动。

会计的概念包含四个方面的内容，见表1-1。

**表1-1　会计概念的四个方面内容**

| 关　键　词 | 具　体　内　容 |
|---|---|
| 会计的本质 | 会计是一种管理活动 |
| 会计的基本职能 | 核算和监督 |
| 会计的主要特点 | 以货币为主要计量单位 |
| 会计对象 | 能够用货币表现的经济活动 |

### 三、会计的基本特征

从会计的发展及对其概念的分析，可以看出会计作为一种经济管理，较之其他经济管理具有以下特点：

#### （一）会计以货币作为主要计量尺度

在现实的经济活动中存在三种计量尺度：实物量度、劳动量度和货币量度。实物量度是指以财产物资的实物数量（如千克、米等）为单位，劳动量度是指以时间（如小时）为单位，货币量度是指以货币的数量（如人民币元）为单位。由于实物量度和劳动量度衡量基础不同，因此，无法进行综合、汇总，所以，单独使用实物量度或劳动量度都满足不了经济管理的要求，只有能够充当一般等价物的货币才可以把各种性质相同或不同的经济业务加以综合，转换为统一的具有综合性的价值指标，综合地反映经济活动的过程和结果。因此，会计核算以货币为主要的统一量度单位。

会计是以货币量度进行综合计量，但并不排斥实物计量和劳动计量，还需要借助它们作为辅助和注释性记录，如明细账、备查账的记录和财务报表附注，以便使经济活动得到更有效的、具体的反映，便于考核和控制。

#### （二）会计以真实、合法的原始凭证为依据

原始凭证是经济业务发生或完成时填制或取得的，是由经济责任人签字并对其真实性负责的最原始记录和证明。会计只有以合法的原始凭证为依据，才能取得真实可靠的经济信息，才能对各项经济业务进行正确的计量、记录和报告。即使实现了会计电算化，也要依据合法的原始凭证进行会计核算。

#### （三）会计具有一整套科学实用的专门方法

会计方法基本由会计的核算、检查、分析、预测、决策和控制等方法组成。其中，会计核算方法是会计信息的基础，会计检查方法是会计质量的保证，会计分析方法是会计信息利用的前提，会计预测、决策和控制方法是会计职能在延伸和管理细化的扩充。这几种方法既密切联系，又有一定区别，都是为了从事会计活动、履行会计职能、实现会计目标所运用的技术手段。

#### （四）会计提供的信息具有连续性、系统性、全面性和综合性

企业的经济活动是连续不断的，为了能够综合地反映企业、单位的经济活动，会计就必须运用一定的方法对企业、单位发生的各项经济活动按其发生的时间先后顺序不间断地进行记录，使所提供的信息连续；就必须运用一定的方法对企业、单位的各类经济活动进行科学的分类和相互联系的记录，使所提供的会计信息系统化；就必须运用一定的方法对企业、单位的全部经济活动毫不遗漏地加以计量、记录，使所提供的信息完整、全面；就必须对发生的经济业务以货币单位进行统一的计量，并辅以实物量度和劳动量度，使会计主体的全部经济活动得到了最集中的反映与控制。因此，会计以连续、系统、全面、综合地提供会计信息为基本特征。

## 四、会计对象

会计对象是指会计核算和监督的内容。由于会计需要以货币为主要计量单位，对特定会计主体的经济活动进行核算和监督，因而会计并不能核算和监督社会再生产过程中的所有经济活动，而只能核算和监督社会再生产过程中能够用货币表现的各项经济活动。即凡是特定主体能够以货币表现的经济活动，都是会计核算和监督的内容，也就是会计的对象。

以货币表现的经济活动通常又称为价值运动或资金运动。资金运动贯穿于社会再生产过程的各个方面，哪里有财产物资（包括无形的）哪里就有资金和资金运动，就有会计所要反映和监督的内容。

工业企业的资金运动通常表现为资金投入、资金运用（资金的循环和周转）和资金退出三个过程，如图1-2所示。

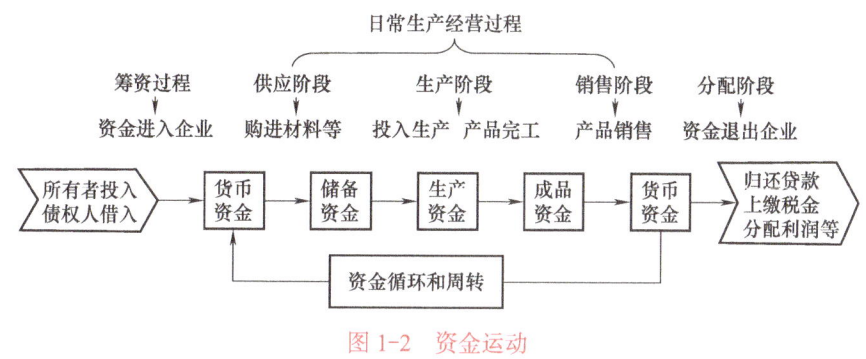

图 1-2   资金运动

### 1. 资金投入

资金投入是指企业通过各种方式筹集资金的过程，是资金运动的起点。企业筹集资金有两种方式：企业所有者（投资者）投入和债权人借入，前者属于企业所有者权益，后者属于企业债权人权益即企业负债。企业筹集到的资金按照不同的资金占用形态表现为货币资金、材料物资、固定资产、无形资产等。

### 2. 资金运用

资金运用是指资金的循环和周转的过程。工业企业的资金循环和周转分为供应、生产和销售三个阶段，不同阶段资金呈现不同的占用形态。在供应过程中，企业用货币资金购买各种材料物资，资金从货币资金形态转化为储备资金形态。生产过程中，车间生产产品领用材料物资、发生固定资产折旧及其他费用，资金从储备资金形态又转化为生产资金形态，当车间加工完毕的产品验收入库到成品库后，资金从生产资金形态又转化为成品资金形态。在销售过程，将产成品出售收回货币，这样资金又从成品资金形态转化为货币资金形态。资金从货币形态开始，经过供应、生产和销售三个阶段，依次由货币资金转化为储备资金，再转化为生产资金、成品资金，最后又回到货币资金的过程称为资金循环。随着生产经营过程的不断进行，资金周而复始、不断循环的过程叫作资金周转。

### 3. 资金退出

资金退出包括偿还各项债务、上缴各项税金、向所有者分配利润、经法定程序减少注册资本等，这部分资金便离开本企业，退出本企业的资金循环与周转。

## 五、会计目标

会计目标亦称会计目的，是指会计工作完成的任务或达到的标准。即向财务会计报告使用者（见图1-3）提供与企业财务状况、经营成果和现金流量等有关的会计信息，反映企业管理层受托责任履行情况，有助于财务会计报告使用者做出经济决策。

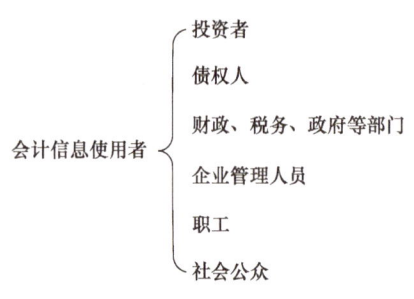

会计信息使用者
- 投资者
- 债权人
- 财政、税务、政府等部门
- 企业管理人员
- 职工
- 社会公众

图 1-3　会计信息使用者

会计目标主要包括以下两个方面：

（1）会计信息充分反映企业管理层受托责任的履行情况。

（2）向信息使用者提供对决策有用的会计信息。

## 任务检测

### 一、单项选择题

1. 会计的本质是（　　）。
   A. 一种经济管理目标　　　　　　　　B. 一项经济管理活动
   C. 一种技术工作　　　　　　　　　　D. 一种货币资金管理工作
2. 会计对象为（　　）。
   A. 特定主体的全部经济活动　　　　　B. 特定主体的全部活动
   C. 特定主体的部分经济活动　　　　　D. 特定主体能够以货币表现的经济活动

### 二、多项选择题

1. 会计的发展可划分为（　　）。
   A. 古代会计　　　　B. 近代会计　　　　C. 现代会计　　　　D. 互联网会计
2. 下列有关会计的说法中，正确的包括（　　）。
   A. 本质上是一种经济管理活动　　　　B. 对经济活动进行核算和监督
   C. 以货币为主要计量单位　　　　　　D. 核算特定主体的经济活动

### 三、判断题

1. 凡是特定主体能够以货币表现的经济活动，都是会计核算和监督的内容，也就是会计的对象。　　　　　　　　　　　　　　　　　　　　　　　　　　　　　（　　）

2. 资金的退出指的是资金离开本企业，退出资金的循环与周转，主要包括提取盈余公积、偿还各项债务、上交各项税金以及向所有者分配利润等。　　　　　　（　　）

 任务二 掌握会计的职能与方法

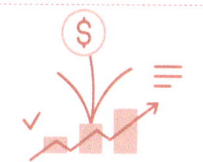

**任务目标**
→ 掌握会计的基本职能以及各职能间的相互关系
→ 掌握会计的核算方法

**任务情景**

小明家准备开一家工厂，经过多次考察，正式挂牌营业了。对于工厂发生的各项业务，都要一一记录下来。为了保证工厂能够长久地经营下去，要对各项支出进行监督。为了报账，工厂的业务要按照一定的方法进行核算。

 **知识准备**

我们已经学习了会计的概念、特点、对象和目标，那么，会计具有哪些职能呢？会计又是运用哪些方法实现会计目标呢？

## 一、会计的职能

会计的职能是指会计在管理经济过程中客观具有的功能。会计的基本职能是对经济活动进行会计核算，实行会计监督。

### （一）会计的核算职能

会计核算是会计工作的重要组成部分，贯穿于经济活动的全过程，是会计最基本的职能，也称反映职能。

会计核算是以货币为主要计量单位，通过确认、计量、记录、计算、报告等环节，对特定主体的经济活动进行记账、算账、报账，为各有关方面提供会计信息的功能。会计核算的五个环节见表1-2。

**表1-2 会计核算的五个环节**

| 环　节 | 描　述 |
|---|---|
| 确认 | 通过一定的标准或方法来确定所发生的经济活动是否应该或能够进行会计处理 |
| 计量 | 以货币为计量单位对已确定可以进行会计处理的经济活动确定其应记录的金额 |
| 记录 | 通过一定的会计专门方法按照上述确定的金额将发生的经济活动在会计特有的载体上进行登记 |
| 计算 | 按照专门的会计方法将所记录的内容进行计算、汇总 |
| 报告 | 通过编制财务报告向有关方面和人员提供会计信息 |

会计核算内容具体包括：①款项和有价证券的收付；②财物的收发、增减和使用；③债权、债务的发生和结算；④资本、基金的增减；⑤收入、支出、费用、成本的计算；⑥财务成果的计算和处理；⑦需要办理会计手续、进行会计核算的其他事项。

从核算时间来看，会计的核算职能渗透到生产经营或业务活动的全过程，包括事前核算及事中核算、事后核算。从核算内容看，既包括记账、算账、报账，又包括预测、分析和考核。记账、算账、报账、分析和考核是执行事后会计核算职能的主要形式；事前核算的主要形式是进行预测、参与计划、参与决策；事中核算的主要形式是在计划执行过程中，对经济活动进行控制，使过程按计划或预期的目标进行。

### （二）会计的监督职能

会计监督职能也称控制职能，是指会计人员在进行会计核算的同时，对特定主体经济活动的真实性、合法性和合理性进行审查。

会计监督应贯穿会计工作的全过程。会计监督是会计的基本职能之一，是我国经济监督体系的重要组成部分。

从监督的时间看，包括事前监督、事中监督和事后监督；从监督的主体看，包括内部监督和外部监督；从监督内容上看，包括真实性、合法性监督和合理性监督两个方面。真实性监督是指检查各项会计核算是否根据实际发生的经济业务事项进行。合法性监督指审查各项经济活动是否符合国家的经济政策、财经法规和会计制度等规定，以防止违法乱纪行为的发生。合理性监督是指审查各项经济活动是否符合特定主体的财务收支计划、是否有利于预算目标的实现、是否有违背内部控制制度要求、是否有奢侈浪费行为等现象，为增收节支、提高经济效益严格把关。

### （三）会计核算与监督职能的关系

会计核算与会计监督两项基本职能是紧密联系、密不可分、相辅相成的，同时又是辩证统一的。

会计的核算职能是会计发挥监督职能作用的基础，没有核算职能提供的信息，就不可能进行会计监督，因为如果没有会计核算提供可靠、完整的会计资料，会计监督就没有客观依据，也就无法进行；而监督职能又是核算职能的保障，没有监督职能进行控制，提供有力的保证，会计核算职能就不可能提供真实可靠的会计信息，也就不能发挥会计管理的能动作用，会计核算也就失去了存在的意义。

## 二、会计核算方法

会计方法是核算与监督会计对象，完成会计任务的手段，包括会计核算方法、会计分析方法、会计检查方法。会计核算方法是最基本的会计方法，如图1-4所示。

图 1-4  会计方法

会计核算方法由设置账户、复式记账、填制和审核凭证、登记账簿、成本计算、财产清查和编制财务报表等几种方法组成。会计核算方法构成会计循环过程，其具体内容见表1-3：

**表 1-3　会计核算方法**

| 会计核算方法 | 概　　念 | 内 容 链 接 |
|---|---|---|
| 设置账户 | 设置账户是对会计对象的具体内容进行分类核算的一种专门方法 | 详见项目三 |
| 复式记账 | 复式记账是指对所发生的每项经济业务，以相等的金额，同时在两个或两个以上相互联系的账户中进行登记的一种记账方法 | 详见项目四 |
| 填制和审核凭证 | 填制和审核凭证是指为了审查经济业务是否合法，合理，保证账簿记录正确、完整而采用的一种专门方法。会计凭证是记录经济业务，明确经济责任，作为记账依据的书面证明，是登记账簿的重要依据 | 详见项目六 |
| 登记账簿 | 登记账簿简称记账，是以审核无误的会计凭证为依据在账簿中分类，连续地、完整地记录各项经济业务的一种专门方法 | 详见项目七 |
| 成本计算 | 成本计算是按照一定对象归集和分配生产经营过程中发生的各种费用，以便确定各成本计算对象的总成本和单位成本的一种专门方法 | 详见项目五 |
| 财产清查 | 财产清查是指通过盘点实物，核对账目，以查明各项财产物资实有数额的一种专门方法 | 详见项目九 |
| 编制财务报表 | 编制财务报表是根据账簿记录的数据资料，概括地、综合地反映各单位在一定时期经济活动情况及其结果的一种方法 | 详见项目十 |

会计核算的七种方法，虽各有特定的含义和作用，但并不是独立的，而是相互联系、相互依存、彼此制约的，现代会计只有综合运用这七种方法才能顺利进行。在会计核算过程中，填制和审核会计凭证是开始环节，登记账簿是中间环节，编制财务报表是终结环节。

在一个会计期间，会计主体（企业）所发生的经济业务，都要通过这三个环节将大量的经济业务转换为系统的会计信息。这个转换过程，即从填制和审核会计凭证开始，经过登记会计账簿，直至编制出财务报表周而复始的变化过程，就是一般称谓的会计循环。在这个循环过程中，以三个环节为联结点，联结其他的核算方法，从而构成了一个完整的会计核算方法体系，如图1-5所示。

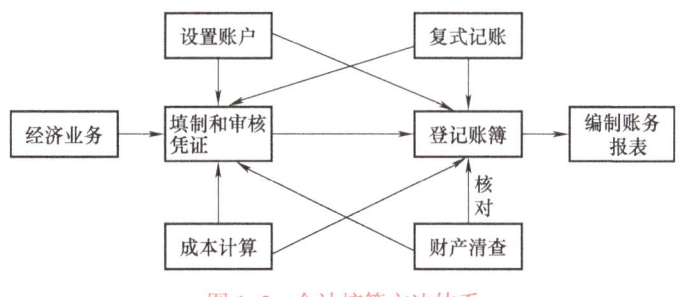

图 1-5　会计核算方法体系

## 任务检测

### 一、单项选择题

1. 下列各项中，属于会计基本职能的是（　　　）。
   A. 会计核算与会计预测　　　　　　B. 会计核算与会计决策
   C. 会计核算和会计监督　　　　　　D. 会计核算与会计分析

2. 下列项目中，不属于会计核算方法的是（　　　）。

    A. 复式记账          B. 成本计算          C. 财产清查          D. 编制财务预算

## 二、多项选择题

1. 下列属于会计核算方法的是（　　　）。

    A. 设置会计科目和账户          B. 复式记账

    C. 会计预测与决策          D. 填制和审核会计凭证

2. 下列事项中，应当办理会计手续并进行会计核算的有（　　　）。

    A. 签订采购合同          B. 债权、债务的发生和结算

    C. 财务成果的计算和处理          D. 财务情况分析

## 三、判断题

1. 会计方法中最基本的方法是会计核算方法。          （　　　）

2. 会计核算和会计监督两者之间没有关系。          （　　　）

## 任务三　掌握会计核算的基础

 **任务目标** ➡ 掌握权责发生制，了解收付实现制

    小明家的工厂自主经营、自负盈亏，按照什么方法确认收入和费用呢？本任务告诉你…… **任务情景**

 **知识准备**    我们已经学习了会计的基础理论，明确了会计的概念、特点、对象、职能、方法。那么，在运用会计核算方法核算会计对象时，标准是什么？

    在会计主体的经济活动中，经济业务的发生和货币的收支不是完全一致的，即存在着现金流动与经济活动的分离，如销售时间与收款时间不一致、费用归属与支付时间不一致等。由此产生两个确认和记录会计要素的标准，一个标准是根据货币收支与否来作为收入和费用确认并记录的依据，称为收付实现制；另一个标准是以取得收款权利付款责任作为记录收入或费用的依据，称为权责发生制。

    我国企业应当以权责发生制为基础进行会计确认、计量和报告。

### 一、权责发生制

    权责发生制又称应收应付制、应计制，是指以取得收到现金的权利或支付现金的责任的发

生为标志来确认本期收入和费用归属期的一项核算基础。

按照权责发生制，凡是本期已经实现的收入和已经发生或应当负担的费用，不论其款项是否已经收付，都应作为当期的收入和费用处理；凡是不属于当期的收入和费用，即使款项已经在当期收付，都不应作为当期的收入和费用处理。因此，权责发生制属于会计要素确认计量方面的要求，它解决收入和费用何时予以确认及确认多少的问题。

权责发生制依据持续经营和会计分期两个基本前提来正确划分不同会计期间资产、负债、收入、费用等会计要素的归属。

### 二、收付实现制

收付实现制，又称实收实付制，是指以款项是否收付作为标准来确认本期收入和费用的一项核算基础，是与权责发生制相对应的一种会计基础。按照收付实现制，凡在本期收到的款项，不论其是否属于本期，均作为本期的收入。凡在本期支出的款项，不论其应否属于本期，均作为本期的费用。

目前，我国行政事业单位会计核算一般采用收付实现制，事业单位存在经营业务需要采用权责发生制的，由财政部在相关会计制度中具体规定。

现将在权责发生制与收付实现制下的会计核算进行对比，见表1-4。

表1-4 对比表

| 经济业务 | 权责发生制 | | 收付实现制 | |
|---|---|---|---|---|
| | 分析 | 金额 | 分析 | 金额 |
| 本期销售产品5 000元，货款已收存银行 | 本期销售产品属于本期获得的收入 | 5 000 | 货款已收存银行，应当列作本期收入 | 5 000 |
| 本期销售产品10 000元，货款尚未收到 | 本期销售产品属于本期获得的收入 | 10 000 | 货款尚未收到，不属于本期收入 | |
| 预收货款8 000元，下月发货 | 不在本期销售，不属于本期获得的收入 | | 预收货款，应当列作本期收入 | 8 000 |
| 收到上月销货款6 000元存入银行 | 属于上月销货款，不属于本期获得的收入 | | 销货款已存入银行，应当列作本期收入 | 6 000 |
| 收入合计 | | 15 000 | | 19 000 |
| 支付本月广告费3 000元 | 本月广告费，属于本期负担的费用 | 3 000 | 已支付广告费3 000元，应当列作本期费用 | 3 000 |
| 计提本月固定资产折旧费7 000元 | 本月固定资产折旧费，属于本期负担的费用 | 7 000 | 计提折旧费（未付款），不属于本期费用 | |
| 支付本季度借款利息1 500元 | 本季度借款利息1 500元，本月利息费用500元（1500÷3） | 500 | 已支付借款利息1 500元 | 1 500 |
| 预付下年度报刊费1 200元 | 下年度报刊费，不属于本期应负担的费用 | | 已预付报刊费1 200元 | 1 200 |
| 费用合计 | | 10 500 | | 5 700 |
| 利润 | | 4 500 | | 13 300 |

## 任务检测

### 一、单项选择题

1. 某企业2019年3月发生了如下经济业务：①预付下季度房租20 000元；②收到3月份销售商品货款25 000元，款项已存入银行；③购买1 000元的办公用品；④预收购货方订金12 000元，货物尚未发送。以权责发生制为计算基础时，3月份的收支净额为（　　　　）元。

A. 24 000　　　　　　B. 16 000　　　　　　C. 4 000　　　　　　D. 36 000

2. 销售产品取得收入10万元，其中5万元已收并存入银行，余款尚未收到，按照权责发生制和收付实现制应分别确认收入为（　　　　）万元。

A. 10，5　　　　　　B. 10，0　　　　　　C. 0，5　　　　　　D. 5，10

### 二、多项选择题

1. 根据权责发生制原则，以下不属于本期的收入或费用的是（　　　　）。

A. 商品在本期销售，但货款尚未收到

B. 支付下年度报刊费

C. 本期预收的销货款，货物尚未生产完成

D. 当前按照税法规定预缴的税费

2. 下列选项中，符合权责发生制要求的有（　　　　）。

A. 企业年末预付购货款，确认相关费用

B. 企业本月初支付员工上月工资，确认相关费用

C. 企业销售一批货物，货款尚未收到，确认收入

D. 企业计提固定资产折旧

### 三、判断题

1. 《企业会计准则》规定，会计的确认、计量和报告应当以权责发生制为基础。（　　　　）

2. 收付实现制是以收到或支付的现金作为确认收入和费用的依据。（　　　　）

### 四、业务题

2018年6月某企业发生如下业务：

（1）收回上月A公司欠款5 000元。

（2）当月销售商品两批，第一批8 000元货款已收到；第二批4 000元货已交付，但约定下月收款。

（3）当月预收B公司购货款8 000元，约定3个月后交货。

（4）租入包装物一批，租期为两个月，租金共3 000元，以银行存款结清。

（5）租入包装麻袋10条，租金共50元，以现金一次性付清。

（6）以银行存款支付仓库租金6 000元，该仓库系当年4月初租用的，合同约定租期3个月，租用届满时一次性结算。

要求：（1）按照权责发生制，企业6月份的收入、费用各是多少？利润是多少？

（2）按照收付实现制，企业6月份的收入、费用各是多少？利润是多少？

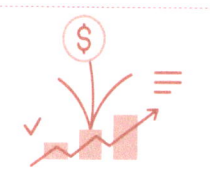

## 任务四 掌握会计基本假设

 → 掌握会计基本假设，明确会计基本假设的具体内容

 小明家现在有了一家运输公司和一家工厂。但这两家企业是分开经营的，那么这里有几个会计主体？小明家买了一辆私人汽车，此项交易是否与两家企业有关？为什么？

 组织企业会计核算工作，应当以权责发生制为基础，还需要具备一定的前提条件，即在组织核算工作之前，首先要解决与确立核算主体有关的一系列重要问题。这是全部会计工作的基础，具有非常重要的作用。

会计基本假设是企业会计确认、计量、报告的前提，是对会计核算在空间范围上、时间界限上、计量方式上所做的合理设定。会计基本假设包括会计主体、持续经营、会计分期和货币计量。

### 一、会计主体

会计主体是指会计工作为之服务的特定组织单位，是企业会计确认、计量和报告的空间范围。《企业会计准则——基本准则》第五条规定："企业应当对其本身发生的交易或者事项进行会计确认、计量和报告。"这里所指的"本身"就是会计主体，它明确了会计工作的空间范围。

首先，明确会计主体，才能划定会计所要处理的各项交易或事项的范围。明确会计主体，也就是明确为谁核算，核算谁的业务。会计工作中通常所讲的资产、负债的确认，收入的实现，费用的发生，利润的形成等，都是针对特定会计主体而言的，如图1-6所示。

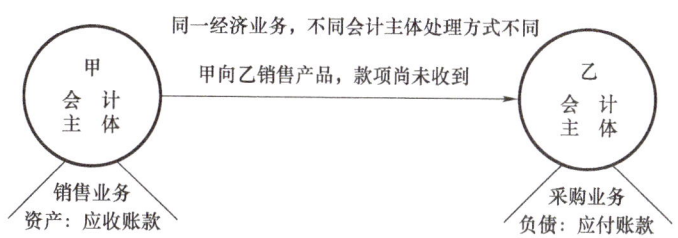

图 1-6 会计主体

其次，明确会计主体，才能将会计主体与会计主体所有者的交易或者事项以及其他会计主体的交易或者事项区分开来。例如，企业所有者的经济交易或者事项是属于企业所有者主体所发生的，不应纳入企业会计核算的范围，但是企业所有者投入到企业的资本或者企业向所有者分配的利润，则属于企业主体所发生的交易或者事项，应当纳入企业会计核

算的范围。

　　会计主体不同于法律主体。一般来说，法律主体必然是一个会计主体。例如，一个企业作为一个法律主体，应当建立财务会计系统，独立反映其财务状况、经营成果和现金流量。但是，会计主体不一定是法律主体。

　　例如，某母公司拥有10家子公司，母子公司均属于不同的法律主体，但母公司对子公司拥有控制权，为了全面反映由母子公司组成的企业集团整体的财务状况、经营成果和现金流量，就需要将企业集团作为一个会计主体，编制合并财务报表。

　　再如，某基金管理公司管理了10只证券投资基金，对于该公司来讲，一方面公司本身既是法律主体，又是会计主体，需要以公司为主体核算公司的各项经济活动，以反映整个公司的财务状况、经营成果和现金流量；另一方面每只基金尽管不属于法律主体，但需要单独核算，并向基金持有人定期披露基金财务状况和经营成果等，因此，每只基金也属于会计主体。

## 二、持续经营

　　持续经营是指会计主体的生产经营活动将无期限持续下去，在可以预见的将来不会倒闭进行清算。在持续经营前提下，会计确认、计量和报告应当以企业持续、正常的生产经营活动为前提，它明确了会计工作的时间范围。

　　持续经营为会计主体进行财产计价、费用分配和收益确定提供了理论基础，也为设计和选择会计程序和方法提供了前提。明确持续经营，就意味着会计主体将按照既定用途使用资产，固定资产就可以根据历史成本进行记录，并采用折旧的方法，将历史成本分摊到各个会计期间或相关产品的成本中。明确持续经营，才能按照既定的合约条件清偿债务，选择会计原则和会计方法，合理确认收入和费用。

　　例如，某企业购入一条生产线，预计使用寿命为10年，考虑到企业将会持续经营下去，因此可以假定企业的固定资产会在持续经营的生产经营过程中长期发挥作用，并服务于生产经营过程，即不断地为企业生产产品，直至生产线使用寿命结束。为此固定资产就应当根据历史成本进行记录，并采用折旧的方法，将历史成本分摊到预计使用寿命期间所生产的相关产品成本中。

　　需要注意的是，持续经营是基于人们的愿望，并结合会计主体的实际情况所作出的假定，实际经营中不能持续经营的可能性总是存在的。当有确凿证据（通常是破产公告的发布）证明企业已经不能再持续经营下去的，该假设会自动失效，此时企业将由清算小组接管，会计核算方法随即改为破产清算会计。

## 三、会计分期

　　会计分期，又称会计期间，是指将一个企业持续经营的生产经营活动人为地划分为一个个连续的、长短相同的期间。会计期间分为年度和中期，中期是指短于一个完整的会计年度的报告期间。我国以公历1月1日至12月31日为一个会计年度，半年度、季度和月度均称为会计中期。

　　会计分期的目的，在于通过会计期间的划分，将持续经营的生产经营活动划分成连续、相等的期间，据以结算盈亏，按期编制财务报告，从而向财务报告使用者及时提供有关企业财务状况、经营成果和现金流量的信息。

　　会计分期假设是对会计主体时间范围具体划分的假定，是持续经营假设的补充。

由于会计分期，才产生了当期与以前期间、以后期间的差别。在此基础上才产生了权责发生制和收付实现制两种不同的记账基础，才能保持各个会计期间会计程序和会计方法的一致性，才能准确地提供财务状况和经营成果的会计信息。例如，1月份支付本年度财产保险费，应计入本年度费用；12月支付下年度财产保险费，则不属于本年度费用，需先计入预付账户，下年1月份计入下一年度费用。

## 四、货币计量

货币计量是指会计主体在会计确认、计量和报告时以货币计量反映会计主体的生产经营活动。货币计量有以下两层含义：

（1）会计核算要以货币作为主要的计量尺度。在以货币作为主要计量单位的同时，有必要也应当以实物量度和劳动量度作为补充。《中华人民共和国会计法》第十二条规定："会计核算以人民币为记账本位币。业务收支以人民币以外的货币为主的单位，可以选定其中一种货币作为记账本位币，但是编报的财务会计报告应当折算为人民币。"

（2）假定币值稳定，因为只有在币值稳定或相对稳定的情况下，不同时点上的资产价值才有可比性，不同期间的收入和费用才能进行比较，并计算确定其经营成果，会计核算提供的会计信息才能真实反映会计主体的经济活动情况。

会计的四项基本假设，具有相互依存、相互补充的关系。会计主体确立了会计核算的空间范围，持续经营和会计分期确立了会计核算的时间范围，而货币计量则为会计核算提供了计量手段。

## 任务检测

### 一、单项选择题

1. 在可预见的未来，会计主体不会破产清算，所持有的资产将正常运营，所负有的债务将正常偿还，这属于（　　　）假设。

　　A. 持续经营　　　　　B. 货币计量　　　　　C. 会计分期　　　　　D. 会计主体

2. 由于（　　　）的存在，才产生了本期与其他期间的差异，从而出现了权责发生制和收付实现制。

　　A. 会计主体　　　　　B. 持续经营　　　　　C. 会计分期　　　　　D. 货币计量

### 二、多项选择题

1. 下列各项中，属于会计基本假设的有（　　　　　）。

　　A. 会计主体　　　　　B. 持续经营　　　　　C. 会计分期　　　　　D. 货币计量

2. 下列说法正确的是（　　　　　）。

　　A. 会计人员只能核算和监督所在主体的经济业务，不能核算和监督其他主体的经济业务

　　B. 会计主体可以是企业中的一个特定部分，也可以是几个企业组成的企业集团

　　C. 会计主体一定是法律主体

　　D. 会计主体假设界定了从事会计工作和提供会计信息的空间范围

### 三、判断题

1. 企业集团不是法律主体，也不是会计主体。　　　　　　　　　　　　（　　）
2. 在持续经营假设下，会计确认、计量和报告应当以企业持续、正常的经济活动为前提。　　　　　　　　　　　　　　　　　　　　　　（　　）

## 任务五　知悉会计信息的质量要求

 **任务目标**
→ 熟悉会计信息质量的八大要求：可靠性、相关性、可理解性、可比性、实质重于形式、重要性、谨慎性、及时性
→ 理解会计信息质量要求在经济业务中的运用

**任务情景**

　　小明家现在有了一家运输公司和一家工厂，但这两家独资企业都是由专人管理的，为了保证提供信息的质量，应该遵循哪些要求呢？

 **知识准备**

　　会计信息是各种经济信息的基础，因而会计信息质量的好坏决定了经济信息的质量，进而影响经济工作决策的质量。本任务讲解会计信息为满足规定或潜在需要而必须具备的那些特征和特性要求，它是会计为达到会计目标而对会计信息的约束。

　　会计信息质量要求，是对企业财务报告中所提供会计信息质量的基本要求，是使财务报告中所提供会计信息对投资者等使用者决策有用应具备的基本特征。会计信息质量要求包括可靠性、相关性、可理解性、可比性、实质重于形式、重要性、谨慎性和及时性。

### 一、可靠性

　　可靠性要求企业应当以实际发生的交易或者事项为依据进行会计确认、计量和报告，如实反映符合确认和计量要求的各项会计要素及其他相关信息，保证会计信息真实可靠、内容完整。

　　可靠性是对会计工作的基本要求。会计工作提供信息的目的是为了满足会计信息使用者的决策需要，因此，就应该做到内容真实、数字准确、资料可靠。在会计核算中坚持客观性原则，就应当在会计核算时客观地反映企业的财务状况、经营成果和现金流量，保证会计信息的真实性；会计工作应当正确运用会计原则和方法，准确反映企业的实际情况；会计信息应当能够经受验证，以核实其是否真实。

　　如果企业的会计核算工作不是以实际发生的交易或事项为依据，没有如实地反映企业的财务状况、经营成果、现金流量，会计工作就失去了存在的意义，甚至会误导会计信息使用者，导致决策的失误。

例如，某公司于2018年末发现公司销售萎缩，无法实现年初确定的销售收入目标，但考虑到在2019年春节前后，公司销售可能会出现较大幅度的增长，公司为此提前预计库存商品销售，在2018年末制作了若干存货出库凭证，并确认销售收入实现。公司这种处理不是以其实际发生的交易事项为依据的，而是虚构的交易事项，违背了会计信息质量要求的可靠性原则，也违背了我国会计法的规定。

## 二、相关性

相关性要求企业提供的会计信息应当与财务会计报告使用者的经济决策需要相关，有助于财务会计报告使用者对企业过去、现在或者未来的情况做出评价或者预测。一项信息是否具有相关性取决于预测价值和反馈价值。

（1）预测价值。如果一项信息能帮助决策者对过去、现在和未来事项的可能结果进行预测，则该项信息具有预测价值，决策者可根据预测的结果，做出其认为的最佳选择。

（2）反馈价值。一项信息如果能有助于决策者验证或修正过去的决策和实施方案，即具有反馈价值。

值得注意的是，会计信息的相关性应以可靠性为基础，在可靠性的前提下尽可能做到相关性，不能把两者对立起来。

## 三、可理解性

可理解性要求企业的会计信息应当清晰明了，简明扼要。会计记录应当准确、清晰，填制会计凭证，登记会计账簿必须做到依据合法、账户对应关系清楚、文字摘要完整；在编制会计报表时，项目钩稽关系清楚、项目完整、数字准确。只有这样，才能提高会计信息的有用性，实现财务报告的目标，满足向投资者等财务报告使用者提供决策有用信息的要求。

## 四、可比性

可比性要求企业提供的会计信息应当相互可比，这主要包括两层含义：

### （一）同一企业不同时期可比

会计信息质量的可比性要求同一企业不同时期发生的相同或者相似的交易或者事项，应当采用一致的会计政策，不得随意变更。从而便于投资者等财务报告使用者了解企业财务状况、经营成果和现金流量的变化趋势，比较企业在不同时期的财务报告信息，全面、客观地评价过去、预测未来，从而做出决策。但是，满足会计信息可比性要求，并非表明企业不得变更会计政策，如果按照规定或者在会计政策变更后可以提供更可靠、更相关的会计信息，可以变更会计政策。有关会计政策变更的情况，应当在附注中予以说明。

### （二）不同企业相同会计期间可比

会计信息质量的可比性要求不同企业同一会计期间发生的相同或者相似的交易或者事项，应当采用规定的会计政策，确保会计信息口径一致、相互可比，以使不同企业按照一致的确认、计量和报告要求提供有关会计信息。从而便于投资者等财务报告使用者评价不同企业的财务状况、经营成果和现金流量及其变动情况。

## 五、实质重于形式

实质重于形式要求企业应当按照交易或者事项的经济实质进行会计确认、计量和报告，不应仅以交易或者事项的法律形式为依据。

在实际工作中，交易或事项的外在法律形式或人为形式并不总能完全反映其实质内容，即经济业务的实质与其法律形式可能脱节。所以，会计信息要想反映其拟反映的交易或事项，就必须根据交易或事项的实质和经济现实，而不能仅仅根据它们的法律形式进行核算和反映，举例见表1-5。

**表1-5 实质重于形式**

| 法律形式 | 经济实质 | 实质重于形式 |
| --- | --- | --- |
| 融资租入固定资产 | 租赁期相当长，接近于该资产的使用寿命；租赁期结束时承租企业有优先购买该资产的选择权；在租赁期内承租企业有权支配资产并从中受益 | 视同自有固定资产列入承租企业的资产负债表 |
| 售后回购 | 企业没有将商品所有权上的主要风险和报酬转移给购货方 | 不应确认销售收入 |

## 六、重要性

重要性要求企业提供的会计信息应当反映与企业财务状况、经营成果和现金流量等有关的所有重要交易或者事项。在实务中，如果会计信息的省略或者错报会影响投资者等财务报告使用者据此做出决策的，该信息就具有重要性。对于重要的交易或事项，必须按照规定的会计方法和程序进行处理，并在财务会计报告中予以充分、准确地披露；对于不具重要性、不会导致投资者等有关各方决策失误或误解的交易或事项，可以合并、粗略反映，以节省提供会计信息的成本。

重要性的应用需要依赖职业判断，企业应当根据其所处环境和实际情况，从项目的性质和金额大小两方面加以判断。从性质方面来说，当某一事项有可能对决策产生一定影响时，就属于重要性项目；从金额方面来说，当某一项目的金额达到一定规模时，就可能对决策产生影响。

例如，我国上市公司要求对外提供季度财务报告，考虑到季度财务报告披露的时间较短，从成本效益原则的考虑，季度财务报告没有必要像年度财务报告那样披露详细的附注信息。因此，中期财务报告准则规定，公司季度财务报告附注应当以年初至本中期末为基础编制，披露自上年度资产负债表日之后发生的、有助于理解企业财务状况、经营成果和现金流量变化情况的重要交易或者事项。这种附注披露，就体现了会计信息质量的重要性要求。

## 七、谨慎性

谨慎性要求企业对交易或者事项进行会计确认、计量和报告应当保持应有的谨慎，不应高估资产或者收益、低估负债或者费用。

会计信息质量的谨慎性要求，需要企业在面临不确定性因素的情况下做出职业判断时，应当保持应有的谨慎，充分估计到各种风险和损失，既不高估资产或者收益，也不低估负债或者费用。具体的讲，谨慎性要求会计人员只有在"相当确定"的条件下才能确认资产和收益；但是，在"相当可能"的条件下就应该确认负债和费用。例如，对可能发生的资产减值损失计提资产减值准备；为防止应收款项发生坏账损失而计提坏账准备金；为防止固定资产提前报废发生损失而采用加速折旧法；对期末存货采用成本与可变现净值孰低法计价；对售出商品可能发生的保修义务等确认预计负债等都是谨慎性的体现。

谨慎性的应用也不允许企业设置秘密准备，如果企业故意低估资产或者收益，或者故意高估负债或者费用，将不符合会计信息的可靠性和相关性要求，损害会计信息质量，扭曲企业实际的财务状况和经营成果，从而对使用者的决策产生误导，这是会计准则所不允许的。

## 八、及时性

及时性要求企业对于已经发生的交易或者事项，应当及时进行会计确认、计量和报告，不得提前或者延后。

会计信息的价值在于帮助所有者或者其他方面做出经济决策，具有时效性，即使是可靠、相关的会计信息，如果不及时提供，就失去了时效性，对于使用者的效用就大大降低甚至不再具有实际意义。在会计确认、计量和报告过程中贯彻及时性，一是要求及时收集会计信息，即在经济交易或者事项发生后，及时收集整理各种原始单据或者凭证；二是要求及时处理会计信息，即按照会计准则的规定，及时对经济交易或者事项进行确认或者计量，并编制出财务报告；三是要求及时传递会计信息，即按照国家规定的有关时限，及时地将编制的财务报告传递给财务报告使用者，便于其及时使用和决策。

如果企业的会计核算不能及时进行，会计信息不能及时提供，就无助于经营决策，就不符合及时性原则的要求。

## 任务检测

### 一、单项选择题

1. 会计信息要有用，就必须满足一定的质量要求。比如，企业应当以实际发生的交易事项为依据进行确认、计量和报告，体现的会计信息质量要求是（      ）。

   A. 可靠性　　　　　B. 相关性　　　　　C. 可比性　　　　　D. 重要性

2. 对期末存货采用成本与可变现净值孰低法计价，其所体现的会计信息质量要求是（      ）。

   A. 及时性　　　　　B. 实质重于形式　　　C. 谨慎性　　　　　D. 可理解性

### 二、多项选择题

1. 谨慎性原则要求会计人员在选择会计处理方法时（      ）。

   A. 不高估资产　　　　　　　　　　　B. 不低估负债
   C. 预计任何可能的收益　　　　　　　D. 确认一切可能发生的损失

2. 下列各项中，属于会计信息质量的可比性要求的有（      ）。

   A. 同一企业不同时期可比　　　　　　B. 不同企业相同会计期间可比
   C. 不同企业不同会计期间可比　　　　D. 不同企业相同经济业务可比

### 三、判断题

1. 在会计核算原则中，要求合理核算可能发生的费用和损失的原则是重要性原则。（      ）

2. 企业在资产负债表中单独列示一年内到期的长期负债，体现了会计信息质量的重要性。（      ）

# 项目总结

会计的概念可以表述为：会计是以货币为主要计量单位，运用专门的方法，核算和监督一个单位的经济活动的一种经济管理活动。

会计的概念包含四方面的内容：会计的本质是一种管理活动；会计的基本职能是核算和监督；会计的主要特点是以货币为主要计量单位；会计对象是能够用货币表现的经济活动。

会计具有以下特点：①会计以货币作为主要计量尺度；②会计以真实、合法的原始凭证为依据；③会计具有一整套科学实用的专门方法；④会计提供的信息具有连续性、系统性、全面性和综合性。

会计对象是指会计核算和监督的内容。即凡是特定主体能够以货币表现的经济活动，都是会计核算和监督的内容，也就是会计的对象。

会计目标亦称会计目的，是指会计工作完成的任务或达到的标准。

会计职能是指会计在管理经济过程中所具有的功能。会计的基本职能是对经济活动进行会计核算，实行会计监督。会计核算与会计监督两项基本职能是紧密联系、密不可分、相辅相成的，同时又是辩证统一的。会计的核算职能是会计发挥监督职能作用的基础，而监督职能又是核算职能的保障。

会计方法包括会计核算方法、会计分析方法、会计检查方法。会计核算方法是最基本的会计方法，由设置账户、复式记账、填制和审核凭证、登记账簿、成本计算、财产清查和编制财务报表等几种方法。

企业应当以权责发生制为基础进行会计确认、计量和报告。

会计基本假设是企业会计确认、计量、报告的前提，是对会计核算在空间范围上、时间界限上、计量方式上所做的合理设定。会计基本假设包括会计主体、持续经营、会计分期和货币计量。

会计信息质量要求，是对企业财务报告中所提供会计信息质量的基本要求，是使财务报告中所提供会计信息对投资者等使用者决策有用应具备的基本特征。会计信息质量要求包括可靠性、相关性、可理解性、可比性、实质重于形式、重要性、谨慎性和及时性。

# 项目二

## 会计要素与会计等式

了解常用的会计计量属性

掌握会计等式的表现形式

掌握会计要素的确认条件与构成

掌握基本经济业务的类型及其对会计等式的影响

熟悉会计要素的含义、分类

学习目标

## 任务一 掌握会计要素

→ 熟悉会计要素的含义及分类
→ 掌握资产、负债、所有者权益、收入、费用、利润
　六大会计要素的含义、特征、确认条件与构成

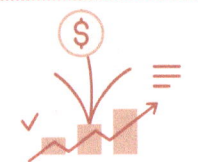
　　小明是一名财经学校的会计专业新生，家中要开一家工厂，涉及现金、银行存款；给供货方的货款、银行的贷款；厂房、机器设备、原材料、生产的产品；交税、水电费等经济业务。小明在想会计上怎样记录这些事情。本任务会解决他的疑问。

　　我们已经学习了会计的基础理论，了解了会计的对象，那么，会计究竟怎么记录经济活动？怎么反映经济业务？

### 一、会计要素的含义与分类

#### 1. 会计要素的含义

会计要素是指根据交易或者事项的经济特征所确定的会计对象的基本分类。会计要素为会计核算提供了基础，是会计所要反映和监督的内容，是账户的归并和概括，是会计报表内容构筑的基本框架，用于反映会计主体的财务状况和经营成果。

#### 2. 会计要素的基本分类

我国《企业会计准则——基本准则》将企业会计要素划分为资产、负债、所有者权益、收入、费用、利润六大要素。

#### 3. 会计要素的作用

（1）会计要素中资产、负债、所有者权益的作用，反映企业资金运动的静态表现，侧重反映的是财务状况，在资产负债表中列示。

（2）会计要素中收入、费用、利润的作用，反映企业资金运动的动态表现，侧重反映的是经营成果，在利润表中列示。

### 二、会计要素的确认

#### （一）资产

#### 1. 资产的含义

资产是指企业过去交易或者事项形成的、由企业拥有或者控制的、预期会给企业带来经济利益的资源。

## 2. 资产的特征

（1）资产是由企业过去的交易或者事项形成的。企业的资产必须是现实的资产，不是预期的或计划的，如已购入新的机器设备一台，则该设备属于企业资产；若已签订经济合同购买机器设备或企业计划购买，则该设备不属于企业资产。

（2）资产应为企业拥有或者控制的资源。拥有或者控制，是指企业享有某项资源的所有权，或者虽然不享有某项资源的所有权，但该资源能被企业所控制。例如，融资租入的固定资产，实质上承担了与资产有关的风险，有控制权，属于企业资产。而经营租入的固定资产，企业只有使用权而没有所有权，不能作为企业资产。

（3）资产预期会给企业带来经济利益。资产无论是来自企业的日常活动或非日常活动，能拥有直接或者间接导致现金和现金等价物流入企业的潜力。例如，销售产品这一经济活动，具有导致现金和现金等价物流入企业的潜力，该产品即为资产。若严重毁损的商品、毁损的机器设备等不再具有导致现金和现金等价物流入企业的潜力，即预期不能再为企业带来经济利益，不能再作为资产。

## 3. 资产的确认条件

将一项资源确认为资产，除符合规定的资产定义外，还必须同时满足以下条件，才能确认为资产：

（1）与该资源有关的经济利益很可能流入企业。
（2）该资源的成本或价值能够可靠地计量。

## 4. 资产的分类

资产按流动性，可划分为两大类，如图2-1所示。

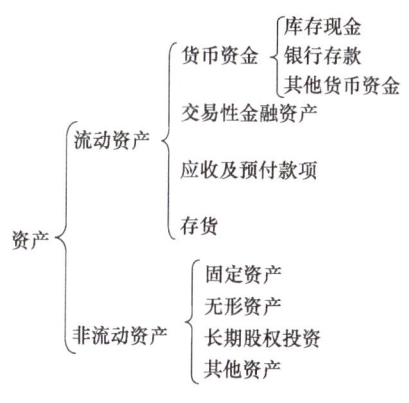

图 2-1　资产的分类

（1）流动资产

流动资产是指可以在1年（含一年）或者一个正常营业周期内变现或被耗用的资产，如库存现金、银行存款、原材料、库存商品、应收账款等。

（2）非流动资产

非流动资产是指流动资产以外的资产，如固定资产、无形资产、长期股权投资等。

### （二）负债

#### 1. 负债的含义

负债是指企业过去的交易或事项形成的、预期会导致经济利益流出企业的现时义务。

#### 2. 负债的特征

（1）负债是由企业过去的交易或者事项形成的。在未来发生的承诺、签订的合同不形成负债。比如购入原材料货款尚未支付，就是过去的交易或事项形成的一种债务，是负债；若已签订购货合同尚未形成的交易或事项则不是负债。

（2）负债是企业承担的现时义务。现时义务是指企业在现行条件下已承担的义务，未来发生的交易或者事项形成的义务，不属于现时义务，不应当确认为负债。例如，购入原材料货款尚未支付；企业向购货单位预收的款项；应支付给员工的薪酬；应向国家缴纳各项税款；应付投资者的股利或利润等都属于负债。

（3）负债预期会导致经济利益流出企业。企业过去的交易或事项，将来要用库存现金、银行存款或商品等实物资产偿还，或通过为债权人提供劳务抵偿。

#### 3. 负债的确认条件

将一项现时义务确认为负债，除符合负债的定义外，还必须同时满足以下条件：

（1）与该义务有关的经济利益很可能流出企业。

（2）未来流出的经济利益的金额能够可靠地计量。

#### 4. 负债的分类

按偿还期的长短，分为流动负债和非流动负债。

（1）流动负债是指将在一年（含一年）或者超过一年的一个正常营业周期内偿还的债务，包括短期借款、应付账款、应付票据、预收账款、应交税费、应付职工薪酬、应付股利、其他应付款等。

（2）非流动负债是指在一年或者超过一年的营业周期以上偿还的债务，负债的分类如图2-2所示。

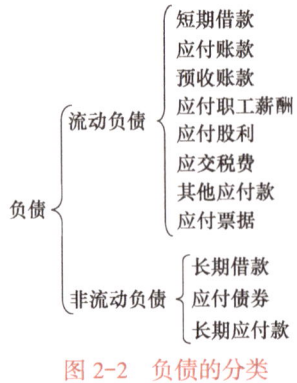

图 2-2 负债的分类

### （三）所有者权益

#### 1. 所有者权益的含义

所有者权益是指企业资产扣除负债后由所有者享有的剩余权益，公司的所有者权益又称为股东权益。资产减去负债后的余额为投资者对企业净资产的所有权，即所有者权益的金额。

#### 2. 所有者权益的特征

（1）在企业经营期间内可供长期、持续地使用，无须偿还投资者。不能任意抽回，除非发生清算、减资或分派现金股利的情况。

（2）企业清算时，只有在清偿所有的负债后，所有者权益才返还给所有者。

（3）所有者能按投资额大小或合同章程的规定，参加企业经营管理，享有参与利润分配的权益和分担风险或亏损的责任。

#### 3. 所有者权益的确认条件

所有者权益的金额取决于资产和负债的计量。

#### 4. 所有者权益的分类

所有者权益的来源包括所有者投入的资本、直接计入所有者权益的利得和损失（直接计入所有者权益的利得和损失，是指不应计入当期损益、会导致所有者权益发生增减变动的、与所有者投入资本或者向所有者分配利润无关的利得或损失）、留存收益等。

具体表现为实收资本（或股本）、资本公积（含资本溢价或股本溢价、其他资本公积）、盈余公积和未分配利润，盈余公积和未分配利润统称为留存收益。所有者权益的分类如图2-3所示。

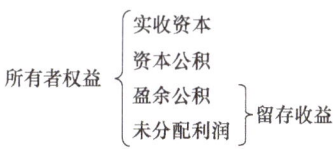

图 2-3　所有者权益的分类

### （四）收入

#### 1. 收入的含义

收入是指企业在日常活动中形成的、会导致所有者权益增加的、与所有者投入资本无关的经济利益的总流入。

#### 2. 收入的特征

（1）收入是企业在日常活动中形成的。例如，销售产品、咨询服务、出租资产、工业企业转让无形资产使用权、出售不需用的原材料。

（2）收入会导致所有者权益增加。收入表现为资产增加或负债减少或两者兼有。

（3）收入是与所有者投入资本无关的经济利益的总流入。经济利益的总流入包括销售收入、劳务收入、租金收入等（不包括企业为第三方或者客户代收的款项，如增值税、代收利息等）。

#### 3. 收入的确认条件

当企业与客户之间的合同同时满足下列条件时，企业应当在客户取得相关商品控制权时确认收入：

（1）合同各方已批准该合同并承诺将履行各自义务。

（2）该合同有明确了合同各方与所转让商品或提供劳务相关的权利和义务。

（3）该合同有明确的与所转让商品或提供劳务相关的支付条款。

（4）该合同具有商业实质，即履行合同将改变企业未来现金流量的风险、时间分布或金额。

（5）企业因向客户转让商品或提供劳务而有权取得的对价很可能收回。

### 4. 收入的分类

（1）收入按企业从事日常活动在企业的重要性，可分为主营业务收入和其他业务收入。

（2）收入按企业从事日常活动的性质，可分销售商品收入、提供劳务收入、让渡资产使用权收入，如图2-4所示。

$$收入\begin{cases}销售商品收入\\提供劳务收入\\让渡资产使用权收入\end{cases}$$

图 2-4　收入的分类

## （五）费用

### 1. 费用的含义

费用是指企业在日常活动中发生的、会导致所有者权益减少的、与向所有者分配利润无关的经济利益的总流出。

### 2. 费用的特征

（1）费用是企业在日常活动中形成的。将费用界定为日常活动所形成，是为了将费用与损失区分开。企业为生产产品、提供劳务等发生的费用可归属于产品成本、劳务成本等。

（2）费用会导致所有者权益减少。在确认产品销售收入、劳务收入等时，将已销售产品、已提供劳务的成本等计入当期损益。

（3）费用是与向所有者分配利润无关的经济利益的总流出。例如，支付的股利，虽减少了所有者权益，但并不增加费用。

### 3. 费用的确认条件

费用的确认除了应当符合定义外，还至少应当符合以下条件之一：

（1）与费用相关的经济利益很可能流出企业。

（2）经济利益流出企业的结果会导致资产的减少或负债的增加。

（3）经济利益的流出额能够可靠计量。

### 4. 费用的分类

（1）生产费用

对于确认为生产费用的费用，必须根据费用发生的实际情况，计入产品的生产成本（如直接材料、直接人工和制造费用）及提供劳务等发生的劳务成本等。

（2）期间费用

期间费用是企业当期发生的费用中很重要的组成部分，是指本期发生的、不能直接或间接归入某种产品成本，而应直接计入当期损益的各项费用，包括销售费用、管理费用、财务费

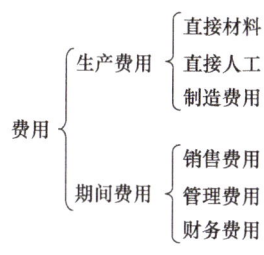

用。费用的分类如图2-5所示。

费用 ⟨ 生产费用 ⟨ 直接材料 / 直接人工 / 制造费用
       期间费用 ⟨ 销售费用 / 管理费用 / 财务费用

图 2-5　费用的分类

## （六）利润

### 1. 利润的含义

利润是指企业在一定会计期间的经营成果。利润包括收入减去费用后的净额、直接计入当期利润的利得和损失等。

收入减去费用后的净额反映的是企业日常活动的业绩（营业利润）。直接计入当期利润的利得和损失，是指应当计入当期损益、会导致所有者权益发生增减变动的、与所有者投入资本或者向所有者分配利润无关的利得或者损失。

利得是指企业在非日常活动中形成的、会导致所有者权益增加的、与所有者投入资本无关的经济利益的流入。

损失是指企业在非日常活动中发生的、会导致所有者权益减少的、与向所有者分配利润无关的经济利益的流出。

### 2. 利润的确认条件

利润的确认主要依赖于收入和费用，以及利得和损失的确认。利润金额也取决于收入和费用、直接计入当期利润的利得和损失金额的计量。

### 3. 利润的分类

利润包括收入减去费用后的净额、直接计入当期利润的利得和损失等。

利润按照其构成，可划分为营业利润、利润总额和净利润。

（1）营业利润是企业从事生产经营产生的利润。

（2）利润总额是企业在生产经营过程中各种收入扣除各种耗费后的盈余。

（3）净利润（收益）是指在利润总额中按规定交纳了所得税后公司的利润留成，一般也称为税后利润。

六大要素之间的关系，见表2-1。

表 2-1　六大要素之间的关系

| 资产=负债+所有者权益 | 收入−费用=利润 |
| --- | --- |
| 资金运动的静态表现 | 资金运动的动态表现 |
| 表明资产的来源与归属 | 表明经营成果与相应期间收入和费用的关系 |
| 编制资产负债表的依据 | 编制利润表的基础 |

### 任务检测

**一、单项选择题**

1. 下列属于动态会计要素的是（　　　）。
   A. 负债　　　　　　B. 所有者权益　　　　C. 利润　　　　　　D. 资产
2. 下列属于企业无形资产的是（　　　）。
   A. 专利权　　　　　B. 机器设备　　　　　C. 原材料　　　　　D. 应收账款

**二、多项选择题**

1. 会计要素中收入、费用、利润的作用（　　　　）。
   A. 反映企业资金运动的动态表现　　　　B. 侧重反映的是经营成果
   C. 在利润表中列示　　　　　　　　　　D. 在资产负债表中列示
2. 下列项目属于流动负债的是（　　　　）。
   A. 应付账款　　　　B. 应付债券　　　　　C. 短期借款　　　　D. 应付股利

**三、判断题**

1. 资产是指企业过去及未来交易或者事项形成的，由企业拥有或者控制的预期会给企业带来经济利益的资源。　　　　　　　　　　　　　　　　　　　　　　　（　　　）
2. 负债是指企业的预期交易事项形成的，预期会导致经济利益流出企业的现时义务。
   　　　　　　　　　　　　　　　　　　　　　　　　　　　　　　　　（　　　）

## 任务二　了解会计计量属性

 → 掌握历史成本、重置成本、可变现净值、现值和公允价值的内容及其构成
→ 了解计量属性的运用原则

　　小明家中的工厂开业了，涉及现金、银行存款；给供货方的进料款、银行的贷款；机器设备、生产的系列产品；交相关税费、水电费等经济业务。小明一一列了清单，将符合确认条件的要素确定金额登记入账。小明是如何计量这些业务金额的，下面我们就来学习会计计量属性。

　　我们已经学习了会计六要素，了解了会计核算对象的基础，那么，会计要素究竟怎么入账呢？怎样列报于财务报表而确定其金额呢？

### 会计要素的计量

　　会计要素的计量是企业将符合确认条件的会计要素登记入账并列报于会计报表及其附注

时，按照规定的会计计量属性进行计量，确定其金额。

### （一）会计计量属性及内容

会计计量属性是指会计要素的数量特征或外在表现形式，反映了会计要素金额的确定基础，主要包括历史成本、重置成本、可变现净值、现值和公允价值等。

（1）历史成本。它又称实际成本，是指取得或制造某一财产物资时实际支付的现金或其他等价物。例如，企业购进材料的历史成本，根据其购买时所支付的买价、运输费（扣除一定比例的增值税）、装卸费、保险费等杂费、运输途中合理损耗、入库前挑选整理费等确认。

（2）重置成本。它又称现行成本，是指按照当前市场条件，重新取得同样一项资产所需支付的现金或现金等价物金额（实务中多应用于固定资产盘盈的计量）。

（3）可变现净值。资产按照其正常对外销售所能收到现金或者现金等价物的金额扣减该资产至完工时估计发生的成本、预计销售费用以及相关税费后净值（通常应用于存货资产减值情况下的后续计量）。

（4）现值。它是指对未来现金流量以恰当的折现率进行折现后的价值，是考虑货币时间价值的一种计量属性。一般适用于非流动资产可回收金额和以摊余成本计量的金融资产价值的确定等。

（5）公允价值。它是指市场参与者在计量日发生的有序交易中，出售一项资产所能收到或者转移一项负债所需支付的价格。主要应用于交易性金融资产等的计量等。

### （二）计量属性的运用原则

我国《企业会计准则》规定，企业一般采用历史成本计量，采用重置成本、可变现净值、现值和公允价值计量的，应当保证所确定的会计要素金额能够持续取得并可靠地计量。否则，如果无法取得或者不可靠计量的，不允许使用其他计量属性。

## 任务检测

**判断题**

1. 固定资产的盘盈通常应用于历史成本。　　　　　　　　　　　　　　　（　　）
2. 实际成本是取得或制造某一财产物资时实际支付的现金或其他等价物。（　　）

## 任务三　掌握会计等式

→ 掌握会计等式的表现形式
→ 掌握基本经济业务的类型及其对会计等式的影响

　　小明将符合确认条件的要素登记入账了。经过观察，他发现一个现象，无论工厂的生产经营过程中发生什么样的经济业务，引起会计要素发生怎样的增减变化，都必然引起一方或双方有关项目相互联系地发生等量变化，但始终不会打破平衡关系。

 我们已经了解到会计六要素是对会计对象所做的基本分类，同时也掌握了每个会计要素的内容。认识六要素之间的关系，能更好地掌握会计的基本方法与基本技能，对于学习会计知识和参与社会实践都有十分重要的意义。本任务会深入揭示会计主体的产权关系、基本财务状况和经营成果，使学生清楚资产与权益之间的关系，明白会计恒等式的由来。

会计等式，又称会计恒等式、会计方程式或会计平衡公式，它是表明会计要素之间基本关系的等式。

## 一、会计等式的表现形式

### （一）财务状况等式

财务状况等式，又称会计基本等式和静态会计等式，是用以反映企业某一特定时点资产、负债和所有者权益三者之间平衡关系的等式。即

$$资产＝负债＋所有者权益$$

企业的资产一方面表明资源在企业存在、分布的形态，表现为特定的物质实体存在形式，如库存现金、银行存款、原材料、库存商品、固定资产等；另一方面又表明资源取得和形成的渠道。资产来源于所有者的投入资本和债权人的借入资金及其在生产经营中产生的权益，分别归属于所有者和债权人。归属于所有者的部分形成所有者权益，归属于债权人的部分形成债权人权益（即负债），两者统称为权益。从数量上看，有一定数额的资产，就必然有一定数额的权益；反之，有一定数额的权益，也必定有一定数额的资产，资产总额与权益总额之间存在着必然相等的关系，通常用公式表述为

$$资产＝权益$$

因为权益分为"所有者权益"和"债权人权益"（企业的"负债"），会计恒等式可进一步用公式表述为

$$资产＝负债＋所有者权益$$

这一等式是国际通用的会计等式，是最基本的会计等式，表明资产、负债、所有者权益的基本关系，是复式记账、试算平衡和编制资产负债表的理论依据，通常被称为"会计基本等式"（或第一等式）、静态会计等式。

### （二）经营成果等式

经营成果等式，也称动态会计等式，是用以反映企业一定时期收入、费用和利润之间恒等关系的会计等式，即

$$收入－费用＝利润$$

这一等式是对基本会计等式的补充和发展，它表明了企业在一定会计期间经营成果与相应的收入和费用之间的关系，阐明了企业利润的实现过程，是编制利润表的依据。

### （三）财务状况等式与经营成果等式的转化

企业的收入和费用在任一时刻的增加或减少都会导致资产和负债的增加或减少，同时所有者权益也随之增加和减少。将公式综合起来，就可得到以下公式：

$$资产＝负债＋所有者权益＋（收入－费用）$$

或

$$资产＝负债＋所有者权益＋利润（亏损）$$

该公式将六个会计要素有机地结合起来，反映了企业财务状况和经营成果之间的关系。在年度末，会计要素的关系又恢复到最基本的形式，即

$$资产=权益=负债+所有者权益$$

## 二、经济业务对会计恒等式的影响

企业无论发生怎样的日常经济业务，都会引起各会计要素发生增减变动，但并不破坏资产与权益的恒等关系。下面通过资产负债表中各要素的增减变化来说明该问题。

### （一）对"资产=权益"等式的影响

例 2-1　某企业 2018 年 7 月 1 日的资产负债表见表 2-2。

**表 2-2　资产负债表**

2018 年 7 月 1 日　　　　　　　　　　　　　　　　　（单位：元）

| 资　产 | 金　额 | 权　益 | 金　额 |
|---|---|---|---|
| 库存现金 | 3 000 | 短期借款 | 50 000 |
| 银行存款 | 27 000 | 应付账款 | 20 000 |
| 应收账款 | 30 000 | 应付票据 | 10 000 |
| 原材料 | 60 000 | 实收资本 | 430 000 |
| 生产成本 | 10 000 | 资本公积 | 200 000 |
| 库存商品 | 80 000 | | |
| 固定资产 | 500 000 | | |
| 总　计 | 710 000 | 总　计 | 710 000 |

经济业务的发生引起"资产=权益"等式两边的会计要素变动的方式主要有以下4种：（假设该企业在7月份发生以下业务）

（1）资产与权益同时等额增加

例 2-2　7 月 2 日，收到投资单位投资 500 000 元，款项存入银行。

这项经济业务使企业的银行存款增加 500 000 元，实收资本增加 500 000 元，资产和权益同时增加相等的金额，会计等式仍然平衡，这项业务引起的变化见表 2-3。

**表 2-3　资产负债表**

2018 年 7 月 2 日　　　　　　　　　　　　　　　　　（单位：元）

| 资　产 | 金　额 | 权　益 | 金　额 |
|---|---|---|---|
| 库存现金 | 3 000 | 短期借款 | 50 000 |
| 银行存款 | 27 000+500 000 | 应付账款 | 20 000 |
| 应收账款 | 30 000 | 应付票据 | 10 000 |
| 原材料 | 60 000 | 实收资本 | 430 000+500 000 |
| 生产成本 | 10 000 | 资本公积 | 200 000 |
| 库存商品 | 80 000 | | |
| 固定资产 | 500 000 | | |
| 总　计 | 1 210 000（710 000+500 000） | 总　计 | 1 210 000（710 000+500 000） |

（2）资产内部等额有增有减，权益不变

例 2-3　7 月 3 日，用银行存款购入原材料一批，价款 100 000 元。

这项经济业务使企业的原材料增加 100 000 元，银行存款减少 100 000 元，资产内部一增一减相等的金额，资产总额不变，会计等式仍然平衡，这项业务引起的变化见表 2-4。

**表2-4　资产负债表**

2018 年 7 月 3 日　　　　　　　　　　　　　　　　（单位：元）

| 资　产 | 金　额 | 权　益 | 金　额 |
|---|---|---|---|
| 库存现金 | 3 000 | 短期借款 | 50 000 |
| 银行存款 | 527 000-100 000 | 应付账款 | 20 000 |
| 应收账款 | 30 000 | 应付票据 | 10 000 |
| 原材料 | 60 000+100 000 | 实收资本 | 930 000 |
| 生产成本 | 10 000 | 资本公积 | 200 000 |
| 库存商品 | 80 000 | | |
| 固定资产 | 500 000 | | |
| 总　　计 | 1 210 000 | 总　　计 | 1 210 000 |

（3）资产与权益同时等额减少

例2-4　7月5日，用银行存款归还短期借款 20 000 元。

这项经济业务使企业的银行存款减少 20 000 元，短期借款减少 20 000 元。企业的资产和权益总额同时减少相等的金额，会计等式仍然平衡，这项业务引起的变化见表2-5。

**表2-5　资产负债表**

2018 年 7 月 5 日　　　　　　　　　　　　　　　　（单位：元）

| 资　产 | 金　额 | 权　益 | 金　额 |
|---|---|---|---|
| 库存现金 | 3 000 | 短期借款 | 50 000-20 000 |
| 银行存款 | 427 000-20 000 | 应付账款 | 20 000 |
| 应收账款 | 30 000 | 应付票据 | 10 000 |
| 原材料 | 160 000 | 实收资本 | 930 000 |
| 生产成本 | 10 000 | 资本公积 | 200 000 |
| 库存商品 | 80 000 | | |
| 固定资产 | 500 000 | | |
| 总　　计 | 1 190 000（1 210 000-20 000） | 总　　计 | 1 190 000（1 210 000-20 000） |

（4）权益内部等额有增有减，资产不变

例2-5　7月31日，经批准同意以资本公积 200 000 元转增注册资本。

这项经济业务使企业的资本公积减少 200 000 元，实收资本增加 200 000 元，权益内部一增一减相等的金额，会计等式仍然平衡，这项业务引起的变化见表2-6。

**表2-6　资产负债表**

2018 年 7 月 31 日　　　　　　　　　　　　　　　　（单位：元）

| 资　产 | 金　额 | 权　益 | 金　额 |
|---|---|---|---|
| 库存现金 | 3 000 | 短期借款 | 30 000 |
| 银行存款 | 407 000 | 应付账款 | 20 000 |
| 应收账款 | 30 000 | 应付票据 | 10 000 |
| 原材料 | 160 000 | 实收资本 | 930 000+200 000 |
| 生产成本 | 10 000 | 资本公积 | 200 000-200 000 |
| 库存商品 | 80 000 | | |
| 固定资产 | 500 000 | | |
| 总　　计 | 1 190 000 | 总　　计 | 1 190 000 |

任何企业发生的任何经济业务所引起的资产与权益的变化关系如图2-6所示。

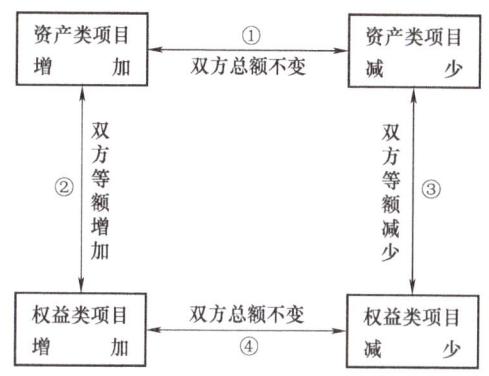

图 2-6　经济业务的四种基本类型

即：

（1）资产之间有增有减。

（2）资产和权益同增。

（3）资产和权益同减。

（4）权益之间有增有减。

**（二）对"资产=负债+所有者权益"等式的影响具体的变动情况可扩展为9种类型**

（1）一项资产增加另一项资产减少的经济业务。

**例2-6**　某企业从银行提取现金 50 000 元以备发工资。（变动情况：一项资产减少 50 000 元，另一项资产增加 50 000 元。）

这项经济业务使企业的银行存款减少了 50 000 元，同时库存现金增加了 50 000 元，企业资产内部发生增减变动，但资产总额不变，并没改变等式的平衡关系。

（2）一项负债增加另一项负债等额减少的经济业务。

**例2-7**　某企业开出商业汇票一张，金额 80 000 元，抵付前欠某单位货款。

这项经济业务使企业的应付票据增加了 80 000 元，同时应付账款减少了 80 000 元，企业负债内部发生增减变动，但负债总额不变，并没改变等式的平衡关系。

（3）一项所有者权益增加另一项所有者权益等额减少的经济业务。

**例2-8**　某企业经批准增资，将盈余公积 200 000 元转增注册资本。

这项经济业务使企业的实收资本增加了 200 000 元，同时盈余公积减少了 200 000 元，企业所有者权益内部发生增减变动，但所有者权益总额不变，并没改变等式的平衡关系。

（4）一项资产增加一项负债等额增加的经济业务。

**例2-9**　某企业从银行取得短期借款 150 000 元，存入银行。

这项经济业务使企业的资产（银行存款）增加了 150 000 元，同时借入款项使得负债（短期借款）增加了 150 000 元，等式两边同时增加 150 000 元，并没改变等式的平衡关系。

（5）一项资产增加一项所有者权益等额增加的经济业务。

**例2-10**　某企业收到投资方投入的生产设备一台，合同约定其价值 100 000 元（假定该约定价值公允）。

这项经济业务使企业的资产（固定资产）增加了 100 000 元，同时收到投资使得所有者权益（实收资本）增加了 100 000 元，等式两边同时增加 100 000 元，并没改变等式的平衡关系。

（6）一项资产减少一项负债等额减少的经济业务。

**例2-11**　某企业以银行存款 50 000 元偿还前欠 A 单位贷款。

这项经济业务使企业的资产（银行存款）减少了 50 000 元，同时偿还款项使得负债（应付账款）减少了 50 000 元，等式两边同时减少了 50 000 元，并没改变等式的平衡关系。

（7）一项资产减少一项所有者权益等额减少的经济业务。

**例2-12**　某企业按规定办妥减资手续，以银行存款支付退还 A 投资方的投资款 60 000 元。

这项经济业务使企业的资产（银行存款）减少了 60 000 元，同时退还投资款使得有所有者权益（实收资本）减少了 60 000 元，等式两边同时减少了 60 000 元，并没改变等式的平衡关系。

（8）一项负债增加一项所有者权益等额减少的经济业务。

**例2-13**　某企业年末经研究决定，本年向投资者分配利润 500 000 元，款项尚未支付。

这项经济业务使企业的所有者权益（利润分配–应付股利）减少了 500 000 元，同时使得负债（应付股利）增加了 500 000 元，企业权益内部发生增减变动，并没改变等式的平衡关系。

（9）一项负债减少一项所有者权益等额增加的经济业务。

**例2-14**　某企业经投资者同意并按规定办妥增资手续后，将应付给投资者的股利 80 000 元，转作投资者向企业的投资。

这项经济业务使企业的所有者权益（实收资本）增加了 80 000 元，同时负债（应付股利）减少了 80 000 元，企业权益内部发生增减变动，并没改变等式的平衡关系。

扩展为9种类型的经济业务对会计基本等式的影响见表2-7。

**表2-7　会计等式的平衡关系**

| 经济业务 | 资　产 | 负　债 | 所有者权益 |
|---|---|---|---|
| 1 | ↑一增，一减↓ | | |
| 2 | | ↑一增，一减↓ | |
| 3 | | | ↑一增，一减↓ |
| 4 | ↑增加 | ↑增加 | |
| 5 | ↑增加 | | ↑增加 |
| 6 | 减少↓ | 减少↓ | |
| 7 | 减少↓ | | 减少↓ |
| 8 | | ↑增加 | 减少↓ |
| 9 | | 减少↓ | ↑增加 |

可见，无论企业在生产经营过程中发生何种经济业务，都必然会引起会计基本等式左右两边的一方或双方有关项目相互联系地发生等额变化，但始终不会打破会计基本等式的平衡关系。这一平衡关系是复式记账、账户试算平衡和编制资产负债表的理论依据，也是会计核算方法体系的理论基础。

**任务检测**

**一、单项选择题**

1. 会计静态平衡公式是（　　　）。

    A. 资产＝负债+所有者权益      B. 负债＝资产+所有者权益

    C. 所有者权益＝资产+负债      D. 资产＝负债−所有者权益

  2. 购买机器设备一台共10万元，已投入使用，货款尚未支付，（假定不考虑增值税）下列说法正确的是（　　　）。

    A. 资产增加10万元，所有者权益增加10万元

    B. 资产增加10万元，负债减少10万元

    C. 资产增加10万元，负债增加10万元

    D. 资产增加10万元，所有者权益减少10万元

## 二、多项选择题

  1. 购买原材料一批5万元，已验收入库，货款尚未支付，假定不考虑增值税下列说法错误的是（　　　）。

    A. 资产增加5万元，所有者权益增加5万元    B. 资产增加5万元，负债减少5万元

    C. 资产增加5万元，负债增加5万元      D. 资产增加5万元，所有者权益减少5万元

  2. 不属于所有者权益和资产之间同时增加的业务是（　　　）。

    A. 用银行存款购入全新机器一台（不考虑增值税）

    B. 投资人投入原材料

    C. 以银行存款偿还所欠供应单位账款

    D. 收到供应单位所欠账款，收存银行

## 三、判断题

  1. 企业用银行存款偿还短期借款，会引起资产与负债同时减少。　　　　　　　（　　　）

  2. 企业接收投资者投入实物，能同时引起负债和所有者权益的增加。　　　　　（　　　）

# 项 目 总 结

    本项目主要阐述了会计要素与会计等式的基本内容。会计要素是指根据交易或者事项的经济特征所确定的财务会计对象的基本分类。会计要素划分为资产、负债、所有者权益、收入、费用、利润六大要素。

    会计要素的计量是为了将符合确认条件的会计要素登记入账并列报于财务报表而确定其金额的过程。会计计量属性是指会计要素的数量特征或外在表现形式，反映了会计要素金额的确定基础，主要包括历史成本、重置成本、可变现净值、现值和公允价值等。

    各个会计要素之间不是孤立存在的，会计等式，又称会计恒等式，会计方程式或会计平衡公式，它是表明会计要素之间基本关系的等式。它是会计核算方法的理论基础，从实质上看，会计等式揭示了会计主体的产权关系、基本财务状况和经营成果。掌握会计等式是学好基础会计的基础。

    会计等式的表现形式有：①财务状况等式：资产＝权益、资产＝负债+所有者权益；②经营成果等式：收入−费用＝利润；③财务状况等式与经营成果等式的转化公式：资产＝负债+所有者权益+（收入−费用）或资产＝负债+所有者权益+利润（亏损）。

Project 3

项目三

会计科目与账户

了解会计科目与账户的概念

掌握会计科目与账户的分类

了解会计科目设置的原则

掌握常用的会计科目

掌握账户的结构

掌握账户与会计科目的关系

学习目标

## 任务一　掌握常用的会计科目

**任务目标**
➡ 理解会计科目的概念
➡ 掌握会计科目的分类
➡ 了解会计科目设置的原则
➡ 掌握常用会计科目

　　小明家的工厂早已营业了，发生的业务涉及现金、银行存款；给供货方的货款、银行的贷款；房屋的租金，生产设备购置费；水电费、工人工资；交纳相关税费等。这些要素具体如何记录？

**任务情景**

**知识准备**

　　在学习了会计要素后，我们对企业发生的经济活动有了大致的分类，如果还想要更详细的资料，如企业拥有的资产具体都有什么，那就需要在会计要素的基础上进行再分类，这就是会计科目。

### 一、会计科目的概念

　　会计科目是对会计要素的具体内容进行分类核算的项目。单位发生的交易或事项，必然引起各会计要素具体内容发生数量、金额的增减变化。即使只涉及同一会计要素，其具体内容也往往不同。从而决定了各个会计要素内部构成以及各个会计要素之间增减变化的错综复杂性和形式多样性。为了连续、系统、全面地核算和监督经济活动所引起的各项会计要素的增减变化，就有必要对会计要素的具体内容按照其不同的特点和经济管理要求进行科学的分类，并事先确定分类核算的项目名称，规定其核算内容。设置会计科目是对会计要素的具体内容加以科学归类，是进行分类核算与监督的一种方法。

　　会计科目的设置可以把各项会计要素的增减变化分门别类地归集起来，使之一目了然，以便为企业内部经营管理和向有关方面提供一系列具体分类核算指标，满足管理的需要。会计科目设置意义见表3-1。

表3-1　会计科目设置意义

| 会计科目设置意义 | 会计科目是复式记账的基础 |
| --- | --- |
| | 会计科目是编制记账凭证的基础 |
| | 会计科目为成本核算及财产清查提供了前提条件 |
| | 会计科目为编制会计报表提供了方便 |

### 二、会计科目的分类

　　为明确会计科目之间的相互关系，充分理解会计科目的性质和作用，进而更加科学规范地设置会计科目，以便更好地进行会计核算和会计监督，有必要对会计科目按一定的标准进行分类，如图3-1所示。

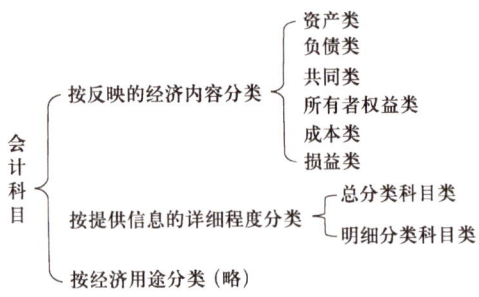

图 3-1　会计科目的分类

### （一）按反映的经济内容分类（即按会计要素分类）

会计科目按反映的经济内容不同，可分为资产类科目、负债类科目、共同类科目、所有者权益类科目、成本类科目和损益类科目计六大类。

（1）资产类科目是对资产要素的具体内容进行分类核算的项目。按资产的流动性分为反映流动资产的科目和反映非流动资产的科目。反映流动资产的科目主要有"库存现金""银行存款""原材料""应收账款""其他应收款""库存商品""应收票据"等；反映非流动资产的科目主要有"固定资产""无形资产""长期股权投资""长期待摊费用"等。

（2）负债类科目是对负债要素的具体内容进行分类核算的项目。按负债的偿还期限分为反映流动负债的科目和反映非流动负债的科目。反映流动负债的科目，如"短期借款""应付票据""应付账款""应交税费""应付职工薪酬""预收账款""应付股利"等账户；反映非流动负债的科目，如"长期借款""应付债券""长期应付款"等科目。

（3）共同类科目是指可能具有资产的性质，也可能具有负债的性质的科目，其性质取决于期末余额所在方向：当核算结果出现借方余额，就叫资产类科目；如果核算结果出现贷方余额，则作为负债类科目。

（4）所有者权益类科目是对所有者权益要素的具体内容进行分类核算的项目。按权益的形成和性质可分为反映资本的科目和反映留存收益的科目。反映资本的科目有"实收资本""股本""资本公积"等科目；反映留存收益的科目有"盈余公积""利润分配""本年利润"等科目。

（5）成本类科目是对可归属于产品生产成本、劳务成本等具体内容进行分类核算的项目，包括"生产成本""劳务成本""制造费用"等科目。

（6）损益类科目是对收入、费用要素的具体内容进行分类核算的项目。分为收益性科目和费用支出性科目。反映收益的损益类科目，如"主营业务收入""其他业务收入""营业外收入"等科目；反映费用的损益类科目，如"主营业务成本""税金及附加""销售费用""管理费用""财务费用""所得税费用""营业外支出"等科目。

按照会计科目的经济内容进行分类，遵循了会计要素的基本特征，它将各项会计要素的增减变化分门别类进行归集，清晰地反映了企业的财务状况和经营成果。

### （二）按提供信息的详略程度分类

为了使企业提供的会计信息更好地满足各会计信息使用者的不同要求，必须对会计科目按照其核算信息的详略程度进行级次划分。一般情况下，可以将会计科目分为总分类科目和明细分类科目。

总分类科目是对会计要素具体内容所做的总括分类，它提供总括性的核算指标，如"固定资产""原材料""应收账款""应付账款"等，又称一级科目或总账科目。

明细分类科目是对总分类科目所含内容所做的更为详细的分类，它能提供更为详细、具体的核算指标，又称明细科目、细目。例如，"应交税费"总分类科目下按照具体税种分设明细科目"应交税费——应交增值税""应交税费——应交消费税"等，用来具体说明应交纳的各种税金。如果需要，企业可以在二级科目下分设三级科目、四级科目等进行会计核算，每往下设置一级都是对上一级科目的进一步分类。总分类科目以下的科目可以统称明细科目，以应交税费为例说明总账科目与明细科目之间的关系，如图3-2所示。

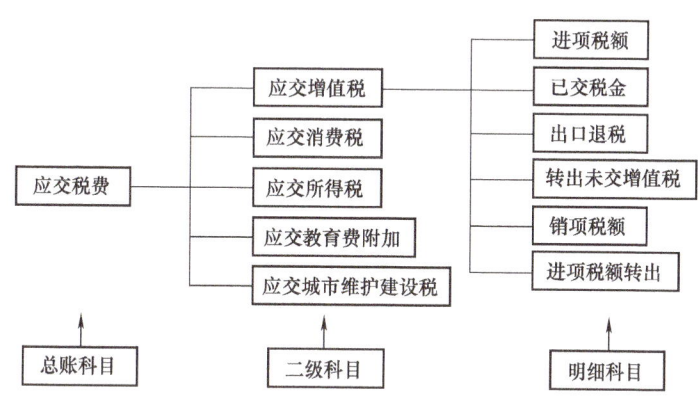

图 3-2　总账科目、二级科目与明细科目之间的关系

总分类科目和所属明细分类科目核算的内容相同，只是反映内容的详细程度有所不同，两者相互补充、相互制约、相互核对。总分类科目对所属的明细分类科目起着统驭和控制作用，明细分类科目是对其所归属的总分类科目的详细和具体说明。值得说明的是，并不是所有的总分类科目都要设置明细分类科目，如"库存现金"就不需要设置明细科目。

## 三、会计科目设置的原则

由于各企业的业务性质、经营目标、规模大小、业务繁简及组织状况有所不同，会计科目的设置，应考虑其自身特点和具体情况，遵循下列原则：

### 1. 合法性原则

合法性原则是指所设置的会计科目应当符合国家统一会计制度的规定。在我国，总分类科目原则上由财政部统一规定，对于核算标准、口径都要一致。同时根据自身的生产经营特点，在不影响统一会计核算要求以及对外提供统一的财务报表的前提下，自行增设、减少或合并某些会计科目。

### 2. 相关性原则

相关性原则是指所设置的会计科目应当为提供有关各方所需要的会计信息服务，既要满足对外报告的要求，又要符合内部经营管理的需要。

### 3. 实用性原则

在合法性的基础上，企业应当根据组织形式、所处行业、经营内容、业务种类等自身特点，设置符合企业需要的会计科目。会计科目设置应该简单明了、通俗易懂。

## 四、掌握常用会计科目

《企业会计准则——应用指南》中规定了企业的会计科目，其中常用会计科目见表3-2。

**表 3-2　常用会计科目参照表（简表）**

| 编　号 | 名　　称 | 编　号 | 名　　称 |
|---|---|---|---|
| | 一、资产类 | | 二、负债类 |
| 1001 | 库存现金 | 2001 | 短期借款 |
| 1002 | 银行存款 | 2201 | 应付票据 |
| 1012 | 其他货币资金 | 2201 | 应付账款 |
| 1101 | 交易性金融资产 | 2202 | 预收账款 |
| 1121 | 应收票据 | 2211 | 应付职工薪酬 |
| 1122 | 应收账款 | 2221 | 应交税费 |
| 1123 | 预付账款 | 2231 | 应付利息 |
| 1131 | 应收股利 | 2232 | 应付股利 |
| 1132 | 应收利息 | 2241 | 其他应付款 |
| 1221 | 其他应收款 | 2501 | 长期借款 |
| 1231 | 坏账准备 | 2501 | 应付债券 |
| 1401 | 材料采购 | 2701 | 长期应付款 |
| 1402 | 在途物资 | 2711 | 专项应付款 |
| 1403 | 原材料 | 2801 | 预计负债 |
| 1404 | 材料成本差异 | 2901 | 递延所得税负债 |
| 1405 | 库存商品 | | 三、共同类（略） |
| 1406 | 发出商品 | | 四、所有者权益 |
| 1407 | 商品进销差价 | 4001 | 实收资本 |
| 1408 | 委托加工物资 | 4002 | 资本公积 |
| 1471 | 存货跌价准备 | 4003 | 其他综合收益 |
| 1501 | 债权投资 | 4101 | 盈余公积 |
| 1502 | 债权投资减值准备 | 4103 | 本年利润 |
| 1503 | 其他债权投资 | 4104 | 利润分配 |
| 1511 | 长期股权投资 | | 五、成本类 |
| 1512 | 长期股权投资减值准备 | 5001 | 生产成本 |
| 1521 | 投资性房地产 | 5101 | 制造费用 |
| 1531 | 长期应收款 | 5201 | 劳务成本 |
| 1601 | 固定资产 | 5301 | 研发支出 |
| 1602 | 累计折旧 | | 六、损益类 |
| 1603 | 固定资产减值准备 | 6001 | 主营业务收入 |
| 1604 | 在建工程 | 6051 | 其他业务收入 |
| 1605 | 工程物资 | 6101 | 公允价值变动损益 |
| 1606 | 固定资产清理 | 6111 | 投资收益 |
| 1701 | 无形资产 | 6301 | 营业外收入 |
| 1702 | 累计摊销 | 6401 | 主营业务成本 |
| 1703 | 无形资产减值准备 | 6402 | 其他业务成本 |
| 1711 | 商誉 | 6403 | 税金及附加 |
| 1801 | 长期待摊费用 | 6601 | 销售费用 |
| 1811 | 递延所得税资产 | 6602 | 管理费用 |
| 1901 | 待处理财产损溢 | 6603 | 财务费用 |
| | | 6701 | 资产减值损失 |
| | | 6711 | 营业外支出 |
| | | 6801 | 所得税费用 |
| | | 6901 | 以前年度损益调整 |

## 任务检测

### 一、单项选择题

1. 下列不属于会计科目设置原则的是（　　）。
   A. 相关性　　　　　　B. 实用性　　　　　　C. 科学性　　　　　D. 合法性
2. 下列不属于企业资产类科目的是（　　）。
   A. 预付账款　　　　　B. 坏账准备　　　　　C. 累计折旧　　　　D. 预收账款

### 二、多项选择题

1. 下列项目中，属于会计科目设置原则的有（　　）。
   A. 相关性原则　　　　B. 实用性原则　　　　C. 合法性原则　　　D. 真实性原则
2. 在下列项目中，与管理费用属于同一类科目的是（　　）。
   A. 制造费用　　　　　B. 销售费用　　　　　C. 财务费用　　　　D. 其他应收款

### 三、判断题

1. 会计科目都是根据会计账户设置的。　　　　　　　　　　　　　　　　　（　　）
2. 在不违反国家统一会计制度的前提下明细会计科目可以根据企业内部管理的需要自行制定。　　　　　　　　　　　　　　　　　　　　　　　　　　　　　　　　（　　）

## 任务二　掌握账户

任务目标
➡ 理解账户的概念
➡ 掌握账户的分类
➡ 理解账户的功能
➡ 掌握账户的结构
➡ 掌握账户与会计科目的关系

　　小明家的工厂发生的经济业务，如用银行存款购买设备，现金支付水电费、工人工资，交纳相关税费等。这些业务使得会计要素发生增减变动，如何反映出来？　　任务情景

知识准备　　企业发生的经济业务引起各个会计科目发生增减变动，怎么记录？在哪记录？本任务告诉你。

### 一、账户的概念

　　会计科目是对会计对象的组成内容进行科学分类而规定的名称。对会计对象划分类别并规定名称是必要的，但要全面、系统地记录和反映各项经济业务所引起的资产变动情况，还必须在分类的基础上借助于具体的形式和方法，这就是开设和运用账户。

　　账户是根据会计科目设置的，具有一定的格式和结构，用于分类反映会计要素增减变动情况及其结果的载体。设置账户是会计核算的重要方法之一。

## 二、账户的分类

账户是根据会计科目设置的，账户的分类同会计科目的分类相对应。

### （一）按经济内容分类

账户按其经济内容可以分为资产类账户、负债类账户、共同类账户、所有者权益类账户、成本类账户和损益类账户六大类。

### （二）按提供信息的详细程度分类

#### 1. 总分类账户

总分类账户是指根据总分类科目设置的，用于对会计要素具体内容进行总括分类核算的账户。总分类账户又叫总账账户或一级账户，简称总账。

#### 2. 明细分类账户

明细分类账户是根据明细分类科目设置的、用来对会计要素具体内容进行明细分类核算的账户。明细分类账户又称明细账户，简称明细账。

总分类账户与明细分类账户的区别见表3-3。

**表3-3　总分类账户与明细分类账户的区别**

|  | 总分类账户 | 明细分类账户 |
| --- | --- | --- |
| 1 | 根据总分类科目设置的 | 根据明细分类科目设置的 |
| 2 | 提供总的核算资料 | 提供明细核算资料 |
| 3 | 只使用货币量度 | 货币量度、实物量度、劳动量度并用 |

总账和所属明细账核算的内容相同，都是核算和反映同一事物，只不过反映内容的详细程度有所不同，两者相互补充、相互制约、相互核对。总账统驭和控制明细账，明细账从属于总账，对总账进行补充和具体说明。

总分类账和明细分类账的区别主要表现在以下两个方面：

（1）反映经济业务内容的详细程度不同。总分类账户提供综合总括的资料，一律用货币计量单位进行核算；明细分类账户提供详细具体的资料，除采用货币计量单位外，还采用实物、劳动计量单位进行核算。

（2）作用不同。总分类账户对其所属明细分类账户起着控制和统驭的作用；明细分类账户从属于总分类账户，对总分类账户起着补充和具体说明原作用。

总分类账和明细分类账的联系主要表现在：两者是相辅相成的，只是反映经济业务的详细程度不同，但是两者登记的原始依据是相同的，核算的内容也是相同的。

## 三、账户的功能和结构

#### 1. 账户的功能

账户的功能在于连续、系统、完整地提供企业经济活动中各个会计要素增减变动及其结果的具体信息。

#### 2. 账户的基本结构

要使账户发挥其功能，不仅要确定其名称和进行分类，还要使其具备相应的结构。所有经济业务的发生所引起的企业资产、负债、所有者权益等的变动，从数量上看，不外乎"增加"和"减少"两种情况。因此，账户的基本结构可分为左、右两方，一方登记增加额，另一方登记减少额，这是一切账户的基本结构。至于哪一方登记增加额、哪一方登记减少额，取决于所记录的经济业务和账户的性质，如图3-3所示。

| 期初余额<br>本期增加额 | 本期减少额 | | 本期减少额 | 期初余额<br>本期增加额 |
|---|---|---|---|---|
| 期末余额 | | | | 期末余额 |

图 3-3　账户的基本结构

每个账户可以提供期初余额、本期增加额、本期减少额和期末余额四个金额要素。

登记本期增加的金额称为本期增加发生额；登记本期减少的金额，称为本期减少发生额。本期发生额是一个动态指标，它说明的是某一时期会计要素的增减变动情况。增减相抵后的差额，称为余额。余额是一个静态指标，它说明的是资产或权益在某一日期增减变动的结果。本期的期末余额转入下期，就是下期的期初余额；上期的期末余额转入本期，就是本期的期初余额。

四个金额要素的基本关系为

$$期末余额=期初余额+本期增加发生额-本期减少发生额$$

此关系式适用于任何性质账户的余额与发生额的计算。由账户的结构可以看出，账户的余额和增加发生额总在同一方向。

如图3-3所示的账户结构只是账户的简化格式，也称为"T"形账户、"丁"字账户。一个完整的账户，其基本结构具体包括账户名称（会计科目）、记录经济业务的日期、所依据记账凭证编号、经济业务摘要、增减金额及余额等，如图3-4所示。

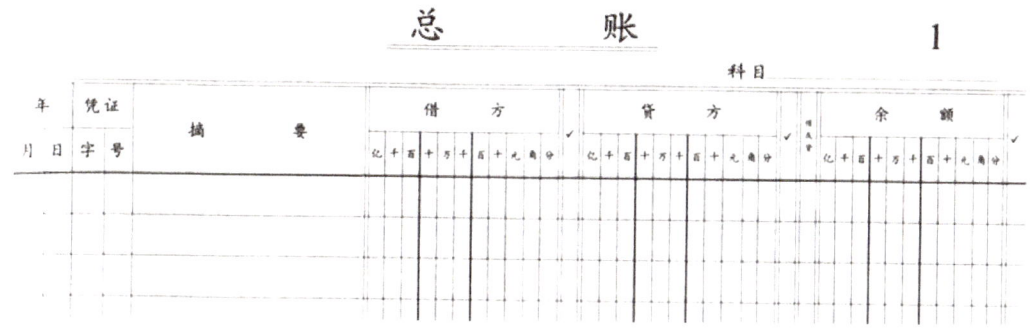

图 3-4　账户的结构格式

## 四、账户与会计科目的联系和区别

账户是根据会计科目设置的，它们之间既有联系又有区别。

### 1. 联系

会计科目和账户所反映的会计对象的具体内容是相同的，两者口径一致，性质相同，都是体现对会计要素具体内容的分类。

会计科目是账户的名称，也是设置账户的依据；账户则是根据会计科目来设置的，账户是会计科目的具体运用。因此，会计科目的性质决定了账户的性质，没有会计科目，账户便失去了设置的依据；没有账户，会计科目就无法发挥作用。

### 2. 区别

（1）会计科目仅仅是账户的名称，不存在结构；而账户则具有一定的格式和结构。

（2）会计科目仅说明反映的经济内容；账户不仅说明反映的经济内容，而且反映某类经济内容的增减变动情况及其结果。

（3）会计科目是由国家通过制定企业会计准则而统一规定的；而账户则是由各单位根据会计科目的设置，结合本单位经营管理的需要在账簿中开设的。

在实际工作中，对会计科目和账户不加严格区分，往往是互相通用。

## 任务检测

### 一、单项选择题

1. 下列属于明细账户的是（　　　）。

    A. 生产成本　　　　　B. 甲材料　　　　　C. 制造费用　　　　　D. 应付职工薪酬

2. 某科目的期初余额为900元，期末余额为5 000元，本期减少发生额为600元，则本期增加发生额为（　　　）元。

    A. 3 500　　　　　　B. 300　　　　　　　C. 4 700　　　　　　D. 5 300

### 二、多项选择题

1. 下列关于会计账户和会计科目的说法正确的是（　　　　）。

    A. 会计科目是开设账户的依据，账户的名称就是会计科目

    B. 二者都是对会计要素具体内容的科学分类，口径一致，性质相同

    C. 没有账户，会计科目就无法发挥作用

    D. 会计科目不存在结构，账户则具有一定的格式和结构

2. 会计账户的各项金额的关系可用（　　　　）表示。

    A. 本期期末余额＝本期期初余额＋本期增加发生额－本期减少发生额

    B. 本期期末余额－本期期初余额＝本期增加发生额－本期减少发生额

    C. 本期期末余额－本期期初余额－本期增加发生额＝本期减少发生额

    D. 本期期末余额＋本期减少发生额＝本期期初余额＋本期增加发生额

### 三、判断题

1. 账户是根据会计科目设置的，具有一定的格式和结构。　　　　　　　　　　（　　　）

2. 为了满足管理的需要，企业的会计账户设置的越细越好。　　　　　　　　　（　　　）

## 项 目 总 结

本项目主要阐述了会计科目与账户相关内容。

会计科目是对会计要素的具体内容进行分类核算的项目。会计科目按反映的经济内容不同分为资产类科目、负债类科目、共同类科目、所有者权益类科目、成本类科目和损益类科目六大类。会计科目按提供信息的详略程度不同分为总分类科目和明细分类科目。

账户是根据会计科目设置的，具有一定的格式和结构，用于分类反映会计要素增减变动情况及其结果的一种工具，设置账户是会计核算的重要方法之一。

　　账户按其经济内容不同可以分为资产类账户、负债类账户、共同类账户、所有者权益类账户、成本类账户和损益类账户六大类。账户按提供信息的详细程度不同分为总分类账户和明细分类账户。

　　账户的基本结构可分为左、右两方，一方登记增加额，另一方登记减少额。每个账户可以提供期初余额、本期增加额、本期减少额和期末余额四个金额要素。这四个金额之间的关系表达式为：期末余额＝期初余额＋本期增加发生额－本期减少发生额。

　　账户和会计科目是两个不同的概念，它们之间既有联系又有区别。

*Project 4*

项目四

会计记账方法

了解复式记账法的概念和种类

熟悉借贷记账法的原理

掌握借贷记账法下的账户结构

了解会计分录的分类

掌握借贷记账法下的试算平衡

学习目标

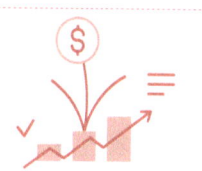

## 任务一　知悉记账方法

**任务目标**
→ 了解单式记账法
→ 了解复式记账法

**任务情景**

小明将工厂的业务按会计要素全部归类和记录之后，了解到经济业务的发生，引起某些会计要素发生增减变动，而数量上的变动需要在账户中加以记录。小明困惑了："到底该选择什么样的方法来记账呢？"本任务会帮他解决这个疑问。

**知识准备**

我们已经初步了解了会计核算、会计账户的基础知识，知道了账户能够全面、系统地反映各会计要素有关项目的增减变动及结果，但如何将发生的经济业务记录到有关账户中去，就要采用规范的记账方法。

记账方法是指对发生的经济业务根据一定的原理，运用一定的记账符号和记账规则在账户中予以登记的方法。按其记账的方式，记账方法可分为单式记账法和复式记账法。

### 一、单式记账法

#### （一）单式记账法的含义

单式记账法是指对发生的每一项经济业务，所产生的会计要素的增减变动，只在一个账户中登记的记账方法。

#### （二）单式记账法的缺点

（1）单式记账法下，账户设置不完整。由于只考虑"库存现金""银行存款"的变动和债权债务的结算，所以就只设置"库存现金""银行存款""应收账款""应付账款"这样的账户，其他的账户不再设置。

（2）单式记账法下，对发生的每一项经济业务，只在一个账户中登记。例如，用库存现金购买办公用品，只记"库存现金"减少，不记"管理费用"增加。

综上：单式记账法下，无法反映经济业务发生时的账户之间的对应关系，无法全面清晰地反映经济业务的来龙去脉，也无法进行总体试算平衡，不便于检查账户记录的正确性和完整性。

### 二、复式记账法

#### （一）复式记账法的概念

复式记账法是指对发生的每一笔经济业务，都必须用相等的金额在两个或两个以上相互联系的账户中进行登记的一种记账方法，在现代会计中应用广泛，是一种科学的记账方法。

复式记账法是以会计恒等式作为记账的理论依据，任何经济业务的发生，至少要涉及两项或两项以上要素的增减变动，而且增减变动的金额肯定是相等的。

### （二）复式记账法的意义

（1）复式记账法要求全面反映企业的经济活动，具有完善的账户体系。对发生的每一笔经济业务，都必须用相等的金额在两个或两个以上相互联系的账户中进行登记，能全面、系统地反映经济活动的过程和结果，账户的设置也是完善的。

（2）可以进行试算平衡，防止和检查账户中的遗漏和差错。因为复式记账是对于每一笔经济业务发生后，都用相等的金额在两个或两个以上相互联系的账户中进行登记，因此可以根据会计恒等式对所有账户记录进行试算平衡，便于查账和对账，防止和纠正错账。

### （三）复式记账法的种类

复式记账法可分为借贷记账法、增减记账法和收付记账法等。产生于意大利的借贷记账法是目前国际上通用的记账方法，我国1993年7月1日开始实施的《企业会计准则——基本准则》规定企业应当采用借贷记账法记账。

### 任务检测

**判断题**

1. 复式记账法是指以资产与所有者权益平衡关系作为记账基础。　　　　　（　　）
2. 在我国颁布的《企业会计准则——基本准则》中明确规定企业应当采用收付记账法记账。　　　　　（　　）

## 任务二　掌握借贷记账法

➡️ 理解借贷记账法的概念
➡️ 掌握借贷记账法下账户的结构
➡️ 了解借贷记账法的记账规则
➡️ 掌握会计分录的含义及分类

　　小明将工厂的业务按复式记账法进行登记后，发现这一方法虽明确了每一项经济业务的发生都应当在两个或两个以上的账户中进行登记，但并未具体阐述经济业务发生时，应使用何种记账符号和何种记账规则进行记录。小明在想会计上如何把这些业务记录得更详细、更清楚呢？本任务会帮他解决这个疑问。

　　我们已经学习了复式记账法，知道了复式记账法包括的三大类：借贷记账法、增减记账法和收付记账法，而我国要求使用的复式记账法之一的借贷记账法是怎么回事呢？

### 一、借贷记账法的概念

借贷记账法是以"借""贷"作为记账符号的一种复式记账法。

借贷记账法是建立在"资产=负债+所有者权益"的基础上，它是以"借""贷"作为记账符号；以"有借必有贷，借贷必相等"作为记账规则；以"借方金额等于贷方金额"作为试算平衡公式，反映会计要素增减变动情况的一种复式记账法。

### 二、借贷记账法下账户的结构

借贷记账法下，账户的"左方"称为"借方"，"右方"称为"贷方"，反映账户记录增加和减少的变动。"借"表示增加（减少），还是"贷"表示增加（减少），决定于账户的性质。一般而言，资产、成本和费用类账户的增加在"借"方，减少在"贷"方；负债、所有者权益和收入类账户的增加在"贷"方，减少在"借"方。

#### 1. 资产类账户的结构

在借贷记账法下，资产类账户的借方记录资产的增加额，贷方记录资产的减少额，期末余额一般在借方，如图4-1所示。

| 借 | 资产类账户名称 | 贷 |
| --- | --- | --- |
| 期初余额<br>本期增加发生额 | | 本期减少发生额 |
| 本期发生额合计<br>期末余额 | | 本期发生额合计 |

图 4-1　资产类账户的结构

其余额计算公式为

$$期末借方余额=期初借方余额+本期借方发生额-本期贷方发生额$$

#### 2. 负债和所有者权益类账户的结构

在借贷记账法下，负债和所有者权益类账户的结构是相同的。借方记录负债和所有者权益类账户减少额，贷方记录负债和所有者权益类账户增加额，期末余额一般在贷方，如图4-2所示。

| 借 | 权益类账户名称 | 贷 |
| --- | --- | --- |
| 本期减少发生额 | | 期初余额<br>本期增加发生额 |
| 本期发生额合计 | | 本期发生额合计 |

图 4-2　负债和所有者权益类账户的结构

其余额计算公式为

$$期末贷方余额=期初贷方余额+本期贷方发生额-本期借方发生额$$

#### 3. 损益类账户的结构

损益类账户主要包括收入类账户和成本、费用类账户两大类。

（1）收入类账户的结构。收入类账户的结构与负债和所有者权益类账户的结构相似，借方记录收入减少额（结转额），贷方记录收入增加额。本期收入净额结转到期末"本年利润"账户，结转后无余额，如图4-3所示。

| 借 | 收入类账户名称 | 贷 |
|---|---|---|
| 本期收入减少发生额（结转额） | | 本期增加发生额 |
| 本期发生额合计 | | 本期发生额合计 |

图 4-3　损益类账户的结构

其余额计算公式为

期末贷方余额=期初贷方余额+本期贷方发生额-本期借方发生额

（2）成本、费用类账户的结构。成本、费用类账户的结构与资产类账户的结构基本相同，借方记录成本、费用增加额，贷方记录成本、费用减少额（结转额），本期费用净额结转到期末"本年利润"账户，结转后无余额，如图4-4所示。

| 借 | 成本、费用类账户名称 | 贷 |
|---|---|---|
| 本期增加发生额 | | 本期减少发生额（结转额） |
| 本期发生额合计 | | 本期发生额合计 |

图 4-4　成本、费用类账户的结构

其余额计算公式为

期末借方余额=期初借方余额+本期借方发生额-本期贷方发生额

总结借贷记账法下账户的基本结构，见表4-1。

表 4-1　借贷记账法下账户的结构

| 会 计 账 户 | 借方（左方） | 贷方（右方） | 余 额 方 向 |
|---|---|---|---|
| 资产类 | 增加 | 减少 | 期末余额一般在借方 |
| 负债类 | 减少 | 增加 | 期末余额一般在贷方 |
| 所有者权益类 | 减少 | 增加 | 期末余额一般在贷方 |
| 收入类 | 减少（结转） | 增加 | 期末一般无余额 |
| 费用类 | 增加 | 减少（结转） | 期末一般无余额 |
| 成本类 | 增加 | 减少（结转） | 期末一般无余额 |

### 三、借贷记账法的记账规则

借贷记账法的记账规则是"有借必有贷，借贷必相等"。也就是说，采用借贷记账法，对于每项经济业务，都要在记入一个账户借方的同时，记入另一个（或几个）账户的贷方；或者在记入一个账户贷方的同时，记入另一个（或几个）账户的借方。记入借方的金额必须等于记入贷方的金额，即任何一笔经济业务所引起的一个（或几个）账户的借方金额合计数应该等于另一个（或几个）账户的贷方金额合计数，不得例外。运用借贷记账法的记账规则处理经济业务时，步骤如下：

第一步：找经济业务涉及的账户名称。

第二步：判断经济业务所涉及的账户性质和结构，判断账户记账方向。

第三步：登记经济业务所涉及的账户的增减金额。

### 四、借贷记账法的运用

#### （一）会计分录的含义及构成

为了准确地将经济业务登记到账户中去，需要按照记账规则确定会计分录。

会计分录，简称分录，就是按照借贷记账法的记账规则，确定每项经济业务应借、应贷的账户名称及其金额的一种记录，它构成记账凭证的基本内容。从会计分录的定义可以看出，会计分录由三个要素构成，即账户名称、记账方向（借方、贷方）、应记金额。

#### （二）会计分录的书写格式

借：账户名称             金额

  贷：账户名称           金额

说明：借方写在上面，贷方写在下面，上下错开两个字的位置，借方科目写在借的后面，如果需要写明细科目，应在一级科目后面加破折号，写上明细科目；空几个字的位置，写上应借或应贷的金额，用阿拉伯数字书写，数字后不写元。这种格式的会计分录，是学习过程中的草稿格式，在实际工作中，会计分录是通过填制记账凭证来完成的，也就不再用这种格式。

#### （三）会计分录的应用

A有限公司2018年8月的期初余额见表4-2。

表4-2  A 公司 8 月期初余额       （单位：元）

| 会 计 账 户 | 期 初 余 额 | |
| --- | --- | --- |
| | 借　　方 | 贷　　方 |
| 银行存款 | 480 000 | |
| 原材料 | 150 000 | |
| 固定资产 | 750 000 | |
| 短期借款 | | 50 000 |
| 应付账款 | | 110 000 |
| 应付股利 | | 220 000 |
| 实收资本 | | 600 000 |
| 盈余公积 | | 400 000 |
| 合　　计 | 1 380 000 | 1 380 000 |

8月份发生如下经济业务：

**例** 4-1  8 日，A 公司如期收到甲投资者一次缴足款项 150 000 元，存入银行。

**分析：**

该业务涉及银行存款和实收资本两个账户，银行存款是资产类账户，增加记借方，实收资本是所有者权益类账户，增加记贷方，借贷金额相等。在 T 形账户中的登记，如图 4-5 所示。

图 4-5 收到银行存款的账户分析

做会计分录如下：

借：银行存款              150 000

  贷：实收资本            150 000

**例** 4-2  9 日，从某公司购入原材料 50 000 元，款项未付，不考虑增值税。

分析:

该业务涉及原材料和应付账款两个账户,原材料是资产类账户,增加记借方,应付账款是负债类账户,增加记贷方,借贷金额相等。在 T 形账户中的登记,如图 4-6 所示。

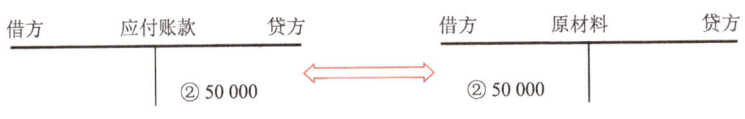

图 4-6　原材料采购的账户分析

做会计分录如下:

借:原材料　　　　　　　　　　　　　　　　　　　　　　　　　　　50 000

　　贷:应付账款　　　　　　　　　　　　　　　　　　　　　　　　　50 000

例4-3　15 日,以银行存款归还欠某公司货款 80 000 元。

分析:

该业务涉及银行存款和应付账款两个账户,银行存款是资产类账户,减少记贷方,应付账款是负债类账户,减少记借方,借贷金额相等。在 T 形账户中的登记,如图 4-7 所示。

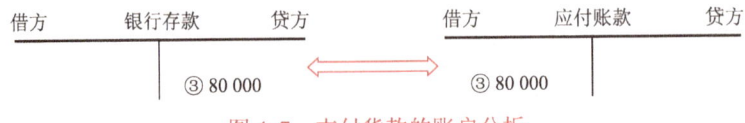

图 4-7　支付货款的账户分析

做会计分录如下:

借:应付账款　　　　　　　　　　　　　　　　　　　　　　　　　　　80 000

　　贷:银行存款　　　　　　　　　　　　　　　　　　　　　　　　　80 000

例4-4　18 日,经批准按法定程序减少注册资本 100 000 元,以银行存款支付给投资者。

分析:

该业务涉及银行存款和实收资本两个账户,银行存款是资产类账户,减少记贷方,实收资本是所有者权益类账户,减少记借方,借贷金额相等。在 T 形账户中的登记,如图 4-8 所示。

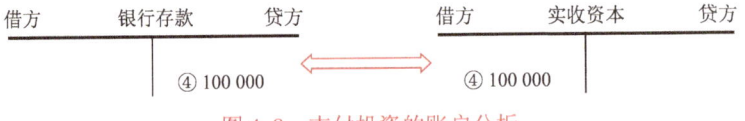

图 4-8　支付投资的账户分析

做会计分录如下:

借:实收资本　　　　　　　　　　　　　　　　　　　　　　　　　　100 000

　　贷:银行存款　　　　　　　　　　　　　　　　　　　　　　　　100 000

例4-5　22 日,开出转账支票一张购买生产设备价款 60 000 元,设备验收合格已交付使用,假定不考虑增值税。

分析:

该业务涉及固定资产和银行存款两个账户,固定资产是资产类账户,增加记借方,银行存款是资产类账户,减少记贷方,借贷金额相等。在 T 形账户中的登记,如图 4-9 所示。

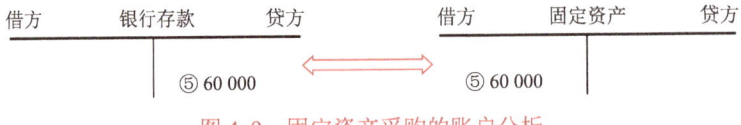

图 4-9　固定资产采购的账户分析

做会计分录如下：

借：固定资产 60 000

 贷：银行存款 60 000

**例** 4-6   23 日，因需归还前欠某公司贷款向银行借入期限为三个月的短期借款 70 000 元，当即支付。

**分析：**

该业务涉及短期借款和应付账款两个账户，短期借款是负债类账户，增加记贷方，应付账款是负债类账户，减少记借方，借贷金额相等。在 T 形账户中的登记，如图 4-10 所示。

图 4-10   借入短期借款的账户分析

做会计分录如下：

借：应付账款 70 000

 贷：短期借款 70 000

**例** 4-7   25 日，决定以盈余公积 150 000 元向所有者分配利润。

**分析：**

该业务涉及应付股利和盈余公积两个账户，应付股利是负债类账户，增加记贷方，盈余公积是所有者权益账户，减少记借方，借贷金额相等。在 T 形账户中的登记，如图 4-11 所示。

图 4-11   分配盈余公积的账户分析

做会计分录如下：

借：盈余公积 150 000

 贷：应付股利 150 000

**例** 4-8   27 日，投资者将企业本年将发放的 150 000 元利润转为对本企业的投资。

**分析：**

该业务涉及应付股利和实收资本两个账户，应付股利是负债类账户，减少记借方，实收资本是所有者权益账户，增加记贷方，借贷金额相等。在 T 形账户中的登记，如图 4-12 所示。

图 4-12   应付股利转实收资本的账户分析

做会计分录如下：

借：应付股利 150 000

 贷：实收资本 150 000

例4-9　31日，经批准，企业用盈余公积200 000元转增资本。

**分析：**

该业务涉及实收资本和盈余公积两个账户，实收资本是所有者权益账户，增加记贷方，盈余公积是所有者权益账户，减少记借方，借贷金额相等。在T形账户中的登记，如图4-13所示。

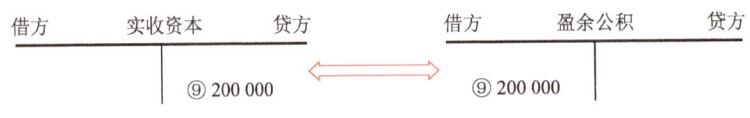

图4-13　盈余公积转实收资本的账户分析

做会计分录如下：

借：盈余公积　　　　　　　　　　　　　　　　　　　　　　　200 000

　　贷：实收资本　　　　　　　　　　　　　　　　　　　　　　200 000

例4-10　A公司8月28日购入甲材料200 000元，已验收入库，以银行存款支付货款180 000元，其余20 000元暂欠。

**分析：**

该项经济业务，一方面使甲材料增加了200 000元，记借方；另一方面企业的银行存款减少了180 000元，应付账款增加了20 000元，两者记在贷方，借贷金额相等。做会计分录如下：

借：原材料——甲材料　　　　　　　　　　　　　　　　　　　200 000

　　贷：银行存款　　　　　　　　　　　　　　　　　　　　　　180 000

　　　　应付账款　　　　　　　　　　　　　　　　　　　　　　 20 000

### （四）会计分录的分类

会计分录按照所涉及账户的数量多少，分为简单会计分录和复合会计分录。

（1）简单会计分录指只涉及一个借方账户和一个贷方账户的会计分录，即只涉及两个对应账户（一借一贷）的会计分录。例4-1~例4-9都是简单分录。

（2）复合会计分录指由两个以上（不含两个）对应账户组成的会计分录，即一借多贷、一贷多借或多借多贷的会计分录。一般不允许将不同类型的经济业务合并编制"多借多贷"的会计分录。因此就是复合会计分录。

复合会计分录实际上由几个相互联系的简单会计分录合并组成，必要时可将其分解为若干个简单会计分录。如例4-10可写为两个简单分录：

借：原材料　　　　　　　　　　　　　　　　　　　　　　　　180 000

　　贷：银行存款　　　　　　　　　　　　　　　　　　　　　　180 000

借：原材料　　　　　　　　　　　　　　　　　　　　　　　　 20 000

　　贷：应付账款　　　　　　　　　　　　　　　　　　　　　　 20 000

从上述例题中可以看出，在借贷记账法下，每项经济业务所登记的账户之间都会形成应借、应贷的相互关系，这种关系称为账户的对应关系，有对应关系的账户称为对应账户。通过账户间的这种对应关系，可以深入了解经济业务的内容和整个资金运动的来龙去脉，以便全面系统地反映经济业务的过程和结果。

## 任务检测

### 一、单项选择题

1. 下列说法正确的是（　　）。

    A. 借方反映资产的增加、费用的减少

    B. 借方反映负债的增加、收入的增加

    C. 贷方反映所有者权益的增加、成本的增加

    D. 贷方反映资产的减少、费用的减少

2. "应收票据"账户期初借方余额为8 000元，借方本期发生额为5 000元，贷方本期发生额为9 000元，该账户期末余额应为（　　）元。

    A. 借余4 000

    B. 贷余4 000

    C. 借余12 000

    D. 贷余12 000

### 二、判断题

1. 借贷记账法的记账规则是"借"表示增加，"贷"表示减少。　　　　（　　）

2. 在借贷记账法下，成本类科目的结构与资产类科目的结构一致。　（　　）

### 三、编制会计分录

1. 开出一张现金支票，从银行提取现金80 000元备发工资。

2. 向甲公司购入材料一批，价款20 000元，材料已验收入库，款项未付（不考虑增值税）。

3. 收回某单位前欠货款200 000元，存入银行。

4. 办公室购买办公用品500元，以现金支付。

5. 经批准企业用盈余公积200 000元转增资本。

## 任务三　掌握借贷记账法的试算平衡

→ 了解试算平衡的含义

→ 掌握试算平衡的分类

→ 掌握试算平衡表的编制

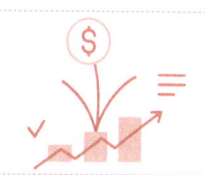

    小明将工厂日常发生的业务，按借贷记账法记入了相关账户，发现涉及的账户繁多，小明担心自己做的会计记录会出现错误，只有及时发现、及时处理，才能避免经营中的损失。但是用什么方法才能验证会计记录是否正确呢？本任务帮小明解答这个问题。

    我们已经学习了借贷记账法的账户结构、记账规则，掌握了编写会计分录，作为记账的直接依据。会计分录出错，必然影响整个会计记录的正确性，因此，有必要对所有会计账户的记录定期进行试算，验证会计记录是否正确。

## 一、试算平衡的含义

试算平衡是指在借贷记账法下，根据记账规则、资产与权益的恒等关系，通过对所有账户的发生额和余额的汇总计算和比较，来检查记录是否正确的一种方法。

## 二、试算平衡的分类

在借贷记账法下，每一项经济业务都用借贷相等的金额来记录。所以，当一定会计期间的全部经济业务都记入相关账户后，如果记账没有错误，那么全部账户的借方发生额和贷方发生额也必然相等；全部账户的借方期末余额和贷方期末余额也必然相等。这就形成了两种试算平衡：发生额试算平衡和余额（期初余额、期末余额）试算平衡。

### 1. 发生额试算平衡

发生额试算平衡是指全部账户本期借方发生额合计与全部账户本期贷方发生额合计保持平衡，即

全部账户本期借方发生额合计=全部账户本期贷方发生额合计

发生额试算平衡的直接依据是借贷记账法的记账规则，即"有借必有贷，借贷必相等"。

### 2. 余额试算平衡

余额试算平衡是指全部账户借方期末（初）余额合计与全部账户贷方期末（初）余额合计保持平衡，即

全部账户的借方期初余额合计数=全部账户的贷方期初余额合计数

全部账户的借方期末余额合计数=全部账户的贷方期末余额合计数

余额试算平衡的直接依据是财务状况等式，即"资产=负债+所有者权益"。

## 三、试算平衡表的编制

试算平衡通常是通过编制试算平衡表进行的。试算平衡表通常是在期末结出各账户的本期发生额合计和期末余额后编制的，试算平衡表中一般应设置"期初余额""本期发生额"和"期末余额"三大栏目，其下分别设"借方"和"贷方"两个小栏目。各大栏目中的借方合计与贷方合计应相等，否则就有错误。如果需要检查本期经济业务登记是否正确，可只编制本期发生额试算平衡表，如果只检查结果是否正确，可只编制余额试算平衡表。

现根据例4-1～例4-10编制试算平衡表。

编制方法：将前面发生的例4-1～例4-10经济业务以及各账户的期初余额过入T形账户，并计算出各个账户的本期发生额和期末余额，如图4-14～图4-21所示。

| 借 | | 银行存款 | 贷 |
|---|---|---|---|
| 期初余额 | 480 000 | ③80 000 | |
| | ①150 000 | ④100 000 | |
| | | ⑤60 000 | |
| | | ⑩180 000 | |
| 本期借方发生额合计 | 150 000 | 本期贷方发生额合计 | 420 000 |
| 期末余额 | 210 000 | | |

图4-14　银行存款的账户分析

| 借 | | 原材料 | | 贷 |
|---|---|---|---|---|
| 期初余额 | 150 000 | | | |
| | ②50 000 | | | |
| | ⑩200 000 | | | |
| 本期借方发生额合计 | 250 000 | | 本期贷方发生额合计 | |
| 期末余额 | 400 000 | | | |

图 4-15　原材料的账户分析

| 借 | | 固定资产 | | 贷 |
|---|---|---|---|---|
| 期初余额 | 750 000 | | | |
| | ⑤60 000 | | | |
| 本期借方发生额合计 | 60 000 | | 本期贷方发生额合计 | |
| 期末余额 | 810 000 | | | |

图 4-16　固定资产的账户分析

| 借 | | 应付账款 | | 贷 |
|---|---|---|---|---|
| | | 期初余额 | | 110 000 |
| | ③80 000 | | ②50 000 | |
| | ⑥70 000 | | ⑩ 20 000 | |
| 本期借方发生额合计 | 150 000 | 本期贷方发生额合计 | | 70 000 |
| | | 期末余额 | | 30 000 |

图 4-17　应付账款的账户分析

| 借 | | 短期借款 | | 贷 |
|---|---|---|---|---|
| | | 期初余额 | | 50 000 |
| | | | ⑥70 000 | |
| 本期借方发生额合计 | | 本期贷方发生额合计 | | 70 000 |
| | | 期末余额 | | 120 000 |

图 4-18　短期借款的账户分析

| 借 | | 应付股利 | | 贷 |
|---|---|---|---|---|
| | | 期初余额 | | 220 000 |
| | ⑧150 000 | | ⑦150 000 | |
| 本期借方发生额合计 | 150 000 | 本期贷方发生额合计 | | 150 000 |
| | | 期末余额 | | 220 000 |

图 4-19　应付股利的账户分析

| 借 | | 实收资本 | | 贷 |
|---|---|---|---|---|
| | | 期初余额 | | 600 000 |
| | ④100 000 | | ①150 000 | |
| | | | ⑧150 000 | |
| | | | ⑨200 000 | |
| 本期借方发生额合计 | 100 000 | 本期贷方发生额合计 | | 500 000 |
| | | 期末余额 | | 1 000 000 |

图 4-20　实收资本的账户分析

| 借 | 盈余公积 | 贷 | |
|---|---|---|---|
| | | 期初余额 | 400 000 |
| | ⑦150 000 | | |
| | ⑨200 000 | | |
| 本期借方发生额合计 | 350 000 | 本期贷方发生额合计 | |
| | | 期末余额 | 50 000 |

图 4-21 盈余公积的账户分析

各个账户的期初余额、本期发生额和期末余额，编制总分类账户试算平衡表进行试算平衡，见表4-3。

**表 4-3 总分类账户试算平衡表**

2018年8月31日 （单位：元）

| 会 计 账 户 | 期 初 余 额 | | 本 期 发 生 额 | | 期 末 余 额 | |
|---|---|---|---|---|---|---|
| | 借 方 | 贷 方 | 借 方 | 贷 方 | 借 方 | 贷 方 |
| 银行存款 | 480 000 | | 150 000 | 420 000 | 210 000 | |
| 原材料 | 150 000 | | 250 000 | | 400 000 | |
| 固定资产 | 750 000 | | 60 000 | | 810 000 | |
| 短期借款 | | 50 000 | | 70 000 | | 120 000 |
| 应付账款 | | 110 000 | 150 000 | 70 000 | | 30 000 |
| 应付股利 | | 220 000 | 150 000 | 150 000 | | 220 000 |
| 实收资本 | | 600 000 | 100 000 | 500 000 | | 1 000 000 |
| 盈余公积 | | 400 000 | 350 000 | | | 50 000 |
| 合计 | 1 380 000 | 1 380 000 | 1 210 000 | 1 210 000 | 1 420 000 | 1 420 000 |

编制试算平衡表时，如果发生额和余额均试算平衡，也只能说明记账基本正确，因为有些错误并不会影响借贷双方的平衡关系。例如，①漏记或重记某项经济业务，将使本期借贷双方发生额等额减少（或等额增加），借贷仍保持平衡；②某项经济业务记错有关账户，借贷仍保持平衡；③记账方向颠倒，借贷仍保持平衡；④错记金额，如应借应贷科目正确，但借贷双方金额同时多记或少记，借贷仍保持平衡。

## 任务检测

### 一、判断题

1. 只要试算平衡表平衡了，记账就一定无误。 （ ）
2. 余额试算平衡是指账户借方期末（初）余额合计与账户贷方期末（初）余额合计平衡。
 （ ）

### 二、编制试算平衡表：某企业9月份发生如下业务

1. 2日，开出一张现金支票，从银行提取现金100 000元备用。

2. 5日，向甲公司购入材料一批，价款80 000元，材料已验收入库，款项未付（不考虑增值税）。

3. 10日，从银行借入为期8个月的借款200 000元，存入银行。

4. 15日，办公室张华预借差旅费1 000元，以现金支付。

5. 20日，用银行存款偿还短期借款50 000元。

6. 25日，办公室购买办公用品800元。

7. 27日，用资本公积50 000元转增资本。

要求：编制本期发生额试算平衡表

### 发生额试算平衡表

| 会计账户 | 本期发生额 | |
| --- | --- | --- |
| | 借　方 | 贷　方 |
| | | |
| | | |
| | | |
| | | |
| | | |
| | | |
| | | |
| | | |
| 合　计 | | |

## 项 目 总 结

本项目主要阐述借贷记账法的基本理论及应用。

借贷记账法下，账户的基本结构为"左""右"两方，左方为借方，右方为贷方，一方登记增加额，另一方登记减少额。至于"借"登记增加（减少），还是"贷"登记增加（减少），则取决于账户的性质。

借贷记账法的记账规则是"有借必有贷，借贷必相等"。

资产类账户的余额计算公式：期末借方余额＝期初借方余额＋本期借方发生额－本期贷方发生额。

负债及所有者权益类账户的余额计算公式：期末贷方余额＝期初贷方余额＋本期贷方发生额－本期借方发生额。

收入类账户的余额计算公式：期末贷方余额＝期初贷方余额＋本期贷方发生额－本期借方发生额。

成本、费用类账户的余额计算公式：期末借方余额＝期初借方余额＋本期借方发生额－本期贷方发生额。

会计分录，简称分录，是对每项经济业务列示出应借、应贷的账户名称及其金额的一种记录。会计分录由记账方向、账户名称及应记金额三个要素构成。

试算平衡分为发生额试算平衡和余额（期初余额、期末余额）试算平衡两种。发生额试算平衡，是指全部账户本期借方发生额合计等于全部账户本期贷方发生额合计，即：全部账户本期借方发生额合计＝全部账户本期贷方发生额合计。余额试算平衡是指全部账户借方期末（初）余额合计数等于全部账户贷方期末（初）余额合计数，即：全部账户的借方期末（初）余额合计数＝全部账户的贷方期末（初）余额合计数。账户试算平衡，也只能说明记账基本正确。

Project 5

项目五

# 借贷记账法下主要经济业务的账务处理

掌握企业主要经济业务的账务处理

掌握企业净利润的计算

掌握企业主要经济业务的会计科目

掌握企业净利润的分配

熟悉企业资金的循环与周转过程

学习目标

 **任务一 掌握筹集资金业务的账务处理**

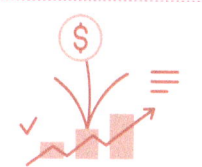

**任务目标**
→ 掌握所有者权益筹资业务的账务处理
→ 掌握负债筹资业务的账务处理

 **任务情景**

学习了借贷记账法后，小明到工厂了解该店日常发生的经济业务如何核算。有关人员告诉小明，可以从创办工厂所需要的资金开始核算。

 **知识准备**

企业资金的筹集渠道主要有两个：一是投资者投入；二是向债权人借入。企业的投资者主要有国家、法人单位、个人和外商；投资方式包括货币资金、固定资产、材料物资、无形资产等，投资者投入的资本主要包括实收资本（股本）和资本公积。债权人借入的主要渠道是从银行取得借款，从银行取得的借款按照偿还期限的长短分为短期借款和长期借款。因此，资金筹集业务的核算主要包括所有者投入资本业务的核算和向债权人借入资金业务的核算。

## 一、设置的主要账户

### （一）"实收资本"（或股本）账户

"实收资本"属于所有者权益类账户，用来核算企业接受投资者投入资本的增减变动情况。贷方登记企业实际收到的投资额，借方登记企业按法定程序报经批准减少的资本金数额，期末余额在贷方，表示企业实际拥有的投入资本数额。

该账户应按投资者设置明细账户，进行明细分类核算。"实收资本"账户的结构如图5-1所示。

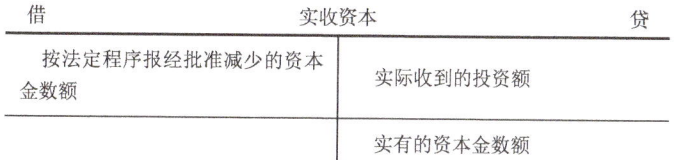

| 借 | 实收资本 | 贷 |
|---|---|---|
| 按法定程序报经批准减少的资本金数额 | 实际收到的投资额 | |
| | 实有的资本金数额 | |

图 5-1 "实收资本"账户的结构

### （二）"资本公积"账户

该账户属于所有者权益类账户，用来核算企业收到投资者出资超出其在注册资本或股本中所占的份额以及直接计入所有者权益的利得和损失等。贷方登记资本公积的增加数额，借方登记按规定转增注册资本时减少的资本公积数额，余额在贷方，表示资本公积的结余额。"资本公积"账户的结构如图5-2所示。

| 借 | 资本公积 | 贷 |
|---|---|---|
| 按规定转增注册资本时减少的资本公积数额 | 资本公积的增加数额 | |
| | 资本公积的结余额 | |

图 5-2 "资本公积"账户的结构

### （三）"短期借款"账户

该账户属于负债类账户，用来核算企业向银行或其他金融机构借入的期限在1年以下（含1年）的各种借款。贷方登记取得的短期借款本金数额，借方登记偿还的短期借款本金数额，期末余额在贷方，表示企业尚未偿还的短期借款本金数额。

该账户按照借款种类、贷款人设置明细账，进行明细核算。"短期借款"账户的结构如图5-3所示。

| 借 | 短期借款 | 贷 |
|---|---|---|
| 偿还的短期借款本金数额 | 取得的短期借款本金数额 | |
| | 尚未偿还的短期借款本金数额 | |

图 5-3 "短期借款"账户的结构

### （四）"长期借款"账户

该账户属于负债类账户，用来核算企业借入的期限在1年以上（不含1年）的各种借款。贷方登记取得的长期借款本金及应付未付的利息数额，借方登记偿还的长期借款本金和利息数额，期末余额在贷方，表示企业尚未偿还的长期借款的本金和利息数额。

该账户应按借款单位、借款种类设置明细账户，进行明细分类核算。"长期借款"账户的结构如图5-4所示。

| 借 | 长期借款 | 贷 |
|---|---|---|
| 偿还的长期借款本金及应付未付的利息数额 | 取得的长期借款本金和利息数额 | |
| | 尚未偿还的长期借款本金和利息数额 | |

图 5-4 "长期借款"账户的结构

### （五）"固定资产"账户

该账户属于资产类账户，用来核算企业持有固定资产的原始价值。借方登记增加固定资产的原始价值，贷方登记减少固定资产原始价值，期末余额在借方，表示现有固定资产的原始价值。

该账户应当按照固定资产类别或项目设置明细账户，进行明细核算。"固定资产"账户的结构如图5-5所示。

| 借 | 固定资产 | 贷 |
|---|---|---|
| 增加固定资产的原始价值 | 减少固定资产的原始价值 | |
| 现有固定资产的原始价值 | | |

图 5-5 "固定资产"账户的结构

### （六）"无形资产"账户

该账户属于资产类账户，用来核算企业持有的无形资产成本，包括专利权、非专利技术、商标权、著作权、土地使用权等。借方登记无形资产的增加数，贷方登记无形资产的减少数，期末余额在借方，表示无形资产的实有数。

该账户按照无形资产项目设置明细账户，进行明细核算。"无形资产"账户的结构如图5-6所示。

| 借 | 无形资产 | 贷 |
|---|---|---|
| 无形资产的增加数 | 无形资产的减少数 | |
| 无形资产的实有数 | | |

图 5-6 "无形资产"账户的结构

## 二、主要经济业务的核算

### （一）投入资本业务的核算

**例 5-1** 企业收到国家投入的货币资金 1 000 000 元，款项已存入银行。

分析：

该项经济业务的发生，一方面使企业的银行存款增加 1 000 000 元，另一方面使企业的实收资本增加 1 000 000 元。因此，该项经济业务会计分录如下：

借：银行存款　　　　　　　　　　　　　　　　　　1 000 000

　　贷：实收资本——国家　　　　　　　　　　　　　　　　1 000 000

**例 5-2** 企业收到甲单位投入的仓库一幢，价值 200 000 元。

分析：

该项经济业务的发生，一方面使企业固定资产增加 200 000 元，另一方面使企业实收资本增加 200 000 元。因此，该项经济业务会计分录如下：

借：固定资产　　　　　　　　　　　　　　　　　　200 000

　　贷：实收资本——甲单位　　　　　　　　　　　　　　　200 000

**例 5-3** 企业收到个人投资者张军一项专利权投资，双方确认的价值为 80 000 元。

分析：

该项经济业务的发生，一方面使企业无形资产增加 80 000 元，另一方面使实收资本增加 80 000 元。因此，该项经济业务会计分录如下：

借：无形资产——专利权　　　　　　　　　　　　　80 000

　　贷：实收资本——张军　　　　　　　　　　　　　　　　80 000

**例 5-4** 企业收到 A 单位投入的甲材料一批，价值 68 000 元。

分析：

该项经济业务的发生，一方面使企业原材料增加 68 000 元，另一方面使企业实收资本增加 68 000 元。因此，该项经济业务会计分录如下：

借：原材料——甲材料　　　　　　　　　　　　　　68 000

　　贷：实收资本——A 单位　　　　　　　　　　　　　　　68 000

**例 5-5** 企业由甲公司、乙公司共同出资，原实收资本 100 万元，成立两年后，丙企业以银行存款出资 70 万元加入，占该企业 1/3 股份。

分析：

该项经济业务的发生，一方面使企业的银行存款增加 700 000 元，另一方面使企业的实收资本增加 500 000 元，资本公积增加 200 000（700 000－500 000）元。因此，该项经济业务会计分录如下：

| | | |
|---|---|---|
| 借：银行存款 | | 700 000 |
| 　贷：实收资本——丙企业 | | 500 000 |
| 　　　资本公积 | | 200 000 |

### （二）向债权人借入资金业务的核算

**例5-6**　　企业取得期限为6个月、年利率为2.4%、到期还本付息的银行借款150 000元，款项存入银行。

分析：

该项经济业务的发生，一方面使企业的银行存款增加150 000元，另一方面使企业的短期借款增加150 000元。因此，该项经济业务会计分录如下：

| | |
|---|---|
| 借：银行存款 | 150 000 |
| 　贷：短期借款 | 150 000 |

**例5-7**　　企业建造厂房一栋，向银行申请取得年利率4.8%、3年期借款800 000元，已存入企业银行账户。

分析：

该项经济业务的发生，一方面使企业的银行存款增加800 000元，另一方面使企业的长期借款增加800 000元。因此，该项经济业务会计分录如下：

| | |
|---|---|
| 借：银行存款 | 800 000 |
| 　贷：长期借款 | 800 000 |

### （三）资本公积转增资本的核算

**例5-8**　　企业用资本公积60 000元转增资本。

分析：

该项经济业务的发生，一方面使企业资本公积减少60 000元，另一方面使实收资本（股本）增加60 000元。因此，该项经济业务会计分录如下：

| | |
|---|---|
| 借：资本公积 | 60 000 |
| 　贷：实收资本 | 60 000 |

## 任务检测

### 一、单项选择题

1. 企业为维持正常的生产经营所需资金而向银行等金融机构临时借入的款项称为（　　　　）。
   A. 长期借款　　　　B. 短期借款　　　　C. 长期负债　　　　D. 流动负债
2. 企业收到投资者投入设备一台，双方评估确认价50 000元，则贷方账户应为（　　　　）。
   A. 固定资产　　　　B. 实收资本　　　　C. 银行付款　　　　D. 资本公积

### 二、多项选择题

1. 企业的资本金按其投资主体不同可以分为（　　　　）。
   A. 货币投资　　　　B. 国家投资　　　　C. 个人投资　　　　D. 法人投资

2. 企业接受投入不需要安装的设备一台，价值50万元。该笔业务应当（ ）。

    A. 借记"材料采购"50万元       B. 借记"固定资产"50万元

    C. 贷记"资本公积"50万元       D. 贷记"实收资本"50万元

### 三、判断题

1. 固定资产因耗损而减少的价值应计入"固定资产"账户的贷方。           （    ）

2. "资本公积"账户的贷方余额表示投入资本的结余额。           （    ）

### 四、业务题，请对以下业务做会计分录

1. 因临时需要，向银行申请3个月借款50 000元，存入银行存款户。

2. 经批准将资本公积120 000元转增注册资本。其中国家资本70 000元，法人资本50 000元。

3. 收到国家投入的货币资金50 000元，存入银行。

4. 立信公司以机器设备一台作为对友益公司的投资，双方协商作价200 000元。

5. 中耀公司以专利一项对友益公司投资，该专利的公允价值为15 000元。

6. 向银行取得为期2年的借款25 000元，款项已转存银行。

## 任务二　掌握材料采购业务的账务处理

 **任务目标**
→ 掌握材料采购成本的构成
→ 掌握材料采购业务的账户设置
→ 掌握材料采购业务的账务处理

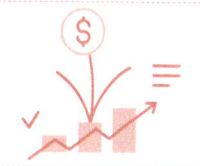 **任务情景**

　　今天，小明看到工厂购进了各种类型的原材料。他知道这些都是生产必备的原料及消耗品，于是他开始思考，如何核算这些材料的成本呢？又如何与供应方结算呢？下面就解决这些问题。

 **知识准备**

　　供应过程是企业生产经营过程的第一阶段，这一过程的主要任务是采购材料，形成生产储备，以保证生产需要。因此供应过程的核算内容主要有采购材料，验收入库，并根据供应单位的发票进行货款结算。此外，还要支付因购买材料而发生的各种采购费用，按一定种类的材料进行归集，计算材料的采购成本。

### 一、设置的主要账户

为了核算材料采购业务，应设置"在途物资""原材料""应付账款""应付票据""预付账款""应交税费"等账户。

#### （一）"在途物资"账户

该账户属于资产类账户，用来核算企业采用实际成本（或进价）进行材料（或商品）日常

核算，货款已付尚未验收入库的购入材料或商品的采购成本。借方登记外购材料物资的实际成本（包括买价和各种采购费用），贷方登记验收入库材料物资的实际成本，期末余额在借方，表示购入的但尚未运达企业或已运达企业但尚未验收入库的材料物资的实际成本。

该账户应当按照供应单位和物资品种设置明细账户，进行明细核算。"在途物资"账户的结构如图5-7所示。

| 借 | 在途物资 | 贷 |
|---|---|---|
| 外购材料物资的实际成本<br>（包括买价和各种采购费用） | 验收入库材料物资的实际成本 | |
| 尚未入库的在途物资的实际成本 | | |

图 5-7 "在途物资"账户的结构

### （二）"原材料"账户

该账户属于资产类账户，核算企业库存的各种材料，包括原料及主要材料、辅助材料、外购半成品（外购件）、修理用备件（备品备件）、包装材料、燃料等的实际成本或计划成本。借方登记验收入库材料的成本，贷方登记领用（发出）材料的成本，期末余额在借方，表示期末结存各种库存材料的实际成本。

该账户应当按照材料的保管地点（仓库）、材料的类别、品种和规格等设置明细账户，进行明细核算。"原材料"账户的结构如图5-8所示。

| 借 | 原材料 | 贷 |
|---|---|---|
| 验收入库材料的成本 | 领用（发出）材料的成本 | |
| 库存材料的实际成本 | | |

图 5-8 "原材料"账户的结构

### （三）"应付账款"账户

该账户属于负债类账户，用来核算和监督企业因购买材料、商品和接受劳务供应等应付给供应单位的款项。贷方登记因购买材料、商品或接受劳务供应等而发生的应付未付的款项，借方登记已经支付或已开出承兑商业汇票抵付的应付款项，期末余额在贷方，表示尚未偿还的款项。

该账户应当按照不同的债权人设置明细账户，进行明细核算。"应付账款"账户的结构如图5-9所示。

| 借 | 应付账款 | 贷 |
|---|---|---|
| 已经支付或已开出承兑商业汇票<br>抵付的应付款项 | 因购买材料、商品或接受劳务供<br>应等而发生的应付未付的款项 | |
| | 尚未偿还的款项 | |

图 5-9 "应付账款"账户的结构

### （四）"应付票据"账户

该账户属于负债类账户，用来核算和监督企业因购买材料、商品和接受劳务供应等而向供应单位开出承兑商业汇票，包括银行承兑汇票和商业承兑汇票。贷方登记因购买材料、商品或接受劳务供应等而开出承兑商业汇票的数额，借方登记票据到期支付或到期无力支付转销的应付票据数额，期末余额在贷方，表示期末企业开出尚未到期的应付票据数额。

该账户应按照不同的债权人设置明细账户，进行明细核算。"应付票据"账户的结构如图5-10所示。

| 借 | 应付票据 | 贷 |
|---|---|---|
| 票据到期支付或到期无力支付转销的数额 | 因购买材料、商品或接受劳务供应等而开出承兑商业汇票的数额 | |
| | 开出的尚未到期的应付票据数额 | |

图 5-10 "应付票据"账户的结构

### （五）"预付账款"账户

该账户属于资产类账户，用来核算企业按照购货合同规定预付给供应单位的款项。借方登记按照合同规定预付给供应单位的货款和补付的预付款项，贷方登记收到所购货物后按价款结转的数额和退回多付的预付款项，期末余额如在借方，表示企业尚未结算的多付的预付款项；期末余额如在贷方，表示企业尚未结算的少付的预付款项。

"预付账款"账户属于双重性质账户，余额可能在借方，也可能在贷方。余额在借方时表示资产，余额在贷方时表示负债。预付款项不多的企业，也可以用"应付账款"账户代替"预付账款"账户，不设置本账户。

该账户应按供应单位设置明细账户，进行明细分类核算。"预付账款"账户的结构如图5-11所示。

| 借 | 预付账款 | 贷 |
|---|---|---|
| 按照合同规定预付给供应单位的货款和补付的预付款项 | 收到所购货物后按价款结转的数额和退回多付的预付款项 | |
| 尚未结算的多付的预付款项 | 尚未结算的少付的预付款项 | |

图 5-11 "预付账款"账户的结构

### （六）"应交税费"账户

该账户属于负债类账户，用来核算企业按照税法规定计算应交纳的各种税费，包括增值税、消费税、所得税、资源税、土地增值税、城市维护建设税、房产税、土地使用税、车船使用税、教育费附加、矿产资源补偿费等。贷方登记按规定计算应交纳的各种税费，借方登记实际交纳的各种税费，期末借方余额表示企业多交的税费或尚未抵扣的增值税进项税额；期末贷方余额表示企业应交未交的各种税费。"应交税费"账户的结构如图5-12所示。

| 借 | 应交税费 | 贷 |
|---|---|---|
| 实际交纳的各种税费 | 按规定计算应交纳的各种税费 | |
| 多交的税费或未抵扣的增值税进项税额 | 应交未交的各种税费 | |

图 5-12 "应交税费"账户结构

该账户应按税种设明细账户，进行明细分类核算，其中，"应交税费——应交增值税"是用来核算和监督企业应交和实交增值税结算情况的账户（在此仅介绍"基础会计"所涉及的内容），借方登记企业购买材料时向供货单位支付的增值税（进项税额）和上交的增值税；贷方登记企业销售产品时向购买单位收取的增值税（销项税额）。"应交税费——应交增值税"账户的结构如图5-13所示。

| 借 | 应交税费——应交增值税 | 贷 |
|---|---|---|
| 企业购买材料时向供货单位支付的增值税（进项税额）和上交的增值税等 | 销售产品时向购货单位收取的增值税（销项税额）等 | |
| 尚未抵扣的增值税 | 应交未交的增值税 | |

图 5-13 "应交税费——应交增值税"账户的结构

## 二、供应过程主要经济业务的核算

### （一）材料与账单同时到达

财务部门根据验收入库情况，支付货款或开出商业汇票时借记"原材料"账户，贷记"银行存款""应付票据"或"应付账款"账户。

例5-9　企业向A工厂购入甲材料，收到A工厂开来的增值税专用发票，数量1 500千克，单价4元，价款6 000元，增值税进项税额780元，材料已验收入库，价款及增值税均以银行存款支付。

分析：

该项经济业务的发生，一方面使甲材料增加6 000元，增值税进项税额增加780元，另一方面使银行存款减少6 780元。因此，该项经济业务会计分录如下：

借：原材料——甲材料　　　　　　　　　　　　　　　　　6 000
　　应交税费——应交增值税（进项税额）　　　　　　　　　 780
　　　贷：银行存款　　　　　　　　　　　　　　　　　　　　　6 780

例5-10　企业向B工厂购入乙材料，收到B工厂开来的增值税专用发票，数量800千克，单价5元，价款4 000元，增值税进项税额520元，材料已验收入库，货款及增值税均未支付。

分析：

该项经济业务的发生，一方面使乙材料增加4 000元，增值税进项税额增加520元，另一方面使应付账款增加4 520元。因此，该项经济业务会计分录如下：

借：原材料——乙材料　　　　　　　　　　　　　　　　　4 000
　　应交税费——应交增值税（进项税额）　　　　　　　　　 520
　　　贷：应付账款——B工厂　　　　　　　　　　　　　　　　4 520

例5-11　企业以银行存款支付前欠B工厂货款4 520元。

分析：

该项经济业务的发生，一方面使应付账款减少4 520元，另一方面使银行存款减少4 520元。因此，该项经济业务会计分录如下：

借：应付账款——B工厂　　　　　　　　　　　　　　　　4 520
　　　贷：银行存款　　　　　　　　　　　　　　　　　　　　　4 520

例5-12　企业向C公司购入丙材料，收到C公司开来的增值税专用发票，数量500千克，单价10元，价款5 000元，增值税进项税额650元，材料已验收入库，货款及增值税开出商业汇票支付。

分析：

该项经济业务的发生，一方面使丙材料增加5 000元，增值税进项税额增加650元，另一方面使应付票据增加5 650元。因此，该项经济业务会计分录如下：

借：原材料——丙材料　　　　　　　　　　　　　　　　　5 000
　　应交税费——应交增值税（进项税额）　　　　　　　　　 650
　　　贷：应付票据——C公司　　　　　　　　　　　　　　　　5 650

例5-13　商业汇票到期，企业以银行存款归还C公司货款5 650元。

分析：

该项经济业务的发生，一方面使应付票据减少5 650元；另一方面使银行存款减少5 650元。

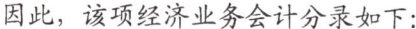

因此，该项经济业务会计分录如下：

借：应付票据——C 公司　　　　　　　　　　　　　　　　5 650
　　贷：银行存款　　　　　　　　　　　　　　　　　　　　　5 650

### （二）账单已到，材料未到

财务部门根据收到的购货发票、运费单据等票据支付货款或开出商业汇票时借记"在途物资""应交税费——应交增值税（进项税额）"账户，贷记"银行存款""应付票据"或"应付账款"账户。

**例5-14**　企业向 A 工厂购入甲材料，收到 A 工厂开来的增值税专用发票，数量1 000 千克，单价4元，价款4 000 元，增值税进项税额520 元，材料尚未到达，价款及增值税均以银行存款支付。

分析：

该项经济业务的发生，一方面使在途物资增加4 000 元，增值税进项税额增加520 元，另一方面使银行存款减少4 520 元。因此，该项经济业务会计分录如下：

借：在途物资——甲材料　　　　　　　　　　　　　　　　4 000
　　应交税费——应交增值税（进项税额）　　　　　　　　　520
　　贷：银行存款　　　　　　　　　　　　　　　　　　　　　4 520

**例5-15**　上述甲材料到达企业，验收入库。

分析：

该项经济业务的发生，一方面使原材料增加4 000 元，另一方面使在途物资减少4 000 元。因此，该项经济业务会计分录如下：

借：原材料——甲材料　　　　　　　　　　　　　　　　　4 000
　　贷：在途物资——甲材料　　　　　　　　　　　　　　　　4 000

### （三）材料已到，账单未到

在这种情况下，企业可暂不做处理，等账单到达后按"账单、材料同时到达"处理。若月末账单依然未到，应按所购材料的合同价或暂估价入账，下月初再用红字冲回。

**例5-16**　3月27日，企业自 A 工厂购入的甲材料一批已入库（该批材料合同成本8 000 元），月末账单依然未到。

3月27日，不做账务处理。

月末按合同价暂估入账，会计分录如下：

借：原材料——甲材料　　　　　　　　　　　　　　　　　8 000
　　贷：应付账款——暂估应付账款　　　　　　　　　　　　　8 000

下月初用红字冲回：

借：原材料——甲材料　　　　　　　　　　　　　　　　　8 000
　　贷：应付账款——暂估应付账款　　　　　　　　　　　　　8 000

若4月2日，收到上述购入甲材料的增值税专用发票，注明甲材料2 000 千克，单价4元，价款8 000 元，增值税进项税额1 040 元，价款及增值税均以银行存款支付。则做如下账务处理：

借：原材料——甲材料　　　　　　　　　　　　　　　　　8 000
　　应交税费——应交增值税（进项税额）　　　　　　　　1 040
　　贷：银行存款　　　　　　　　　　　　　　　　　　　　　9 040

### （四）采用预付货款方式购入原材料的核算

例5-17　企业向 B 工厂购买乙材料，按合同预付款 7 000 元，以银行存款支付。

分析：

该项经济业务的发生，一方面使预付账款增加 7 000 元，另一方面使银行存款减少 7 000 元。因此，该项经济业务会计分录如下：

借：预付账款——B 工厂　　　　　　　　　　　　　　　　　7 000
　　贷：银行存款　　　　　　　　　　　　　　　　　　　　　　　7 000

例5-18　企业收到上述 B 工厂发来的乙材料，专用发票载明数量 1400 千克，单价 5 元，价款 7 000 元，增值税进项税额 910 元。

分析：

该项经济业务的发生，一方面使原材料增加 7 000 元，增值税进项税额增加 910 元，另一方面使预付账款减少 7 910 元。因此，该项经济业务会计分录如下：

借：原材料——乙材料　　　　　　　　　　　　　　　　　　7 000
　　应交税费——应交增值税（进项税额）　　　　　　　　　　910
　　贷：预付账款——B 工厂　　　　　　　　　　　　　　　　　7 910

例5-19　企业开出转账支票，补付不足部分货款 910 元。

分析：

该项经济业务的发生，一方面使预付账款增加 910 元，另一方面使银行存款减少 910 元。因此，该项经济业务会计分录如下：

借：预付账款——B 工厂　　　　　　　　　　　　　　　　　910
　　贷：银行存款　　　　　　　　　　　　　　　　　　　　　　　910

## 三、材料物资采购成本的核算

### （一）材料物资采购成本的构成

材料物资采购成本包括材料的买价和采购费用；采购费用主要包括运杂费、运输途中的合理损耗、入库前的挑选整理费用和国外进口物资应负担的进口关税。

### （二）材料物资采购成本的计算

采购费用能分清负担对象的，应直接计入材料物资的采购成本；不能分清负担对象的，应选择合理的分配方法，分配计入有关材料物资的采购成本。分配方法通常包括按所购存货的重量或买价比例进行分配。

$$材料的采购成本 = 买价 + 采购费用$$

$$材料的单位采购成本 = 材料的采购成本 \div 材料数量$$

$$采购费用分配率 = \frac{采购费用总额}{材料的重量（买价）之和}$$

$$某种材料应负担的采购费用 = 该种材料的重量（或买价） \times 采购费用分配率$$

### （三）材料物资采购成本的计算示例

兴隆企业2018年12月发生如下经济业务：

**例5-20** 5日，购入甲材料一批，增值税专用发票上记载的数量4 000千克，金额16 000元，增值税进项税额2 080元，对方代垫运杂费200元（暂不考虑运杂费的增值税问题，下同），材料到达并验收入库，款项用银行存款支付。企业应编制如下分录：

```
借：原材料——甲材料                                    16 200
    应交税费——应交增值税（进项税额）                  2 080
    贷：银行存款                                       18 280
```

甲材料采购成本 =16 000+200=16 200（元）

甲材料单位采购成本 =16 200÷4 000=4.05（元）

**例5-21** 9日，从金兴工厂以银行存款购入甲材料500千克，单价4元，买价2 000元，乙材料400千克，单价5元，买价2 000元，该企业适用增值税税率13%。价税款用银行存款支付，材料尚未到达。

增值税进项税额 =（2 000+2 000）×13%=520（元）

```
借：在途物资——甲材料                                   2 000
          ——乙材料                                   2 000
    应交税费——应交增值税（进项税额）                    520
    贷：银行存款                                        4 520
```

**例5-22** 11日，用银行存款支付上述甲、乙材料的运杂费1 800元（按材料的重量分配采购费用）。

采购费用分配率 =1 800÷（500+400）=2

甲材料应分摊的采购费用 =500×2=1 000（元）

乙材料应分摊的采购费用 =400×2=800（元）

根据分配结果编制会计分录：

```
借：在途物资——甲材料                                   1 000
          ——乙材料                                    800
    贷：银行存款                                        1 800
```

**例5-23** 11日，甲、乙材料到达，验收入库，结转其采购成本。

甲材料采购成本 =2 000+1 000=3 000（元）

甲材料单位采购成本 =3 000÷500=6（元）

乙材料采购成本 =2 000+800=2 800（元）

乙材料单位采购成本 =2 800÷400=7（元）

根据计算结果编制会计分录如下：

```
借：原材料——甲材料                                     3 000
        ——乙材料                                     2 800
    贷：在途物资——甲材料                                3 000
            ——乙材料                                 2 800
```

现根据前例登记"在途物资"明细账，见表5-1和表5-2。

表 5-1　在途物资明细账

材料名称：甲材料

| 2018年 | | 凭证号数 | 摘　要 | 借　方 | | | 贷　方 | 余　额 |
| --- | --- | --- | --- | --- | --- | --- | --- | --- |
| 月 | 日 | | | 买　价 | 采购费用 | 合　计 | | |
| 12 | 9 | 略 | 从金兴工厂购入500千克 | 2 000 | | 2 000 | | |
| | 11 | 略 | 分配运杂费 | | 1 000 | 1 000 | | |
| | 11 | 略 | 结转采购成本 | | | | 3 000 | |
| | 31 | 略 | 本月合计 | 2 000 | 1 000 | 3 000 | 3 000 | 0 |

表 5-2　在途物资明细账

材料名称：乙材料

| 2018年 | | 凭证号数 | 摘　要 | 借　方 | | | 贷　方 | 余　额 |
| --- | --- | --- | --- | --- | --- | --- | --- | --- |
| 月 | 日 | | | 买　价 | 采购费用 | 合　计 | | |
| 12 | 9 | 略 | 从金兴工厂购入400千克 | 2 000 | | 2 000 | | |
| | 11 | 略 | 分配运杂费 | | 800 | 800 | | |
| | 11 | 略 | 结转采购成本 | | | | 2 800 | |
| | 31 | 略 | 本月合计 | 2 000 | 800 | 2 800 | 2 800 | 0 |

## 任务检测

### 一、单项选择题

1. 某制造业企业为增值税一般纳税人。本期外购原材料一批，发票注明买价20 000元，增值税额为2 600元，入库前发生的挑选整理费用为1 000元。则该批原材料的入账价值为（　　　）元。

　　A. 20 000　　　　　　B. 22 600　　　　　　C. 21 000　　　　　　D. 23 600

2. 企业"应付账款"账户的借方余额反映的是（　　　）。

　　A. 应付给供货单位的款项　　　　　　B. 预收购货单位的款项

　　C. 预付给供货单位的款项　　　　　　D. 应收购货单位的款项

### 二、多项选择题

1. 企业购入材料的采购成本包括（　　　）。

　　A. 材料买价　　　B. 增值税进项税额　　C. 采购费用　　　D. 采购人员差旅费

2. 对于共同性采购费用，应分配计入材料采购成本，下列内容可以用来作为分配材料采购费用标准的有（　　　）。

　　A. 材料的买价　　　B. 材料的种类　　　C. 材料的名称　　　D. 材料的重量

### 三、判断题

1. 企业用支票支付购货款时，应通过"应付票据"账户进行核算。　　　　　　（　　　）

2. 企业购入材料，不论是否运达企业和是否验收入库，采购材料的实际支出都要记入"原材料"账户的借方。　　　　　　　　　　　　　　　　　　　　　　　　　（　　　）

### 四、业务题，请对以下业务做会计分录

1. 企业以银行存款支付前欠供应单位的购料款28 900元。

2. 企业购进甲材料一批，价款80 000元，增值税进项税额10 400元，材料已验收入库，款项用银行存款支付。

3. 从某公司购入A材料500千克，单价300元；B材料300千克，单价200元，材料价款共计210 000元，增值税专用发票上注明进项税额为27 300元，运杂费800元；材料未到。货款开出3个月商业承兑汇票支付（运杂费按重量比例分配）。

4. 收到上述购入的A、B材料，并验收入库，按实际成本入账。

## 任务三 掌握生产业务的账务处理

→ 掌握生产费用的构成内容
→ 掌握生产业务的账户设置
→ 掌握生产业务的账务处理

小明知道，生产用的原材料都入库了，下一步就是投入生产过程，生产出畅销的产品，但是生产过程中会有各种费用发生，又该如何核算呢？每个产品的成本到底怎么计算呢？

生产过程是企业生产经营过程的中心环节。这一过程中，企业为生产产品要发生各种费用，如材料费、职工薪酬、折旧费等，同时会发生与生产产品无直接关系的各种费用，如利息费用、办公费、保险费等。因此，生产过程主要核算各种费用的归集和分配，最终计算出产品的生产成本。

## 一、生产过程核算应设置的主要账户

### （一）"生产成本"账户

该账户属于成本类账户，核算企业进行工业性生产发生的各项生产成本，包括生产各种产品（产成品、自制半成品等）、自制材料等。借方登记为生产产品所发生的各项直接材料、直接人工等直接费用，以及月末由"制造费用"账户转入的应该计入产品成本的间接费用，贷方登记月末转出的完工入库产品的成本，期末余额在借方，表示尚未完工的在产品的成本。

该账户按产品种类设置明细分类账户，进行明细分类核算。"生产成本"账户的结构如图5-14所示。

| 借 | 生产成本 | 贷 |
|---|---|---|
| 为生产产品所发生的各项直接材料、直接人工等直接费用，以及月末由"制造费用"账户转入的应该计入产品成本的间接费用 | 月末转出的完工入库产品的成本 | |
| 尚未完工的在产品的成本 | | |

图 5-14 "生产成本"账户的结构

### （二）"制造费用"账户

该账户属于成本类账户，核算企业生产车间（部门）为生产产品和提供劳务而发生的各项间接费用。借方登记车间发生的各项间接费用，贷方登记期末转入"生产成本"账户的费用，期末结转后该账户一般无余额。

该账户应按生产车间或部门设置明细账户，并按费用项目设置专栏，进行明细分类核算。"制造费用"账户的结构如图5-15所示。

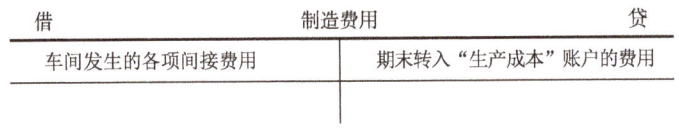

图 5-15　"制造费用"账户的结构

### （三）"管理费用"账户

该账户属于损益类账户，用来核算企业为组织和管理企业生产经营活动所发生的管理费用，借方登记企业发生的各项管理费用，贷方登记期末转入"本年利润"账户的管理费用，期末结转后该账户无余额。

该账户应当按照费用项目进行明细核算。"管理费用"账户结构如图5-16所示。

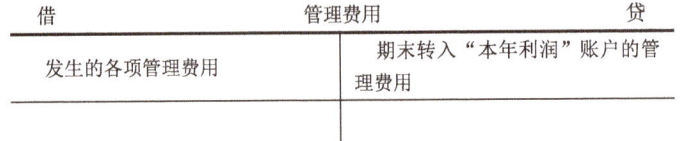

图 5-16　"管理费用"账户的结构

### （四）"财务费用"账户

该账户属于损益类账户，核算企业为筹集生产经营所需资金等而发生的筹资费用，包括利息支出（减利息收入）、汇兑损益以及相关的手续费、企业发生的现金折扣或收到的现金折扣等。借方登记发生的各项财务费用，贷方登记期末转入"本年利润"账户的费用，期末结转后该账户无余额。

该账户应当按照费用项目进行明细核算。"财务费用"账户结构如图5-17所示。

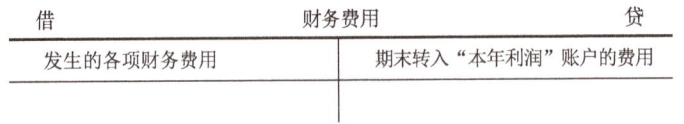

图 5-17　"财务费用"账户的结构

### （五）"应付利息"账户

该账户属于负债类账户，核算企业按照合同约定应支付的利息。贷方登记按实际利率计算的应付未付的利息，借方登记实际支付的利息，期末余额在贷方，表示应付未付的利息。

该账户应当按照债权人设置明细账户，进行明细核算。"应付利息"账户结构如图5-18所示。

| 借 | 应付利息 | 贷 |
|---|---|---|
| 实际支付的利息 | 按实际利率计算的应付未付的利息 | |
| | 应付未付的利息 | |

图 5-18　"应付利息"账户的结构

### （六）"应付职工薪酬"账户

该账户属于负债类账户，核算企业根据有关规定应付给职工的各种薪酬。贷方登记应付给职工的各种薪酬，借方登记实际支付给职工的各种薪酬（包括工资、职工福利等），期末余额在贷方，表示应付未付的职工薪酬。

该账户应当按照"工资""职工福利""社会保险费""住房公积金""工会经费""职工教育经费""辞退福利""非货币性福利"等项目进行明细核算。"应付职工薪酬"账户的结构如图5-19所示。

| 借 | 应付职工薪酬 | 贷 |
|---|---|---|
| 实际支付给职工的各种薪酬 | 应付给职工的各种薪酬 | |
| | 应付未付的职工薪酬 | |

图 5-19 "应付职工薪酬"账户的结构

### （七）"其他应收款"账户

该账户属于资产类账户，核算企业除应收票据、应收账款、预付账款、应收股利、应收利息、长期应收款等以外的其他各种应收及暂付款项。借方登记发生的其他各种应收款项，贷方登记实际收回的各种其他应收款，期末余额在借方，表示尚未收回的应收款项。

该账户应按对方单位（或个人）开设明细账户，进行明细核算。"其他应收款"账户的结构如图5-20所示。

| 借 | 其他应收款 | 贷 |
|---|---|---|
| 发生的其他各种应收款项 | 实际收回的各种其他应收款 | |
| 尚未收回的其他应收款 | | |

图 5-20 "其他应收款"账户的结构

### （八）"累计折旧"账户

该账户属资产类账户，用来核算企业固定资产累计损耗的价值。贷方登记计提的固定资产折旧额，借方登记因出售、报废、毁损和盘亏固定资产而转出的折旧额，期末余额在贷方，表示现有固定资产的累计折旧额。

该账户应当按照固定资产的类别或项目进行明细核算。"累计折旧"账户的结构如图5-21所示。

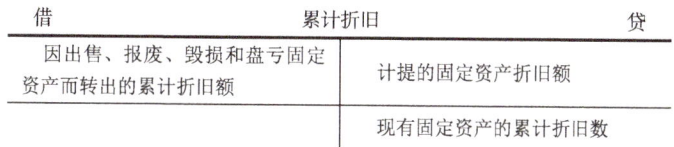

| 借 | 累计折旧 | 贷 |
|---|---|---|
| 因出售、报废、毁损和盘亏固定资产而转出的累计折旧额 | 计提的固定资产折旧额 | |
| | 现有固定资产的累计折旧数 | |

图 5-21 "累计折旧"账户的结构

### （九）"库存商品"账户

该账户属于资产类账户，用来核算企业库存各种商品成本，包括库存产成品、外购商品、存放在门市部准备出售的商品、发出展览的商品以及寄存在外的商品等。借方登记验收入库的库存商品成本，贷方登记发出库存商品的成本，期末余额在借方，表示结存库存商品的成本。

该账户按商品的种类、品种和规格等设置明细账户，进行明细分类核算。"库存商品"账户的结构如图5-22所示。

| 借 | 库存商品 | 贷 |
|---|---|---|
| 验收入库的库存商品成本 | 发出库存商品的成本 | |
| 结存商品的成本 | | |

图 5-22 "库存商品"账户的结构

## 二、生产过程主要经济业务核算

### （一）材料费用的核算

企业生产车间领用材料，能分清生产某种产品的，直接计入该产品的生产成本；几种产品共同耗用一种原材料的，采用适当标准分配计入每种产品成本；车间一般耗用的，记入"制造费用"；管理部门领用的，记入"管理费用"；销售部门领用的，记入"销售费用"。

例5-24 企业月末编制的"材料费用分配表"，见表5-3。

表 5-3 材料费用分配表

2018年×月 （单位：元）

| 项 目 | 甲 材 料 | 乙 材 料 | 丙 材 料 | 合 计 |
|---|---|---|---|---|
| 生产A产品耗用 | 15 000 | | 2 500 | 17 500 |
| 生产B产品耗用 | | 6 000 | 2 000 | 8 000 |
| 车间一般耗用 | 500 | | 500 | 1 000 |
| 合 计 | 15 500 | 6 000 | 5 000 | 26 500 |

分析：

该项经济业务使生产成本和制造费用增加，原材料减少，因此，该项经济业务会计分录如下：

借：生产成本——A产品　　　　　　　　　　　　　　　　17 500
　　　　　　——B产品　　　　　　　　　　　　　　　　　8 000
　　制造费用——材料费　　　　　　　　　　　　　　　　　1 000
　　贷：原材料——甲材料　　　　　　　　　　　　　　　　　15 500
　　　　　　——乙材料　　　　　　　　　　　　　　　　　　6 000
　　　　　　——丙材料　　　　　　　　　　　　　　　　　　5 000

### （二）职工薪酬的核算

例5-25 企业月末编制"工资及福利费用分配表"，假设根据历史经验决定按本企业工资费用的 10% 发放福利费用，见表5-4。

表 5-4 工资及福利费费用分配表

2018年×月 （单位：元）

| 项 目 | 工 资 费 用 | 福 利 费 | 合 计 |
|---|---|---|---|
| 生产A产品工人工资 | 15 000 | 1 500 | 16 500 |
| 生产B产品工人工资 | 5 000 | 500 | 5 500 |
| 车间管理人员工资 | 1 500 | 150 | 1 650 |
| 厂部管理人员工资 | 2 000 | 200 | 2 200 |
| 合 计 | 23 500 | 2 350 | 25 850 |

**分析：**

根据"工资及福利费用分配表"可知，本月共发生工资及福利费用 25 850 元。一方面使生产成本增加 22 000 元，制造费用增加 1 650 元，管理费用增加 2 200 元，另一方面使应付职工薪酬增加 25 850 元。因此，该项经济业务的会计分录如下：

借：生产成本——A 产品 　　　　　　　　　　　　　　　　　　　　15 000
　　　　　　——B 产品 　　　　　　　　　　　　　　　　　　　　　5 000
　　制造费用——工资 　　　　　　　　　　　　　　　　　　　　　　1 500
　　管理费用——工资 　　　　　　　　　　　　　　　　　　　　　　2 000
　　　贷：应付职工薪酬——工资 　　　　　　　　　　　　　　　　　　　　23 500
借：生产成本——A 产品 　　　　　　　　　　　　　　　　　　　　　1 500
　　　　　　——B 产品 　　　　　　　　　　　　　　　　　　　　　　500
　　制造费用——福利费 　　　　　　　　　　　　　　　　　　　　　　150
　　管理费用——福利费 　　　　　　　　　　　　　　　　　　　　　　200
　　　贷：应付职工薪酬——职工福利 　　　　　　　　　　　　　　　　　　2 350

**例 5-26**　企业本月实发工资为 23 500 元，开出现金支票提取现金，备发工资。

**分析：**

该项经济业务的发生，一方面使库存现金增加 23 500 元，另一方面使银行存款减少 23 500 元。因此，该项经济业务会计分录如下：

借：库存现金 　　　　　　　　　　　　　　　　　　　　　　　　23 500
　　　贷：银行存款 　　　　　　　　　　　　　　　　　　　　　　　　　23 500

**例 5-27**　用现金发放职工工资 23 500 元。

**分析：**

该项经济业务的发生，一方面使应付职工薪酬减少 23 500 元，另一方面使库存现金减少 23 500 元。因此，该项经济业务会计分录如下：

借：应付职工薪酬——工资 　　　　　　　　　　　　　　　　　　23 500
　　　贷：库存现金 　　　　　　　　　　　　　　　　　　　　　　　　　23 500

**例 5-28**　职工王娟领取生活困难补助 500 元，现金付讫。

**分析：**

该项经济业务的发生，一方面使应付职工薪酬减少 500 元，另一方面使库存现金减少 500 元。因此，该项经济业务会计分录如下：

借：应付职工薪酬——职工福利 　　　　　　　　　　　　　　　　　500
　　　贷：库存现金 　　　　　　　　　　　　　　　　　　　　　　　　　　500

## （三）折旧费用的核算

固定资产在使用过程中始终保持原有实物形态，而其价值随着固定资产使用或损耗而转移或减少，转移或减少的价值就是固定资产折旧。固定资产折旧应该采用一定的折旧方法按月计算折旧费用，计入产品成本或期间费用。

**例 5-29**　月末计提本月生产车间用固定资产折旧 2 400 元，企业管理用固定资产折旧 1 200 元。

**分析：**

该项经济业务的发生，一方面制造费用增加 2 400 元，管理费用增加 1 200 元，另一方面累计折旧增加 3 600 元。因此，该项经济业务会计分录如下：

借：制造费用——折旧费 2 400

　　管理费用——折旧费 1 200

　　贷：累计折旧 3 600

### （四）短期借款利息的核算

企业借入和归还各种短期借款的本金，通过"短期借款"科目核算，借款利息通过"财务费用"和"应付利息"两账户核算。

**例 5-30**　接例 5-6，企业取得一项期限为 6 个月，年利率为 2.4 % ，到期还本付息的银行借款 150 000 元，所得款项存入银行，企业按月计提利息。

**分析：**

月利息 =150 000×2.4%÷12=300（元）

该项经济业务的发生，一方面使财务费用增加 300 元，另一方面使应付利息增加 300 元。因此，该项经济业务会计分录如下：

借：财务费用 300

　　贷：应付利息 300

**例 5-31**　接例 5-6，企业取得一项期限为 6 个月，年利率为 2.4 % ，到期还本付息的银行借款 150 000 元，到期还本付息共 151 800 元。

**分析：**

该项经济业务的发生，一方面使短期借款减少 150 000 元，应付利息减少 1 800 元，另一方面使银行存款减少 151 800 元。因此，该项经济业务会计分录如下：

借：短期借款 150 000

　　应付利息 1 800

　　贷：银行存款 151 800

### （五）其他费用的核算

**例 5-32**　企业用银行存款支付生产车间的办公费 200 元、电话费 100 元、后勤办公费 300 元、电话费 200 元。

**分析：**

该项经济业务的发生，一方面使制造费用增加 300 元，管理费用增加 500 元，另一方面使银行存款减少 800 元。因此，该项经济业务会计分录如下：

借：制造费用——办公费 300

　　管理费用——办公费 500

　　贷：银行存款 800

**例 5-33**　厂办李林预借差旅费 1 500 元，现金付讫。

**分析：**

该项经济业务的发生，一方面使其他应收款增加 1 500 元，另一方面使库存现金减少 1 500 元。因此，该项经济业务会计分录如下：

借：其他应收款——李林 1 500

　　贷：库存现金 1 500

**例** 5-34　用银行存款支付本月的电费，车间生产 A 产品耗用 3 000 元，B 产品耗用 2 000 元，车间一般耗用 1 000 元，管理部门耗用 500 元。

**分析：**

该项经济业务的发生，一方面使生产成本增加 5 000 元，制造费用增加 1 000 元，管理费用增加 500 元，另一方面使银行存款减少 6 500 元。因此，该项经济业务会计分录如下：

借：生产成本——A 产品　　　　　　　　　　　　　　　　　　　3 000

　　　　　　——B 产品　　　　　　　　　　　　　　　　　　　2 000

　　制造费用——水电费　　　　　　　　　　　　　　　　　　　1 000

　　管理费用——水电费　　　　　　　　　　　　　　　　　　　　 500

　　　贷：银行存款　　　　　　　　　　　　　　　　　　　　　　6 500

**例** 5-35　李林报销差旅费 1 200 元，收回余款。

**分析：**

该项经济业务的发生，一方面使管理费用增加 1 200 元，库存现金增加 300 元，另一方面使其他应收款减少 1 500 元。因此，该项经济业务会计分录如下：

借：管理费用——差旅费　　　　　　　　　　　　　　　　　　　1 200

　　库存现金　　　　　　　　　　　　　　　　　　　　　　　　　 300

　　　贷：其他应收款——李林　　　　　　　　　　　　　　　　　1 500

**例** 5-36　企业用银行存款支付下半年办公用房租金 3 000 元。

**分析：**

该项经济业务的发生，一方面使预付账款增加 3 000 元，另一方面使银行存款减少 3 000 元。因此，该项经济业务会计分录如下：

借：预付账款　　　　　　　　　　　　　　　　　　　　　　　　3 000

　　　贷：银行存款　　　　　　　　　　　　　　　　　　　　　　3 000

### （六）制造费用的归集和分配

制造费用是企业在生产过程中发生的，构成产品生产成本的一个组成部分，月末需要加以归集，并按照一定的标准在各种产品之间进行分配，计算确定每种产品负担的制造费用。分配的标准一般有：生产工人工资、生产工时、机器工时等。企业选用某一种分配标准时，要慎重考虑间接费用的发生与该种分配标准有无直接关系，分配结果是否接近实际，以保证产品制造成本的计算相对正确。总之，要根据企业实际情况选用适当的分配标准。

$$制造费用分配率 = \frac{制造费用总额}{生产工人工资（工时）总额}$$

某种产品应负担的制造费用 = 该产品生产工人工资（工时）等 × 制造费用分配率

**例** 5-37　企业发生的制造费用通过"制造费用"账户的借方进行归集，现根据上述例 5-24～例 5-37 资料登记"制造费用"明细账，并以生产工人工资为标准进行分配，见表 5-5。

根据制造费用总额和生产工人工资计算分配率：

$$制造费用分配率 = \frac{6\ 350}{15\ 000 + 5\ 000} = 0.317\ 5$$

A 产品应负担的制造费用 = 15 000 × 0.317 5 = 4 762.5（元）

B 产品应负担的制造费用 = 5 000 × 0.317 5 = 1 587.5（元）

**表5-5 制造费用明细分类账** （单位：元）

| 年 | | 凭证号数 | 摘 要 | 借 方 | | | |
|---|---|---|---|---|---|---|---|
| 月 | 日 | | | 材 料 费 | 人 工 费 | 其 他 | 合 计 |
| 略 | 略 | 略 | 车间耗用材料 | 1 000 | | | 1 000 |
| | | | 车间管理人员工资 | | 1 500 | | 1 500 |
| | | | 分配福利费 | | 150 | | 150 |
| | | | 车间固定资产折旧费 | | | 2 400 | 2 400 |
| | | | 车间办公费 | | | 300 | 300 |
| | | | 支付水电费 | | | 1 000 | 1 000 |
| | | | 结转制造费用 | 1 000 | 1 650 | 3 700 | 6 350 |
| | | | 本月合计 | 1 000 | 1 650 | 3 700 | 6 350 |
| | | | 本月转出 | 1 000 | 1 650 | 3 700 | 6 350 |
| | | | 月末余额 | 0 | 0 | 0 | 0 |

制造费用分配过程及其结果列表，见表5-6。

**表5-6 制造费用分配表** （单位：元）

| 产 品 名 称 | 生产工人工资 | 分 配 率 | 分配金额 |
|---|---|---|---|
| A产品 | 15 000 | — | 4 762.5 |
| B产品 | 5 000 | — | 1 587.5 |
| 合 计 | 20 000 | 0.3175 | 6 350 |

根据表5-4的分配结果，将制造费用从"制造费用"账户的贷方，转入"生产成本"账户的借方。同时，应在"生产成本——A产品"和"生产成本——B产品"两个明细分类账户的借方"制造费用"成本项目内分别登记4 762.5元和1 587.5元。其会计分录如下：

借：生产成本——A产品 4 762.5
　　　　　——B产品 1 587.5
　　贷：制造费用 6 350

### （七）计算并结转完工产品的生产成本

企业生产完工验收入库的产品，应于月末按其实际成本转账。

**例5-38** 月末，结转本月完工入库产品的生产成本。其中：A产品32 320元，B产品21 500元。

借：库存商品——A产品 32 320
　　　　　——B产品 21 500
　　贷：生产成本——A产品 32 320
　　　　　——B产品 21 500

## 三、产品生产成本的计算

### （一）产品生产成本的计算方法

产品生产成本计算的基本方法有品种法、分批法和分步法，其中最基本的计算方法是品种法。

## （二）产品生产成本计算的内容

产品生产成本的计算，就是把生产过程中发生的应计入产品成本的费用，以生产的各种产品作为成本计算对象归集生产费用，计算产品的总成本和单位成本。因此，企业发生的生产费用，凡为生产某种产品而直接发生的，应当直接计入该种产品的成本；凡为生产多种产品共同发生的材料及人工费，应当通过分配计入各种产品的成本。车间发生的制造费用，应当先通过"制造费用"账户归集，月末再按照适当的分配标准（如产品的生产工时、生产工人工资等）分配计入各种产品成本，从"制造费用"账户转入"生产成本"账户。

通过上述归集与分配，已将应由各个成本计算对象负担的费用归集到了该种产品成本中，在此基础上，计算完工产品成本。

$$完工产品总成本=月初在产品成本+本月生产费用-月末在产品成本$$

$$产品单位成本=完工产品总成本÷完工产品数量$$

其中，月末在产品成本，基础会计教材一般按在产品的单位定额成本计算。

## （三）举例说明产品生产成本的计算

例5-39　下面根据上述例5-24～例5-38资料登记A、B产品"生产成本"明细分类账，采用在产品成本按定额成本计算法，计算A、B产品完工产品的生产成本。

假设A产品月初没有在产品，本月投入110件，月末完工80件，月末在产品30件，在产品定额成本见表5-7。B产品月初在产品50件，在产品定额成本见表5-8，本月投入150件，全部完工。A、B两种产品成本明细账分别见表5-9、表5-10。

### 表5-7　A产品月末在产品定额成本表

| 成本项目 | A产品 | |
| --- | --- | --- |
| | 在产品单位定额成本 | 月末在产品成本（30件） |
| 直接材料 | 150.00 | 4 500 |
| 直接人工 | 120.00 | 3 600 |
| 制造费用 | 32.50 | 975 |
| 燃料及动力 | 12.25 | 367.5 |
| 合　计 | 314.75 | 9 442.5 |

### 表5-8　B产品月初在产品定额成本表

| 成本项目 | B产品 | |
| --- | --- | --- |
| | 在产品单位定额成本 | 月初在产品成本（50件） |
| 直接材料 | 40.00 | 2 000 |
| 直接人工 | 31.50 | 1 575 |
| 制造费用 | 9.50 | 475 |
| 燃料及动力 | 7.25 | 362.5 |
| 合　计 | 88.25 | 4 412.5 |

### 表 5-9 生产成本——A 产品明细分类账

| 年 月 | 日 | 凭证号数 | 摘 要 | 借方发生额 | 直接材料 | 直接人工 | 制造费用 | 燃料动力 |
|---|---|---|---|---|---|---|---|---|
| | | | | | 成本项目 | | | |
| 略 | | 略 | 生产耗用材料 | 17 500 | 17 500 | | | |
| | | | 分配工资 | 15 000 | | 15 000 | | |
| | | | 分配福利费 | 1 500 | | 1 500 | | |
| | | | 分配电费 | 3 000 | | | | 3 000 |
| | | | 分配制造费用 | 4 762.5 | | | 4 762.5 | |
| | | | 完工产品成本 | 32 320 | 13 000 | 12 900 | 3 787.5 | 2 632.5 |
| | | | 本月合计 | 41 762.5 | 17 500 | 16 500 | 4 762.5 | 3 000 |
| | | | 本月累计 | 41 762.5 | 17 500 | 16 500 | 4 762.5 | 3 000 |
| | | | 本期结转 | 32 320 | 13 000 | 12 900 | 3 787.5 | 2 632.5 |
| | | | 月末余额 | 9 442.5 | 4 500 | 3 600 | 975 | 367.5 |

### 表 5-10 生产成本——B 产品明细分类账

| 年 月 | 日 | 凭证号数 | 摘 要 | 借方发生额 | 直接材料 | 直接人工 | 制造费用 | 燃料动力 |
|---|---|---|---|---|---|---|---|---|
| | | | | | 成本项目 | | | |
| | | | 月初在产品成本 | 4 412.5 | 2 000 | 1 575 | 475 | 362.5 |
| | 略 | 略 | 生产用材料 | 8 000 | 8 000 | | | |
| | | | 分配工资 | 5 000 | | 5 000 | | |
| | | | 分配福利费 | 500 | | 500 | | |
| | | | 分配电费 | 2 000 | | | | 2 000 |
| | | | 分配制造费用 | 1 587.5 | | | 1 587.5 | |
| | | | 完工产品成本 | 21 500 | 10 000 | 7 075 | 2 062.5 | 2 362.5 |
| | | | 本月合计 | 17 087.5 | 8 000 | 5 500 | 1 587.5 | 2 000 |
| | | | 本月累计 | 21 500 | 10 000 | 7 075 | 2 062.5 | 2 362.5 |
| | | | 本期结转 | 21 500 | 10 000 | 7 075 | 2 062.5 | 2 362.5 |
| | | | 月末余额 | 0 | 0 | 0 | 0 | 0 |

编制 A、B 产品生产成本计算表，分别见表 5-11 和表 5-12。

### 表 5-11 A 产品生产成本计算表

| 成本项目 | A产品 | |
|---|---|---|
| | 总成本（80件） | 单位成本 |
| 直接材料 | 13 000 | 162.5 |
| 直接人工 | 12 900 | 161.3 |
| 制造费用 | 3 787.5 | 47.3 |
| 燃料动力 | 2 632.5 | 32.9 |
| 合 计 | 32 320 | 404.0 |

表5-12 B产品生产成本计算表

| 成本项目 | B产品 | |
|---|---|---|
| | 总成本（200件） | 单位成本 |
| 直接材料 | 10 000 | 50.0 |
| 直接人工 | 7 075 | 35.4 |
| 制造费用 | 2 062.5 | 10.3 |
| 燃料动力 | 2 362.5 | 11.8 |
| 合　计 | 21 500 | 107.50 |

根据A、B产品生产成本计算表，结转本月完工产品成本，编制会计分录如下：

借：库存商品——A产品 32 320
　　　　　　——B产品 21 500
　　贷：生产成本——A产品 32 320
　　　　　　　　——B产品 21 500

## 四、成本、费用的概念及其二者的关系

费用是企业在日常活动中发生的、会导致所有者权益减少的、与向所有者分配利润无关的的经济利益的总流出。成本是企业为生产产品、提供劳务而发生的各种耗费。

成本与费用之间既有联系也有区别。其联系是：成本是按一定对象所归集的费用，是对象化的费用；两者的区别是：费用是资产的耗费，与一定会计期间相联系，而与生产哪一种产品无关，成本与一定种类和数量的产品相联系，不论发生在哪个会计期间。

## 任务检测

### 一、单项选择题

1. 不属于产品成本项目的费用有（　　）。
   A. 直接材料　　　B. 直接人工　　　C. 制造费用　　　D. 管理费用
2. "累计折旧"账户属于（　　）账户。
   A. 资产类　　　B. 负债类　　　C. 所有者权益类　　D. 损益类

### 二、多项选择题

1. （　　）应计入产品成本，记入"生产成本"账户。
   A. 生产产品领用的材料　　　　　　B. 管理部门办公费
   C. 管理部门人员工资及福利费　　　D. 生产工人的工资
2. 关于"制造费用"账户，下列说法正确的有（　　）。
   A. 借方登记实际发生的各项制造费用
   B. 贷方登记分配转入产品成本的制造费用
   C. 期末余额在借方，表示在产品的制造费用
   D. 期末结转"本年利润"账户后没有余额

### 三、判断题

1. 生产车间使用固定资产计提的折旧属于间接费用。　　　　　　　（　　）
2. 如果没有在产品则本月发生的费用就是本月完工产品成本。　　　（　　）

### 四、业务题

1. 企业结算本月应付职工工资60 500元，其中生产A产品工人工资27 000元，生产B产品工人工资18 000元，车间管理人员工资4 000元，行政管理人员工资11 500元。

2. 企业计提本月固定资产折旧5 600元，其中车间用固定资产折旧3 900元，行政管理部门用固定资产折旧1 700元。

3. 领用材料136 400元，其中A产品耗用80 000元，B产品耗用44 500元，车间修理用6 500元，公司行政管理部门耗用5 400元。

4. 以银行存款支付生产车间设备修理费2 000元，法律咨询费1 000元。

5. 支付短期借款利息1 500元（未计提）。

6. 根据A、B产品的生产工时比例分配本月发生的制造费用20 600元（本月A产品耗用6 000工时，B产品耗用4 000工时）。

## 任务四　掌握销售业务的账务处理

➡ 熟悉商品销售收入的确认与计量
➡ 掌握销售业务的账户设置
➡ 掌握销售业务的账务处理

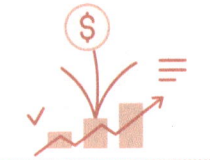

　　小明家工厂的生意红红火火，用户对产品的质量和性能非常满意，每天都能收到很多销售款，当然每天也会有许多销售方面的费用发生。小明想，这些收入和费用又该如何核算呢？本任务就为小明解决这些问题。

　　销售过程是企业生产经营过程的最后阶段，需要把生产出来的产品销售出去实现其价值，使企业的生产耗费得到补偿，实现经营目标，满足社会需要。在销售过程中，企业按照销售合同的规定销售产品，向客户收取货款，支付各项销售费用，还要按照规定计算应向国家交纳的税金及附加费，结转产品的销售成本。另外，企业除销售产品外，还可能销售材料、包装物，出租固定资产、无形资产等业务，这些也会引起企业收入的增加并发生相关的成本支出。

### 一、设置的主要账户

　　为了核算销售过程取得的各项收入和发生的各项成本费用，应设置"主营业务收入""主营业务成本""其他业务收入""其他业务成本""销售费用""应收账款""应收票据""预收账款""税金及附加"等账户。

### （一）"主营业务收入"账户

该账户属于损益类账户，核算企业确认的销售商品、提供劳务等主营业务的收入。

贷方登记销售商品或提供劳务所实现的销售收入，借方登记期末转入"本年利润"账户的收入，期末结转后无余额。

该账户按主营业务种类设置明细分类账户，进行明细分类核算。"主营业务收入"账户结构如图5-23所示。

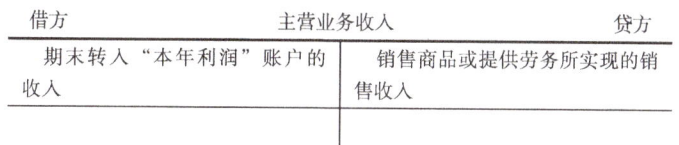

| 借方 | 主营业务收入 | 贷方 |
|---|---|---|
| 期末转入"本年利润"账户的收入 | 销售商品或提供劳务所实现的销售收入 | |

图 5-23 "主营业务收入"账户的结构

### （二）"主营业务成本"账户

该账户属于损益类账户，核算企业确认销售商品、提供劳务等主营业务收入时应结转的成本。借方登记计算结转的主营业务成本，贷方登记期末转入"本年利润"账户的主营业务成本，期末结转后无余额。

该账户应按主营业务的种类设置明细分类账户，进行明细分类核算。"主营业务成本"账户结构如图5-24所示。

| 借方 | 主营业务成本 | 贷方 |
|---|---|---|
| 计算应结转的主营业务成本 | 期末转入"本年利润"账户的主营业务成本 | |

图 5-24 "主营业务成本"账户的结构

### （三）"其他业务收入"账户

该账户属于损益类账户，用来核算企业确认的除主营业务活动以外的其他经营活动（主要包括销售材料、对外出租包装物、固定资产等，以及转让无形资产使用权、对外运输业务等）实现的收入，贷方登记实现的其他业务收入，借方登记期末转入"本年利润"账户的收入，期末结转后无余额。

该账户按收入种类设置明细账户，进行明细分类核算。"其他业务收入"账户结构如图5-25所示。

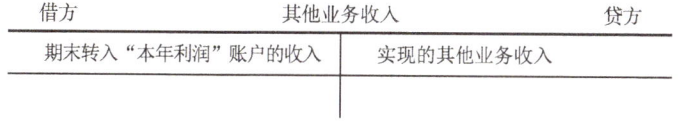

| 借方 | 其他业务收入 | 贷方 |
|---|---|---|
| 期末转入"本年利润"账户的收入 | 实现的其他业务收入 | |

图 5-25 "其他业务收入"账户的结构

### （四）"其他业务成本"账户

该账户属于损益类账户，用来核算企业确认的除主营业务活动以外的其他经营活动所发生的支出，借方登记发生的其他业务支出，贷方登记期末登记转入"本年利润"账户的支出，期末结转后无余额。

该账户按业务种类设置明细账户，进行明细分类核算。"其他业务成本"账户结构如图5-26所示。

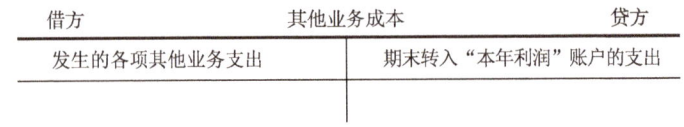

图 5-26　"其他业务成本"账户的结构

### （五）"销售费用"账户

该账户属于损益类账户，核算企业销售商品和材料、提供劳务的过程中发生的各种费用，包括保险费、包装费、展览费和广告费、商品维修费、预计产品质量保证损失、运输费、装卸费等以及为销售本企业商品而专设的销售机构（含销售网点、售后服务网点等）的职工薪酬、业务费、折旧费等经营费用。借方登记企业发生的各项销售费用，贷方登记期末转入"本年利润"账户的费用，期末结转后无余额。

该账户按费用的项目设置明细账户，进行明细分类核算。"销售费用"账户结构如图5-27所示。

| 借方 | 销售费用 | 贷方 |
| --- | --- | --- |
| 发生的各项销售费用 | 期末转入"本年利润"账户的费用 | |

图 5-27　"销售费用"账户的结构

### （六）"应收账款"账户

该账户属于资产类账户，用来核算企业因销售商品、提供劳务等经营活动应向购货方或接受劳务方收取的款项，借方登记企业因销售产品或提供劳务应向购货单位收取的款项，贷方登记企业已收回的款项，期末余额一般在借方，表示尚未收回的款项。

该账户应按购货单位设置明细分类账户，进行明细分类核算。"应收账款"账户结构如图5-28所示。

| 借方 | 应收账款 | 贷方 |
| --- | --- | --- |
| 销售产品或提供劳务应向购货单位收取的款项 | 已收回的款项 | |
| 尚未收回的款项 | | |

图 5-28　"应收账款"账户的结构

### （七）"应收票据"账户

该账户属于资产类账户，用来核算企业因销售商品、提供劳务等而收到的商业汇票，包括银行承兑汇票和商业承兑汇票。借方登记收到的商业汇票的数额，贷方登记到期收回的商业汇票数额或到期前向银行贴现的应收票据的票面金额，期末余额在借方，表示企业持有的尚未到期的商业汇票的票面数额。

该账户按照开出承兑商业汇票的单位设置明细账户，进行明细分类核算。"应收票据"账户结构如图5-29所示。

| 借方 | 应收票据 | 贷方 |
| --- | --- | --- |
| 企业销售产品、提供劳务、收回债权等收到的商业汇票 | 到期收回的商业汇票数额或到期前向银行贴现的应收票据的票面金额 | |
| 企业持有的尚未到期的商业汇票 | | |

图 5-29　"应收票据"账户的结构

### （八）"预收账款"账户

该账户是负债类账户，用来核算企业按合同向购货单位预收的款项。贷方登记企业根据合同向购货单位预先收取的购货款和购货单位补付货款的数额，借方登记企业向购货单位发货后冲销的预收账款数额和退回购货方多付货款的数额。期末贷方余额，反映企业向购货单位预收的款项；期末如为借方余额，反映企业应由购货单位补付的款项。预收款业务不多的企业，可用"应收账款"账户代替"预收账款"账户，若"应收账款"期末为贷方余额，表示负债；若为借方余额，表示资产。

该账户按照购货单位设置明细账户，进行明细分类核算。"预收账款"账户结构如图5-30所示。

| 借方 | 预收账款 | 贷方 |
| --- | --- | --- |
| 企业向购货单位发货后冲销的预收账款数额和l退回购货方多付款的数额 | 企业按照合同向购货单位预先收取的购货款和购货单位补付货款的数额 |
| 向购货单位预收的款项 | 应向购货单位退还的多收的款项 |

图 5-30 "预收账款"账户的结构

### （九）"税金及附加"账户

该账户属于损益类账户，用来核算企业经营活动发生的消费税、城市维护建设税、资源税、教育费附加房产税、城镇土地使用税、车船税、印花税等相关税费。借方登记本月企业经营活动发生的税金及附加，贷方登记期末转入"本年利润"账户的税金及附加，期末结转后无余额。"税金及附加"账户结构如图5-31所示。

| 借方 | 税金及附加 | 贷方 |
| --- | --- | --- |
| 经营活动发生的税金及附加 | 期末转入"本年利润"账户的费用 |

图 5-31 "税金及附加"账户的结构

## 二、销售过程主要经济业务的核算

### （一）营业收入的核算

**例5-40** 销售给明远工厂A产品25件，每件售价600元，合计15 000元，增值税销项税额1 950元，款项收到存入银行。

**分析：**

该项业务一方面引起银行存款增加16 950元，另一方面也引起企业的主营业务收入增加15 000元、应交纳的增值税增加1 950元。因此，该项经济业务会计分录如下：

借：银行存款　　　　　　　　　　　　　　　　　　　　　　　16 950

　　贷：主营业务收入——A产品　　　　　　　　　　　　　　　15 000

　　　　应交税费——应交增值税（销项税额）　　　　　　　　　1 950

**例5-41** 销售给远方工厂A产品40件，每件售价600元，合计24 000元，增值税销项税额3 120元，款项尚未收到。

**分析：**

该项业务一方面引起应收账款增加27 120元，另一方面也引起企业的主营业务收入增加24 000元，应交纳的增值税增加3 120元。因此，该项经济业务会计分录如下：

| 借：应收账款 —— 远方工厂 | 27 120 | |
| 贷：主营业务收入 —— A 产品 | | 24 000 |
| 应交税费 —— 应交增值税（销项税额） | | 3 120 |

📕**例5-42**　销售给利新工厂 A 产品 15 件，每件售价 600 元，合计 9 000 元，增值税销项税 1 170 元；B 产品 45 件，每件售价 300 元，合计 13 500 元，增值税销项税 1 755 元。收到利新工厂签发的商业汇票一张。

**分析：**

该项业务一方面引起应收票据的增加 25 425 元，另一方面也引起企业的主营业务收入增加 22 500 元、应交纳的增值税增加 2 925 元。因此，该项经济业务会计分录如下：

| 借：应收票据 —— 利新工厂 | 25 425 | |
| 贷：主营业务收入 —— A 产品 | | 9 000 |
| —— B 产品 | | 13 500 |
| 应交税费 —— 应交增值税（销项税额） | | 2 925 |

📕**例5-43**　收到远方工厂前欠 A 产品货款 27 120 元，存入银行。

**分析：**

该项业务一方面引起银行存款的增加 27 120 元，另一方面也引起应收账款减少 27 120 元。因此，该项经济业务会计分录如下：

| 借：银行存款 | 27 120 | |
| 贷：应收账款 —— 远方工厂 | | 27 120 |

📕**例5-44**　收到兴旺工厂预付的 B 产品货款 35 000 元，存入银行。

**分析：**

该项业务一方面引起银行存款的增加 35 000 元，另一方面也引起预收账款增加 35 000 元。因此，该项经济业务会计分录如下：

| 借：银行存款 | 35 000 | |
| 贷：预收账款 —— 兴旺工厂 | | 35 000 |

📕**例5-45**　发给兴旺工厂 B 产品 155 件，每件售价 300 元，合计 46 500 元，增值税销项税额 6 045 元。

**分析：**

该项业务一方面引起预收账款减少 52 545 元，另一方面也引起企业的主营业务收入增加 46 500 元、应交纳的增值税增加 6 054 元。因此，该项经济业务会计分录如下：

| 借：预收账款 —— 兴旺工厂 | 52 545 | |
| 贷：主营业务收入 —— B 产品 | | 46 500 |
| 应交税费 —— 应交增值税（销项税额） | | 6 045 |

📕**例5-46**　收到兴旺工厂补付的 B 产品货款 17 545 元，存入银行。

**分析：**

该项业务一方面引起银行存款增加 17 545 元，另一方面也引起预收账款增加 17 545 元。因此，该项经济业务会计分录如下：

| 借：银行存款 | 17 545 | |
| 贷：预收账款 —— 兴旺工厂 | | 17 545 |

**例5-47**　销售给万达工厂甲材料500千克，每千克售价8元，合计4 000元，增值税销项税额520元，款项已经收到存入银行。

分析：

该项业务一方面引起银行存款增加4 520元，另一方面也引起企业的其他业务收入增加4 000元，应交纳的增值税增加520元。因此，该项经济业务会计分录如下：

借：银行存款 4 520
　　贷：其他业务收入 4 000
　　　　应交税费——应交增值税（销项税额） 520

### （二）营业成本、营业费用的核算

**例5-48**　月末，结转本月销售A产品80件的生产成本32 320元，销售B产品200件的生产成本21 500元。

分析：

该项经济业务的发生，一方面使应从销售收入中补偿的主营业务成本增加53 820元，另一方面也使库存商品减少53 820元。因此，该项经济业务会计分录如下：

借：主营业务成本——A产品 32 320
　　　　　　　　——B产品 21 500
　　贷：库存商品——A产品 32 320
　　　　　　　　——B产品 21 500

**例5-49**　月末，结转本月销售甲材料500千克的成本2 000元。

分析：

该项经济业务的发生，一方面使应从销售收入中补偿的其他业务成本增加2 000元，另一方面也使原材料减少2 000元。因此，该项经济业务会计分录如下：

借：其他业务成本 2 000
　　贷：原材料——甲材料 2 000

**例5-50**　以银行存款支付产品展览费5 000元。

分析：

该项业务一方面引起销售费用增加5 000元，另一方面银行存款减少5 000元。因此，该项经济业务会计分录如下：

借：销售费用 5 000
　　贷：银行存款 5 000

**例5-51**　月末，根据本月产品销售应交的增值税8 580元，计算产品销售应交的城市维护建设税600.6元（税率为7%）和教育费附加257.4元（税率为3%）。

分析：

本章例题中，本月形成的销项税额为14 560元（例5-40～例5-42、例5-45和例5-47的销项税额分别为1 950元、3 120元、2 925元、6 045元和520元），进项税额5 980元（例5-9、例5-10、例5-12、例5-14、例5-18、例5-20和例5-21的进项税额分别为780元、520元、650元、520元、910元、2 080元和520元）。

因此，本月应交增值税=14 560-5 980=8 580（元）。

本月应交纳的城市维护建设税 =8 580×7%=600.6（元）。

本月应交纳的教育费附加 =8 580×3%=257.4（元）。

该项业务的发生，一方面使企业的税金及附加增加 1 056 元，另一方面也使企业应交税费增加 1 056 元。因此，该项经济业务的会计分录如下：

借：税金及附加               858

  贷：应交税费——应交城市维护建设税     600.6

      ——应交教育费附加      257.4

**例 5-52** 以银行存款缴纳产品销售应交的增值税 8 580 元，应交的城市维护建设税 600.6 元和教育费附加 257.4 元。

**分析：**

该项业务的发生，一方面使企业的应交税费减少 9 438 元，另一方面也使企业银行存款减少 9 438 元。因此，该项经济业务的会计分录如下：

借：应交税费 —— 应交增值税（已交税金）     8 580

    —— 应交城市维护建设税      600.6

    —— 应交教育费附加       257.4

  贷：银行存款            9 438

产品销售成本是指已销售产品的生产成本，即已销售产品在生产过程中的耗费。

产品销售成本 = 产品销售数量 × 单位生产成本。

**例 5-53** 31 日，结转本月销售 A 产品和 B 产品的生产成本。

**分析：**

A 产品销售数量 =25+40+15=80（件）（例 5-40 ～例 5-42）。

B 产品销售数量 =45+155=200（件）（例 5-42、例 5-45）。

A 产品单位生产成本 404 元（见表 5-11），B 产品单位生产成本 107.5 元（见表 5-12）。

A 产品销售成本 =404×80=32 320（元）。

B 产品销售成本 =107.5×200=21 500（元）。

同时，做出结转本月销售产品成本的会计分录：

借：主营业务成本——A 产品         32 320

      ——B 产品         21 500

  贷：库存商品——A 产品         32 320

      ——B 产品         21 500

## 任务检测

**一、单项选择题**

1. "主营业务成本"账户的借方余额登记从（  ）账户中结转的本期已售产品的生产成本。

  A. 生产成本    B. 库存商品    C. 销售费用    D. 在途物资

2. 下列内容中属于其他业务收入的是（  ）。

  A. 存款利息收入        B. 出售材料收入

  C. 委托代销商品收入      D. 清理固定资产净收益

## 二、多项选择题

1. "税金及附加"账户借方登记的内容有（　　　　）。

　　A. 增值税　　　　　　　B. 消费税　　　　　　C. 城建税　　　　　　D. 所得税

2. （　　　　）属于销售费用。

　　A. 产品包装费　　　　　B. 广告费　　　　　　C. 进货运杂费　　　　D. 产品展览费

## 三、判断题

1. 对于预收货款业务不多的企业，可以不单独设置"预收账款"账户，其发生的预收货款通过"应收账款"账户核算。　　　　　　　　　　　　　　　　　　　　　　　（　　　）

2. 预收账款和预付账款均属于负债。　　　　　　　　　　　　　　　　　　　（　　　）

## 四、业务题，请对以下业务做会计分录

1. 销售给光明工厂B产品200件，单位售价300元，增值税销项税额7 800元，款项尚未收到。

2. 企业收到立达工厂前欠货款22 600元存入银行。

3. 企业以存款支付产品广告费1 200元。

4. 企业开出现金支票支付销售产品的运输费500元。

5. 企业以现金支付为购货方代垫运费400元。

6. 企业应付销售部门人员工资12 000元。

## 任务五　掌握利润形成与分配业务的账务处理

 ➡ 掌握利润形成的账务处理
➡ 掌握利润分配的账务处理

　　转眼到了月末，这个月肯定是赚到钱了，但是到底赚了多少呢？该如何计算呢？小明开始思索这个问题。

　　企业实现的利润是企业在一定时期内生产经营活动的财务成果，包括收入减去费用后的余额、直接计入利润的利得和损失等。利得是由企业非日常活动所形成的、会导致所有者权益增加的、与所有者投入资本无关的经济利益的流入。损失是由企业非日常活动所发生的、会导致所有者权益减少的、与向所有者分配利润无关的经济利益的流出。

## 一、利润的构成及计算

　　企业的利润按其形成过程可分为营业利润、利润总额、净利润。

营业利润=营业收入−营业成本−税金及附加−销售费用−管理费用−财务费用−研发费用−资产减值损失

+其他收益+投资收益+公允价值变动收益+资产处置收益

利润总额=营业利润+营业外收入-营业外支出

净利润=利润总额-所得税费用

## 二、设置的主要账户

为了进行利润形成和分配的核算，应设置"营业外收入""营业外支出""投资收益""本年利润""利润分配""盈余公积""应付股利""所得税费用"等账户。

### （一）"营业外收入"账户

该账户属于损益类账户，核算企业发生的各项营业外收入，主要包括非流动资产毁损报废利得债务重组利得、与企业日常活动无关的政府补助、盘盈利得、捐赠利得等。贷方登记取得的营业外收入，借方登记期末转入"本年利润"账户的收入，期末结转后无余额。

该账户按营业外收入的项目设置多栏式明细账户，进行明细分类核算。"营业外收入"账户结构如图5-32所示。

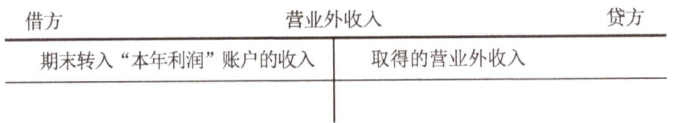

图 5-32 "营业外收入"账户的结构

### （二）"营业外支出"账户

该账户是损益类账户，核算企业发生的各项营业外支出，主要包括债务重组损失、公益性捐赠支出、非常损失、盘亏损失、非流动资产毁损报废损失等。借方登记发生的各项营业外支出，贷方登记期末转入"本年利润"账户的支出，期末结转后无余额。

该账户按营业外支出的项目设置多栏式明细账户，进行明细分类核算。"营业外支出"账户结构如图5-33所示。

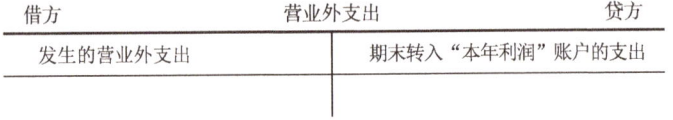

图 5-33 "营业外支出"账户的结构

### （三）"投资收益"账户

该账户是损益类账户，用来核算企业确认的对外投资取得的收益和发生的损失，包括对外投资分得的股利和收到的债券利息等。贷方登记取得的投资收益，借方登记发生的投资损失和期末转入"本年利润"账户的净收益，期末结转后无余额。"投资收益"账户结构如图5-34所示。

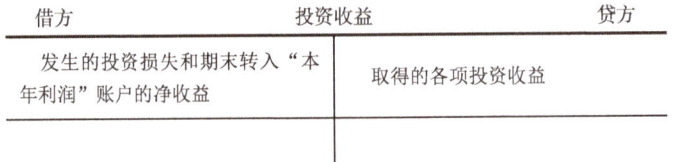

图 5-34 "投资收益"账户的结构

### （四）"本年利润"账户

该账户是所有者权益类账户，核算企业当期实现的净利润（或发生的净亏损）。贷方登记从损益类账户转入的各项收入，借方登记从损益类账户转入的成本、费用，期末贷方余额表示本期实现的利润，期末借方余额表示本期发生的亏损。年末，应将该账户的余额（全年实现的净利润或发生的亏损）转入"利润分配——未分配利润"账户，结转后年末无余额。

该账户按转入的收入和费用项目分别在贷方和借方开设多栏式明细账户，进行明细分类核算。"本年利润"账户结构如图5-35所示。

| 借方 | 本年利润 | 贷方 |
|---|---|---|
| 期末从损益类账户转入的费用 | | 期末从损益类账户转入的收入 |
| 全年累计发生的亏损 | | 全年累计实现的净利润 |

图 5-35 "本年利润"账户的结构

### （五）"利润分配"账户

该账户是所有者权益类账户，核算企业利润的分配（或亏损的弥补）和历年分配（或弥补）后的余额。借方登记利润的分配数和年末从"本年利润"账户转入的亏损数，贷方登记取得的亏损弥补数及年末从"本年利润"账户转入的全年实现的净利润，期末贷方余额表示历年未分配的利润，借方余额表示历年未弥补的亏损。

该账户应当分别按照"提取法定盈余公积""提取任意盈余公积""应付现金股利或利润""盈余公积补亏"和"未分配利润"等设置明细账户进行明细核算。"利润分配"账户结构如图5-36所示。

| 借方 | 利润分配 | 贷方 |
|---|---|---|
| 利润的分配数和年末从"本年利润"账户转入的亏损数 | | 取得的亏损弥补数及年末从"本年利润"账户转入的全年实现的净利润 |
| 历年未弥补的亏损 | | 历年未分配的利润 |

图 5-36 "利润分配"账户的结构

### （六）"盈余公积"账户

该账户是所有者权益类账户，核算企业从净利润中提取的盈余公积。贷方登记盈余公积的提取数，借方登记盈余公积的使用数，期末贷方余额表示盈余公积的结余数。

该账户应当分别按"法定盈余公积""任意盈余公积"设置明细账户进行明细分类核算。"盈余公积"账户结构如图5-37所示。

| 借方 | 盈余公积 | 贷方 |
|---|---|---|
| 盈余公积的使用数 | | 盈余公积的提取数 |
| | | 盈余公积的结余数 |

图 5-37 "盈余公积"账户的结构

### （七）"应付股利"账户

该账户是负债类账户，核算企业分配的现金股利或利润。贷方登记企业应向投资者支付的现金股利或利润，借方登记已支付的现金股利或利润，期末贷方余额表示企业应付未付的现金股利或利润。

该账户按投资者设置明细账户，进行明细分类核算。"应付股利"账户结构如图5-38所示。

| 借方 | 应付股利 | 贷方 |
|---|---|---|
| 已支付的现金股利或利润 | | 企业应向投资者支付的现金股利或利润 |
| | | 企业应付未付的现金股利或利润 |

图 5-38 "应付股利"账户的结构

### （八）"所得税费用"账户

该账户是损益类账户，核算企业确认的应从当期利润总额中扣除的所得税费用。借方登记本期应负担的所得税费用，贷方登记期末转入"本年利润"账户的所得税费用，月末结转后无余额。"所得税费用"账户结构如图5-39所示。

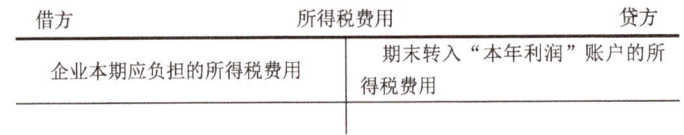

| 借方 | 所得税费用 | 贷方 |
|---|---|---|
| 企业本期应负担的所得税费用 | 期末转入"本年利润"账户的所得税费用 | |

图 5-39  "所得税费用"账户的结构

## 三、主要经济业务的核算

### （一）利润形成的核算

**例5-54**    收到对 B 公司的违约罚款收入 30 000 元，存入银行。

**分析：**

该项业务一方面引起银行存款增加 30 000 元，另一方面也引起营业外收入增加 30 000 元。因此，该项经济业务的会计分录如下：

　　借：银行存款　　　　　　　　　　　　　　　　　　　　　　　30 000
　　　　贷：营业外收入　　　　　　　　　　　　　　　　　　　　　　　30 000

**例5-55**    支付本企业因违约支付的罚款 20 000 元，以银行存款支付。

**分析：**

该项业务一方面引起营业外支出增加 20 000 元，另一方面也引起银行存款减少 20 000 元。因此，该项经济业务的会计分录如下：

　　借：营业外支出　　　　　　　　　　　　　　　　　　　　　　　20 000
　　　　贷：银行存款　　　　　　　　　　　　　　　　　　　　　　　20 000

**例5-56**    收到对安达公司投资分来的利润 20 000 元，存入银行。

**分析：**

该项业务一方面引起银行存款增加 20 000 元，另一方面也引起投资收益增加 20 000 元。因此，该项经济业务的会计分录如下：

　　借：银行存款　　　　　　　　　　　　　　　　　　　　　　　20 000
　　　　贷：投资收益　　　　　　　　　　　　　　　　　　　　　　　20 000

**例5-57**    月末，将损益类有关收入账户的余额结转到"本年利润"账户。各账户结转前的余额如下：主营业务收入 108 000 元，包括 A 产品 48 000 元、B 产品 60 000 元（例 5-40 ～例 5-42、例 5-45）；其他业务收入 4 000 元（例 5-47）；投资收益 20 000 元（例 5-56）；营业外收入 30 000 元（例 5-54）。

**分析：**

该项业务一方面引起主营业务收入、其他业务收入、营业外收入和投资收益因转出分别减少 108 000 元、4 000 元、30 000 元和 20 000 元，另一方面因收入的转入使得本年利润增加 162 000 元。因此，该项经济业务的会计分录如下：

借：主营业务收入——A 产品         48 000
      ——B 产品         60 000
  其他业务收入           4 000
  投资收益             20 000
  营业外收入            30 000
  贷：本年利润           162 000

**例 5-58** 月末，将损益类有关费用账户的余额结转到"本年利润"账户。各账户结转前的余额如下：主营业务成本 53 820 元，包括甲产品 32 320 元、乙产品 21 500 元（例 5-48）；其他业务成本 2 000 元（例 5-49）；税金及附加 858 元（例 5-51）；销售费用 5 000 元（例 5-50）；管理费用 5 600 元（例 5-25、例 5-29、例 5-32、例 5-34 和例 5-35）；财务费用 300 元（例 5-30）；营业外支出 20 000 元（例 5-55）。

**分析：**

该项业务一方面因各项费用转入使得本年利润减少 87 578 元，另一方面引起主营业务成本、其他业务成本、税金及附加、销售费用、管理费用、财务费用和营业外支出因转出分别减少 53 820 元、2 000 元、858 元、5 000 元、5 600 元、300 元、20 000 元。因此，应记入"本年利润"账户的借方，"主营业务成本""其他业务成本""税金及附加""销售费用""管理费用""财务费用"和"营业外支出"账户的贷方。该项经济业务的会计分录如下：

借：本年利润             87 578
  贷：主营业务成本——A 产品        32 320
        ——B 产品        21 500
    其他业务成本           2 000
    税金及附加            858
    销售费用            5 000
    管理费用            5 600
    财务费用             300
    营业外支出           20 000

**例 5-59** 月末，按本月实现的利润总额 74 422 元的 25%，计算本月应交所得税 18 605.5 元。

**分析：**

该企业本月的所得税费用 =74 422×25%=18 605.5（元）。

该项业务一方面引起所得税费用增加 18 605.5 元，另一方面也引起企业应交税费增加 18 556 元，因此，应记入"所得税费用"账户的借方、"应交税费"账户的贷方。该项经济业务的会计分录如下：

借：所得税费用            18 605.5
  贷：应交税费——应交所得税       18 605.5

**例 5-60** 结转本月应交所得税费用 18 605.5 元。

**分析：**

该项业务一方面因所得税费用的转入使得本年利润减少 18 605.5 元，另一方面所得税费用因转出减少 18 605.5 元。因此，应记入"本年利润"账户的借方、"所得税费用"账户的贷方。

该项经济业务的会计分录如下：

    借：本年利润　　　　　　　　　　　　　　　　　　　　　　18 605.5
        贷：所得税费用　　　　　　　　　　　　　　　　　　　　　　18 605.5

例 5-61　以银行存款交纳本月所得税 18 605.5 元。

分析：

该项业务的发生，一方面使企业的应交税费减少 18 605.5 元，另一方面使企业银行存款减少 18 605.5 元。因此，应记入"应交税费"账户的借方、"银行存款"账户的贷方。该项经济业务的会计分录如下：

    借：应交税费 —— 应交所得税　　　　　　　　　　　　　　　18 605.5
        贷：银行存款　　　　　　　　　　　　　　　　　　　　　　18 605.5

例 5-62　年末，结转全年净利润 500 000 元。

分析：

该项业务一方面引起本年利润转出减少 500 000 元，另一方面利润分配—— 未分配利润因转入增加 500 000 元。因此，应记入"本年利润"账户的借方、"利润分配—— 未分配利润"账户的贷方。该项经济业务的会计分录如下：

    借：本年利润　　　　　　　　　　　　　　　　　　　　　　500 000
        贷：利润分配—— 未分配利润　　　　　　　　　　　　　　　500 000

### （二）利润分配的核算

企业实现利润后，应按税法的规定计算交纳企业所得税费用，扣除所得税费用后的净利润是企业的净收益。企业的利润分配，是指根据国家规定和投资者的决议，对企业净利润所进行的分配。企业当年实现的净利润，加上年初未分配利润（或减去年初未弥补亏损）和其他转入后的余额，即可得到可供分配利润。

企业的可供分配利润应首先弥补以前年度发生的亏损，然后按净利润的一定比例提取法定盈余公积，最后再向投资者分配利润。余下的未分配利润，形成企业留存收益的一部分。

例 5-63　年末，按全年净利润的 10% 提取法定盈余公积 50 000 元。

分析：

该项经济业务应记入"利润分配—— 提取法定盈余公积"账户的借方、"盈余公积"账户的贷方。该项经济业务的会计分录如下：

    借：利润分配—— 提取法定盈余公积　　　　　　　　　　　　50 000
        贷：盈余公积　　　　　　　　　　　　　　　　　　　　　　50 000

例 5-64　年末，经研究决定本年向投资者分配利润 200 000 元。

分析：

该项业务应记入"利润分配—— 应付股利或利润"账户的借方、"应付股利"账户的贷方。该项经济业务的会计分录如下：

    借：利润分配—— 应付股利（或利润）　　　　　　　　　　　200 000
        贷：应付股利　　　　　　　　　　　　　　　　　　　　　　200 000

例 5-65　经批准，将企业的盈余公积 30 000 元转增注册资本。

分析：

该项业务一方面引起盈余公积减少 30 000 元，另一方面实收资本增加 30 000 元。因此，应记入"盈余公积"账户的借方、"实收资本"账户的贷方。该项经济业务的会计分录如下：

借：盈余公积                30 000

  贷：实收资本                30 000

**例5-66** 年末，结转已分配的利润。

分析：

该项业务的发生，一方面使企业的利润分配——未分配利润减少 250 000 元，另一方面"利润分配——提取盈余公积""利润分配——应付股利"由于转出分别减少 50 000 元和 200 000 元（例 5-63 和例 5-64），因此，应记入"利润分配——未分配利润"账户的借方、"利润分配——提取盈余公积"和"利润分配——应付股利"账户的贷方。该项经济业务的会计分录如下：

借：利润分配——未分配利润           250 000

  贷：利润分配——提取法定盈余公积        50 000

        ——应付股利（或利润）      200 000

## 任务检测

### 一、单项选择题

1. 企业接受其他单位或个人捐赠固定资产时，应贷记的账户之一是（   ）。

  A. "营业外收入"账户       B. "实收资本"账户

  C. "资本公积"账户       D. "盈余公积"账户

2. 下列内容不属于企业营业外支出的是（   ）。

  A. 非常损失          B. 坏账损失

  C. 处置固定资产净损失      D. 处置无形资产净损失

### 二、多项选择题

1. 为了具体核算企业利润分配及未分配利润情况，"利润分配"账户应设置相应的明细账户，下列属于"利润分配"明细账户的有（   ）。

  A. "未分配利润"       B. "提取资本公积金"

  C. "应付利润"        D. "提取法定盈余公积"

2. 关于"本年利润"账户，下列说法中正确的有（   ）。

  A. 借方登记期末转入的各项支出额    B. 贷方登记期末转入的各项收入

  C. 贷方余额为实现的累计净利润额    D. 借方余额为发生的亏损额

### 三、判断题

1. 企业在经营过程中所产生的各种利息收入都属于投资收益，应在"投资收益"账户进行核算。                   （   ）

2. 企业当期实现的净利润提取了法定盈余公积金和法定公益金之后的差额即为企业的未分配利润。                   （   ）

### 四、业务题

某公司12月末部分总账账户余额如下表：　　　　　　　　　　　　　　　　（单位：元）

| 会 计 科 目 | 借　　方 | 贷　　方 |
|---|---|---|
| 主营业务收入 | | 800 000 |
| 其他业务收入 | | 15 000 |
| 投资收益 | | 20 000 |
| 营业外收入 | | 400 |
| 主营业务成本 | 600 000 | |
| 税金及附加 | 1 500 | |
| 其他业务成本 | 12 000 | |
| 销售费用 | 18 000 | |
| 管理费用 | 40 000 | |
| 财务费用 | 5 800 | |
| 营业外支出 | 8 000 | |

要求：

1. 将损益类账户结转到本年利润，计算本年利润总额。
2. 按利润总额的25%计算并结转企业应缴所得税。
3. 计算净利润，并按净利润的10%计提法定盈余公积。
4. 按净利润的20%向投资者分配利润。

## 项目总结

本项目重点介绍了生产型企业筹资、供应、生产、销售和利润形成及分配等五种主要经济业务。

资金筹集主要核算所有者投入资本业务和向债权人借入资金业务。

供应过程主要核算采购材料，验收入库，并根据供应单位的发票进行货款结算。此外，还要支付因购买材料而发生的各种采购费用，按一定种类的材料进行归集，计算材料的采购成本。

生产过程主要核算各种费用的归集和分配，最终计算出产品的生产成本。

销售过程主要核算企业销售产品、材料等引起企业收入的增加并发生相关的成本支出。

利润的形成及分配主要核算企业一定时期内生产经营活动的财务成果，包括收入减去费用后的余额、直接计入利润的利得和损失等。

Project 6

项目六

会计凭证

了解会计凭证的概念与作用

熟悉原始凭证与记账凭证的种类

了解会计凭证的传递

掌握原始凭证的填制

熟悉会计凭证的保管

掌握原始凭证与记账凭证的审核

掌握记账凭证的填制

学习目标

## 任务一　了解会计凭证

 **任务目标**
➡ 了解会计凭证的概念、意义和作用
➡ 熟悉会计凭证的种类

 **任务情景**

　　小明家的工厂在经营过程中，收到和开出了不少单据，会计人员又依据这些单据做了业务处理，小明疑惑了，这些在会计上都是什么资料呢？有什么用处呢？小明开始查阅资料学习，一定要弄明白。

 **知识准备**

　　会计凭证是很重要的会计资料，要保证会计凭证数据的真实、准确才能保证会计账簿和报表数据的真实、准确。

### 一、会计凭证的概念

　　会计凭证是指记录经济业务事项发生和完成情况的书面证明，是登记账簿的依据。

### 二、会计凭证的作用

　　填制和审核会计凭证是会计核算方法之一，也是日常会计核算工作的起点，是会计核算的基础工作。正确地填制和审核会计凭证能保证会计核算资料的真实性和完整性，有利于会计核算和监督工作的顺利进行。

　　会计凭证的作用主要有：

　　（1）记录经济业务，提供记账依据。企业单位在日常经营中，会发生各种各样的经济业务，如资金的取得、材料的购入、产品的生产和销售、各项费用的发生等，这些业务都要及时、真实、正确地通过填制会计凭证记录下来，为以后登记账簿提供依据。

　　（2）明确经济责任，强化内部控制。发生任何一项经济业务，除了要将经济业务的基本内容填写齐全外，还有一个很重要的环节，就是必须由有关部门的经手人员签章，从而明确经济业务的责任人，有利于分清责任。经办人员之间相互监督，防止舞弊行为，强化内部控制。

　　（3）监督经济活动，控制经济运行。会计凭证填制完成后，必须进行审核。通过审核会计凭证，可以监督和检查各项经济业务是否符合相关法律、法规和制度的规定；是否符合财务收支计划及预算；是否有铺张浪费、贪污盗窃等损害公共财产的行为发生；如果发现问题，应及时加以控制和纠正，实现对经济活动的事中控制，保证经济活动有条不紊地运行，实现经济健康发展。

### 三、会计凭证的种类

　　根据会计核算的三个基础步骤：凭证→账簿→报表，可以看出，填制和审核会计凭证是会计核算的初始环节，因此，正确填制和审核会计凭证具有重要意义。在实际经济活动中，会计凭证

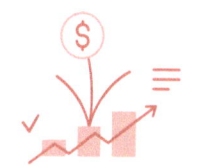

是多种多样的，会计凭证按照填制的程序和用途不同，分为原始凭证和记账凭证两类。所谓程序是指不同的会计凭证在产生时间上的先后顺序，用途是指会计凭证用于何种会计处理。

## 任务检测

**判断题**

1. 会计凭证是明确经济责任的书面证明。　　　　　　　　　　　　　　　　（　　）

2. 合法地取得、正确地填制和审核会计凭证，是会计核算的基本方法之一，也是会计核算工作的起点。　　　　　　　　　　　　　　　　　　　　　　　　　（　　）

## 任务二　掌握原始凭证的填制和审核

**任务目标**

➡ 理解原始凭证的概念和种类
➡ 掌握原始凭证的基本内容
➡ 掌握原始凭证的填制要求
➡ 掌握原始凭证的审核

**任务情景**

　　在小明家的工厂里，会计人员将会计凭证分开，一类是经济业务发生或完成时取得或填制的，另一类是会计人员依据上述凭证填制的，他告诉小明，这些虽然都是会计资料，但是格式、内容、作用、来源等是不同的。

**知识准备**

　　我们已经学习了会计凭证的基本知识，现在就来学习会计凭证中的原始凭证的相关知识，它可是具有法律效力的。

### 一、原始凭证的概念

　　原始凭证，又称单据，是指在经济业务发生或完成时取得或填制的，是进行会计核算、具有法律效力的原始书面证明，是填制记账凭证的依据。

　　因此，凡是能够证明经济业务已经发生或完成的各种单据均属于原始凭证，它记载经济业务的具体内容。原始凭证记载的信息是整个会计系统运行的起点，其质量将直接决定会计信息的质量。常用的原始凭证有发票、收据、火车票、飞机票、入库单、领料单、差旅费报销单等。签订的购货合同、请购单、购料计划等，不能证明经济业务确实已经发生，所以不是原始凭证。

### 二、原始凭证的种类

#### （一）按照来源不同分类

**1. 外来原始凭证**

　　外来原始凭证是指在经济业务发生或完成时，从其他单位或个人处取得的原始凭证，如购买货物取得的增值税专用发票、对外单位支付款项时取得的发票、职工出差取得的飞机票、火车票和住宿票据等销售商品收到货款时取得的进账单（见图6-1）、增值税专用发票（见图6-2）等。

# 中国建设银行进账单（回单或收账通知）

年 月 日

| 收款人 | 全　称 | | 付款人 | 全　称 | | | | | | | | | | | |
|---|---|---|---|---|---|---|---|---|---|---|---|---|---|---|---|
| | 账　号 | | | 账　号 | | | | | | | | | | | |
| | 开户银行 | | | 开户银行 | | | | | | | | | | | |
| 人民币（大写）： | | | | | 百 | 十 | 万 | 千 | 百 | 十 | 元 | 角 | 分 | | |
| 票据种类 | | | | 收款人开户行盖章（略） | | | | | | | | | | | |

此联是收款人开户行给收款人的回单或收账通知

图 6-1　银行进账单

# 河北增值税专用发票

全国统一发票监制章
河北
国家税务总局监制

## 发 票 联

No. 123456789

开票日期：　年 月 日

| 购买方 | 名　　称：<br>纳税人识别号：<br>地　址、电话：<br>开户行及账号： | | | | | | 密码区 | | |
|---|---|---|---|---|---|---|---|---|---|
| 货物或应税务、服务名称 | 规格型号 | 单位 | 数量 | 单价 | 金额 | 税率 | 税额 | | |
| 合计 | | | | | | | | | |
| 价税合计（大写） | | | | | （小写）¥_____ | | | | |
| 销售方 | 名　　称：<br>纳税人识别号：<br>地　址、电话：<br>开户行及账号： | | | | | | 备注 | | |

第三联：发票联 购买方记账凭证

收款人　　　　　复核　　　　　开票人　　　　　销售方（章）

图 6-2　增值税专用发票

## 2. 自制原始凭证

自制原始凭证是指由本单位内部经办业务的人员，在执行或完成某项经济业务时填制的、仅供本单位内部使用的原始凭证，如收料单（见图6-3）、领料单（见图6-4）、限额领料单、产品入库单、产品出库单、借款单（见图6-5）、工资结算单、折旧计算表、成本计算单等。

## 收 料 单

供应单位：　　　　　　　　　　　　　　　　　　　　　　　　收料单编号：

发票号码：　　　　　　　　　　年　月　日　　　　　　　　收料仓库：

| 材料编号 | 材料名称及规格 | 计量单位 | 数　量 | | 单位成本 | 实际成本 | | | 二联：交财务 |
| | | | 应收 | 实收 | | 发票价格 | 运杂费 | 合计 | |
| | | | | | | | | | |
| | | | | | | | | | |
| 备注： | | | | | | | | | |

收料人员：　　　　　　　　　　检验人员：　　　　　　　　　　填单人员：

图 6-3　收料单

## 领 料 单

领料单位：　　　　　　　　　　年　月　日　　　　　　　　　编号：

| 用途 | | 材料类别 | | | | 二财务科 |
| 材料名称 | 计量单位 | 数　量 | | 单　价 | 金　额 | 备注 |
| | | 请领 | 实际 | | | |
| | | | | | | |
| | | | | | | |

领料单位负责人：　　　　　　　领料：　　　　　　发料：　　　审核：

图 6-4　领料单

## 借 款 单
年　月　日

| 借款单位： | | | 金额 | | | | | | | |
| 人民币（大写）　拾　万　仟　佰　元　角　分 | | | 十 | 万 | 千 | 百 | 十 | 元 | 角 | 分 |
| | | | | | | | | | | |
| 借款事由： | | | | | | | | | | |
| 部门负责人 | 单位领导 | 会计主管 | 借 款 人 | | | | | | | |
| | | | | | | | | | | |

图 6-5　借款单

### （二）按照填制手续及内容不同分类

#### 1. 一次原始凭证

一次原始凭证是指一次只记录一项经济业务或同时记录若干项同类性质的经济业务的原始凭证（一次填制完成，只记录一笔经济业务且仅一次有效），如收据（见图6-6）、发票、收料单、领料单。

# 收　据

年　月　日　　　　　　　No. 00078954

交款单位：_____　　收款方式_____

人民币（大写）_____　¥_____

收款事由_____

收款单位
盖　章　　　　　　收款人：　　　　　交款人：

第
二
联
：
收
据

图 6-6　收据

## 2. 累计凭证

累计凭证是指在一定时期内连续记录若干项同类性质的经济业务且多次有效的原始凭证，如累计销售凭证和限额领料单。累计凭证的特点是在一张凭证中可以连续记录相同性质的多笔经济业务，随时结出累计数及结余数，能起到按照限额控制投入资金的作用。期末按实际发生额记账，简化了核算手续。累计凭证是多次有效的原始凭证，填制手续需多次进行才能完成。"限额领料单"是最具有代表性的累计原始凭证，如图6-7所示。

# 限 额 领 料 单

领料部门：　　　　　　　　　　　　　　　　发料仓库：
用　途：　　　　　　　　年　　月　　　　　编　号：

| 材料名称及规格 | 计量单位 | 本用领用限额 | 本月实际领用数量 | 金额 | 备注 |
|---|---|---|---|---|---|
|  |  |  |  |  |  |

| 领料日期 | 请领数 | 实发数 | 结余数 | 领料人 | 车间负责人 | 发料人 |
|---|---|---|---|---|---|---|
|  |  |  |  |  |  |  |
|  |  |  |  |  |  |  |
|  |  |  |  |  |  |  |
| 合计 |  |  |  |  |  |  |

生产部门负责人：　　　　　　　供应部门负责人：　　　　　　材料核算员：

图 6-7　限额领料单

## 3. 汇总凭证

汇总凭证是指对一定时期内经济业务内容相同的若干张原始凭证，按照一定标准综合填制的一种原始凭证，如发出材料汇总表（见图6-8）、材料收入汇总表、工资结算汇总表、现金收入汇总表、差旅费报销单等。汇总凭证将同类性质的经济业务合并填制在一张凭证中，起到了简化核算手续的作用，不能将不同类型的经济业务汇总在一张凭证上。

# 发出材料汇总表

年　月　日

单位：元

| 材料种类 | 领料的用途和部门 | | | | 合计 |
|---|---|---|---|---|---|
| | 甲产品 | 乙产品 | 生产部门 | 管理部门 | |
| | | | | | |
| | | | | | |
| | | | | | |
| 合计 | | | | | |

图 6-8　发出材料汇总表

## （三）按照格式不同分类

### 1. 通用凭证

通用凭证是指由有关部门统一印制、在一定范围内使用的具有统一格式和使用方法的原始凭证。通用凭证的使用范围，因制作部门不同而异，可以是某一地区、某一行业，也可以是全国通用。如某省（市）印制的发货票、收据等，在该省（市）通用；由中国人民银行制作的银行转账结算凭证，在全国通用等；由国家税务总局统一印制的增值税专用发票在全国通用。

### 2. 专用凭证

专用凭证是指由单位自行印制、仅在本单位内部使用的原始凭证，如领料单、差旅费报销单（见图6-9）、收料单等。

## 差 旅 费 报 销 单

年　月　日

| 单位名称 | | 姓名 | | 职务 | | | |
|---|---|---|---|---|---|---|---|
| 出差事由 | | | | 出差日期 | 自　年　月　日 | | |
| 到达地点 | | | | | 至　年　月　日共　天 | | |
| 项目 | 交通工具 | | | | 其他 | 旅馆费 | 伙食补助 |
| | 火车 | 汽车 | 飞机 | 轮船 | 出租车 | 住宿费 | 在途天 住勤天 |
| | | | | | | | |
| 总计金额人民币（大写） | | | | | | | ¥_____ |
| 主管：　　　报账人： | | | 月 | 日 | 顺序号 | 明细科目编号 | |

图 6-9　差旅费报销单

## 三、原始凭证的基本内容

由于企事业单位经济业务的种类和内容不同，经营管理的要求不同，原始凭证的格式和内容也千差万别，各有不同的要求和特点。但无论何种原始凭证，都必须做到所载明的经济业务内容完整、准确，经济责任明确。

一般原始凭证应具备的基本内容（也称为原始凭证要素，见图6-10所示）包括：

（1）凭证的名称及编号，如河北增值税普通发票：No.089898。

（2）填制凭证的日期，如2018年10月19日。

（3）填制凭证单位名称或者填制人姓名，如秦市泳业有限公司。

（4）经办人员的签名或者盖章，如收款人牟新，复核人张华，开票人李伟。这些经办人都要签名或盖章，他们对经济业务的真实性、合法性、正确性负责。

（5）接受凭证单位名称，如秦市大华公司。

（6）经济业务内容，如高档游泳衣。

（7）数量、单价和金额，如5件，单价260.19元，金额1 340.00元。

## 河北增值税普通发票

| 130×××××× | | | | 发票联 | | | | No.089898 | | | |

校验码：（略）　　　　　　　　　　　　　　　　　开票日期：2018 年 10 月 19 日

| 购买方 | 名　　称：秦市大华公司<br>纳税人识别号：（略）<br>地　址、电　话：<br>开户行及账号： | | | | | | 密码区 | （略） | | | 第二联：发票联　购买方记账凭证 |
|---|---|---|---|---|---|---|---|---|---|---|---|
| 货物或应税劳务、服务名称 | 规格型号 | 单位 | 数量 | 单价 | | 金额 | | 税率 | 税额 | | |
| 高档游泳衣 | | 件 | 5 | 260.19 | | 1 300.97 | | 3% | 39.03 | | |
| 合计 | | | | | | ¥1 300.97 | | | ¥39.03 | | |
| 价税合计（大写） | ×壹仟叁佰肆拾元整 | | | | | | | （小写）¥1 340.00 | | | |
| 销货方 | 名　　称：秦市泳业有限公司<br>纳税人识别号：（略）<br>地　址、电　话：<br>开户行及账号： | | | | | | 备注 | 秦市泳业有限公司<br>发票专用章<br>销货方（章） | | | |
| 收款人：牟新 | | | 复核人：张华 | | | 开票人：李伟 | | | | | |

**图 6-10　河北增值税普通发票**

实际工作中，对于不同单位经常发生的共同性经济业务，有关部门可以制定统一的凭证格式。如从事机动车零售业务的单位和个人在销售机动车（不包括销售旧机动车）收取款项时，应开具税务机关统一印制的"机动车销售统一发票"。还可以根据经营管理和特殊行业业务的需要，增加必要的内容。如中国人民银行统一印制的银行转账结算凭证，增加了结算双方单位名称、账号等内容；铁道部统一制定的铁路运单，增加了发货单位、收货单位、提货方式等内容。

### 四、原始凭证的填制要求

原始凭证是编制记账凭证的依据，是会计核算最基础的原始资料。要保证会计核算工作的质量，必须从保证原始凭证的质量做起，正确填制原始凭证。由于大多数原始凭证都不是由本单位会计人员填制，而是由相关单位或本单位的业务人员填制，因此原始凭证必须经过本单位会计人员审核无误后才能登记入账。具体地说，原始凭证的填制必须符合下列要求：

## 1. 记录要真实

原始凭证所填列的经济业务内容和数字，必须真实可靠，符合实际情况。原始凭证上所填列的数字是保证以后一系列会计数据准确无误的根源，不得弄虚作假。

## 2. 内容要完整

原始凭证所要求填列的项目必须逐项填列齐全，不得遗漏和省略。

## 3. 手续要完备

手续完备，才能明确经济责任，确保凭证的合法性、真实性，防止舞弊行为的发生。单位自制的原始凭证必须有经办单位领导人或者其他指定的人员签名盖章；对外开出的原始凭证必须加盖本单位公章；从外部取得的原始凭证，必须盖有填制单位的公章；从个人取得的原始凭证，必须有填制人员的签名或盖章。

## 4. 书写要清楚、规范

（1）原始凭证要按规定填写，文字要简明，字迹要清楚，易于辨认，不得使用未经国务院公布的简化汉字。

（2）大小写金额必须相符且填写规范，小写金额用阿拉伯数字逐个书写，不得写连笔字，在金额前要填写人民币符号"¥"，人民币符号"¥"与阿拉伯数字之间不得留有空白。凡阿拉伯数字前写有币种符号的，数字后面不再写货币单位。

（3）以元为单位的阿拉伯数字，金额数字一律填写到角分。无角分的，写"00"或符号"—"；有角无分的，分位写"0"，不得用符号"—"。

（4）大写金额用汉字壹、贰、叁、肆、伍、陆、柒、捌、玖、拾、佰、仟、万、亿、元、角、分、零、整等，一律用正楷或行书字书写，不得用0、一、二、三、四、五、六、七、八、九、十、毛等简化字代替，不得任意自造简化字。

（5）大写金额前未印有"人民币"字样的，应加写"人民币"三个字，"人民币"字样和大写金额之间不得留有空白。

（6）大写金额到元或角为止的，后面要写"整"或"正"字，有分的，不写"整"或"正"字，如小写金额为¥1 008.00，大写金额应写成"人民币壹仟零捌元整"；小写金额为¥56.42，大写金额应写成"人民币伍拾陆元肆角贰分"。

（7）阿拉伯小写数字中间有"0"时，中文大写应按照汉语语言规律、金额数字构成和防止涂改的要求进行书写，举例如下：

1）阿拉伯金额数字中间有一个"0"时，中文大写金额要写"零"字，如¥2 306.50应写为人民币贰仟叁佰零陆元伍角整。

2）阿拉伯金额数字中间连续有几个"0"时，中文大写可以只写一个"零"字，如¥5006.21，应写成人民币伍仟零陆元贰角壹分。

3）阿拉伯金额数字万位或元位是"0"的，或者数字中间连续有几个"0"，万位、元位也是"0"，但千位、角位不是"0"时，中文大写金额可以只写一个零字，也可以不写"零"字，如¥2 560.23，汉字大写金额应写为人民币贰仟伍佰陆拾元零贰角叁分，或者写成人民币贰仟伍佰陆拾元贰角叁分；又如：¥302 000.55，中文大写金额应写为人民币叁拾万贰仟元伍角伍分，或写成人民币叁拾万零贰仟元伍角伍分。

4）阿拉伯金额数字角位是"0"，而分位不是"0"时，中文大写金额"元"后面应写

"零"字，如¥6 409.02，中文大写金额应写成人民币陆仟肆佰零玖元零贰分；又如¥325.04，汉字大写金额应写成人民币叁佰贰拾伍元零肆分。

5）阿拉伯金额数字最高位是"1"的，汉字大写金额加写"壹"字，如¥15.80，汉字大写金额应写成人民币壹拾伍元捌角整；又如¥135 800.00，汉字大写金额应写成人民币壹拾叁万伍仟捌佰元整。

### 5. 编号要连续

各种凭证要连续编号，以便查对核对。如果原始凭证已预先印定编号，如发票、支票等重要凭证，在填写错误需要作废时应加盖"作废"戳记，连同存根一起妥善保管，不得撕毁，也不得缺少联次。

### 6. 不得涂改、刮擦、挖补

原始凭证有错误的，应当由出具单位重开或更正，在更正处应当加盖出具单位印章，不得随意涂改、刮擦、挖补或用褐色药水更改消除字迹。原始凭证金额有错误的，应当由出具单位重开，不得在原始凭证上更正。

### 7. 填制要及时

各种原始凭证一定要及时填写，不得拖延、积压，不得事后补填，这样才会减少错误和遗漏凭证的发生，并按规定的程序及时送交会计机构、会计人员进行审核。

## 五、原始凭证的审核内容

为了如实反映经济业务的发生和完成情况，充分发挥会计的监督职能，保证会计信息的真实性、可靠性和正确性，会计机构、会计人员必须对原始凭证进行严格审核，具体包括：

### 1. 审核原始凭证的真实性

原始凭证作为会计信息的基本信息源，其真实性对会计信息的质量具有至关重要的影响。所以审核原始凭证，首要的是审核它的真实性，其真实性审核包括凭证日期是否真实、业务内容是否真实、数据是否真实等内容的审查。对于外来原始凭证，必须有填制单位公章和填制人员签章；对于自制原始凭证，必须有经办部门和经办人员的签名或盖章。

### 2. 审核原始凭证的合法性

审核原始凭证所记录经济业务是否有违反国家法律法规的情况，是否履行了规定的凭证传递和审核程序，是否有违规违纪等行为。

### 3. 审核原始凭证的合理性

审核原始凭证所记录经济业务是否符合企业生产经营活动的需要、是否符合有关的计划和预算等。

### 4. 审核原始凭证的完整性

审核原始凭证各项基本要素是否齐全，有无遗漏的内容，主要是出具原始凭证的单位及人员、接受人员及单位名称，凭证所记载的经济业务的内容、数量、单价、金额是否齐全，日期是否完整，数字是否清晰，文字是否工整，有关人员或单位的签章是否齐全，凭证联次是否正确等。

### 5. 审核原始凭证的正确性

审核原始凭证的各项内容的填写是否正确，包括：

（1）接受原始凭证的单位名称是否正确。

（2）金额的填写及计算是否正确。主要审核阿拉伯数字要分位填写，不得连写；大写金额前面要加"人民币"字样，大写数字的写法要正确；小写金额前面要标明人民币符号，人民币符号和数字之间不得留有空位；大写金额与小写金额要相符。

（3）如果填写有错误，更正是否符合规定。原始凭证的金额有错误的，不得在原始凭证上更正，应由出具单位重开，其他内容有错误的，应当由出具单位重开或更正，并在更正处加盖出具单位的印章，不得采用涂改、刮擦、挖补等不正确的方法。

### 6. 审核原始凭证的及时性

原始凭证的及时性是保证会计信息及时性的基础，经济业务发生或完成时应及时填制或取得原始凭证，及时进行凭证传递，原始凭证的填制日期是审核及时性的重要标志。

原始凭证的审核是一项十分重要、严肃的工作，经审核的原始凭证应根据不同情况处理：

（1）对于完全符合要求的原始凭证，应及时据以编制记账凭证入账。

（2）对于真实、合法、合理但内容不够完整、填写有错误的原始凭证，应退回给有关经办人员，由其负责将有关凭证补充完整、更正错误或重开后，再办理正式会计手续。

（3）对于不真实、不合法的原始凭证，会计机构和会计人员有权不予接受，并向单位负责人报告。

## 任务检测

### 一、单项选择题

1. 下面不属于原始凭证的是（　　　）。
   A. 发货票　　　　　　B. 借据　　　　　　C. 购买计划　　　　D. 运费结算凭证
2. 为了保证会计账簿记录的正确性，会计人员编制记账凭证时的依据必须是（　　　）。
   A. 从单位外部取得的原始凭证　　　　　　B. 审核无误的原始凭证
   C. 从单位内部取得的原始凭证　　　　　　D. 填写齐全的原始凭证

### 二、多项选择题

1. 企业的领料单是（　　　）。
   A. 原始凭证　　　　　B. 一次凭证　　　　C. 自制凭证　　　　D. 累计凭证
2. 下列会计凭证中，属于自制原始凭证的有（　　　）。
   A. 工资结算单　　　　　　　　　　　　　B. 限额领料单
   C. 发料凭证汇总表　　　　　　　　　　　D. 购买货物时收到的增值税专用发票

### 三、判断题

1. 自制原始凭证是由企业财会部门自行填制的原始凭证。　　　　　　　　　　（　　　）
2. 原始凭证金额有错误的，应当由出具单位重开或更正。　　　　　　　　　（　　　）

## 任务三　掌握记账凭证的填制与审核

- ➡ 理解记账凭证的种类
- ➡ 掌握记账凭证的基本内容
- ➡ 掌握记账凭证的填制要求
- ➡ 掌握记账凭证的审核

**任务情景**　　小明已经弄清楚了原始凭证的有关问题，深知原始凭证在会计核算中的重要性。接下来他又在思考另一个问题，那就是会计人员手中还有另外一种凭证，写着他熟知的会计分录，这又是什么呢？他要继续学习，弄清这个问题。

　　记账凭证是对原始凭证上所记载的内容用会计语言进行的归纳总结，它可不具有法律效力！

### 一、记账凭证的概念

记账凭证，又称记账凭单，是指会计人员根据审核无误的原始凭证填制的、载有会计分录并作为记账依据的书面文件。记账凭证是登记账簿的直接依据。

### 二、记账凭证的种类

#### （一）按凭证的用途分类

**1. 专用记账凭证**

专用记账凭证是指适用于某一类经济业务的记账凭证。通常按其所记录的经济业务是否与货币资金有关，分为收款凭证、付款凭证和转账凭证。

（1）收款凭证。收款凭证是指用于记录现金和银行存款收款业务的会计凭证，收款凭证根据有关现金和银行存款收入业务的原始凭证填制，是登记现金日记账、银行存款日记账以及有关明细账和总账等账簿的依据，也是出纳人员收讫款项的依据，如图6-11所示。

## 收　款　凭　证

借方科目：　　　　　　　　　　　　年　月　日　　　　　　　　　　　字第　号

| 摘　要 | 贷方科目 | | 金额 | | | | | | | | | | 记账符号 | 附凭证张 |
| --- | --- | --- | --- | --- | --- | --- | --- | --- | --- | --- | --- | --- | --- | --- |
| | 总账科目 | 明细科目 | 千 | 百 | 十 | 万 | 千 | 百 | 十 | 元 | 角 | 分 | | |
| | | | | | | | | | | | | | | |
| | | | | | | | | | | | | | | |
| | | | | | | | | | | | | | | |
| 合　计 | | | | | | | | | | | | | | |

会计主管：　　　　记账：　　　　审核：　　　　制证：　　　　出纳：

图 6-11　收款凭证

（2）付款凭证。付款凭证是指用于记录现金和银行存款付款业务的会计凭证。付款凭证根据有关现金和银行存款支付业务的原始凭证填制，是登记现金日记账、银行存款日记账以及有关明细账和总账等账簿的依据，也是出纳人员支付款项的依据，如图6-12所示。

## 付 款 凭 证

贷方科目：　　　　　　　　　　　　年　月　日　　　　　　　　　字第　号

| 摘　要 | 借方科目 | | 金额 | | | | | | | | | | 记账符号 | 附凭证张 |
|---|---|---|---|---|---|---|---|---|---|---|---|---|---|---|
| | 总账科目 | 明细科目 | 千 | 百 | 十 | 万 | 千 | 百 | 十 | 元 | 角 | 分 | | |
| | | | | | | | | | | | | | | |
| | | | | | | | | | | | | | | |
| | | | | | | | | | | | | | | |
| 合　计 | | | | | | | | | | | | | | |

会计主管：　　　　记账：　　　　审核：　　　　制证：　　　　出纳：

图 6-12　付款凭证

（3）转账凭证。转账凭证是指用于记录不涉及现金和银行存款业务的会计凭证，转账凭证根据有关转账业务的原始凭证填制，是登记有关明细账和总账等账簿的依据，如图6-13所示。

## 转 账 凭 证

年　月　日　　　　　　　　　字第　号

| 摘　要 | 会计科目 | | 借方金额 | | | | | | | | | | 贷方金额 | | | | | | | | | | 记账符号 | 附凭证张 |
|---|---|---|---|---|---|---|---|---|---|---|---|---|---|---|---|---|---|---|---|---|---|---|---|---|---|
| | 总账科目 | 明细科目 | 千 | 百 | 十 | 万 | 千 | 百 | 十 | 元 | 角 | 分 | 千 | 百 | 十 | 万 | 千 | 百 | 十 | 元 | 角 | 分 | | |
| | | | | | | | | | | | | | | | | | | | | | | | | |
| | | | | | | | | | | | | | | | | | | | | | | | | |
| 合　计 | | | | | | | | | | | | | | | | | | | | | | | | |

会计主管：　　　　记账：　　　　审核：　　　　制证：

图 6-13　转账凭证

收款凭证、付款凭证、转账凭证的划分，有利于区别不同经济业，务进行分类管理，有利于经济业务的检查，但工作量较大，适用于规模较大、收付款业务较多的单位。

### 2. 通用记账凭证

对于经济业务较简单、规模较小、收付款业务较少的单位，可采用通用记账凭证来记录所有的经济业务。这时的记账凭证不再区分收款、付款及转账业务，而将所有经济业务统一编号，在同一格式的凭证中进行记录。通用记账凭证的格式与转账凭证基本相同，如图6-14所示。

## 记 账 凭 证

年　月　日　　　　　　　　　字第　号

| 摘　要 | 会计科目 | | 借方金额 | | | | | | | | | | 贷方金额 | | | | | | | | | | 记账符号 | 附凭证张 |
|---|---|---|---|---|---|---|---|---|---|---|---|---|---|---|---|---|---|---|---|---|---|---|---|---|---|
| | 总账科目 | 明细科目 | 千 | 百 | 十 | 万 | 千 | 百 | 十 | 元 | 角 | 分 | 千 | 百 | 十 | 万 | 千 | 百 | 十 | 元 | 角 | 分 | | |
| | | | | | | | | | | | | | | | | | | | | | | | | |
| | | | | | | | | | | | | | | | | | | | | | | | | |
| | | | | | | | | | | | | | | | | | | | | | | | | |
| 合　计 | | | | | | | | | | | | | | | | | | | | | | | | |

会计主管：　　　　记账：　　　　出纳：　　　　审核：　　　　制证：

图 6-14　记账凭证

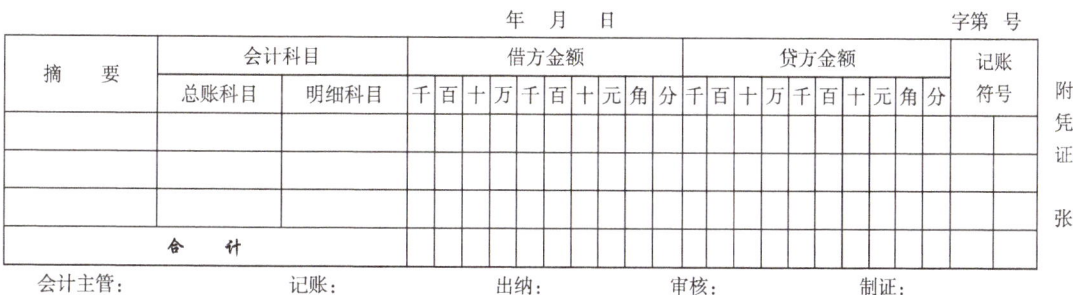

## （二）按照填列方式分类

### 1. 复式记账凭证

复式记账凭证是指将每一笔经济业务所涉及的全部会计科目及其发生额均在同一张记账凭证中反映的一种凭证，它是实际工作中应用最普遍的记账凭证，上述收款凭证、付款凭证和转账凭证，以及通用记账凭证均为复式记账凭证。复式记账凭证能全面反映经济业务的全貌和所涉及的会计科目之间的对应关系，有利于检查会计分录的正确性，减少填制记账凭证的工作量，减少凭证的数量，但不便于会计岗位上的分工记账，实际工作中大多数单位都使用复式记账凭证。

### 2. 单式记账凭证

单式记账凭证是指每一张记账凭证只填列经济业务所涉及的一个会计科目及其金额的记账凭证。只填列借方科目的称为借项记账凭证，只填列贷方科目的称为贷项记账凭证。如果一项经济业务涉及几个会计科目，就编制几张单式记账凭证。单式记账凭证反映内容单一，便于分工记账，便于按会计科目汇总，但一张凭证不能反映每一笔经济业务的全貌，不便于检验会计分录的正确性，也不能反映某项经济业务所涉及的会计科目之间的对应关系。如图6-15、图6-16所示。

## 借项记账凭证

| 对应科目： | | | 年　月　日 | | | | | | | | | | 凭证编号 | |
|---|---|---|---|---|---|---|---|---|---|---|---|---|---|---|
| 摘　要 | 总账科目 | 明细科目 | 借方金额 | | | | | | | | | | 记账符号 | 附件 |
| | | | 千 | 百 | 十 | 万 | 千 | 百 | 十 | 元 | 角 | 分 | | |
| | | | | | | | | | | | | | | 张 |
| | | | | | | | | | | | | | | |
| 合　计 | | | | | | | | | | | | | | |
| 会计主管： | 记账： | 审核： | | 制证： | | | 出纳： | | | | | | | |

图 6-15　借项记账凭证

## 贷项记账凭证

| 对应科目： | | | 年　月　日 | | | | | | | | | | 凭证编号 | |
|---|---|---|---|---|---|---|---|---|---|---|---|---|---|---|
| 摘　要 | 总账科目 | 明细科目 | 借方金额 | | | | | | | | | | 记账符号 | 附件 |
| | | | 千 | 百 | 十 | 万 | 千 | 百 | 十 | 元 | 角 | 分 | | |
| | | | | | | | | | | | | | | 张 |
| | | | | | | | | | | | | | | |
| 合　计 | | | | | | | | | | | | | | |
| 会计主管： | 记账： | 审核： | | 制证： | | | 出纳： | | | | | | | |

图 6-16　贷项记账凭证

## 三、记账凭证的基本内容

记账凭证作为登记账簿的依据，因其所反映经济业务的内容不同、各单位规模大小及其对会计核算繁简程度的要求不同，其格式亦有所不同。但为了满足记账的基本要求，记账凭证应具备以下基本内容或要素，以转账凭证为例，如图6-17所示。

# 转 账 凭 证①

②年　月　日　　　　　　　　　　　　　③字第　号

| ④摘　要 | ⑤会计科目 | | ⑥借方金额 | | | | | | | | | | 贷方金额 | | | | | | | | | | 记账 符号⑦ | 附凭证⑧张 |
|---|---|---|---|---|---|---|---|---|---|---|---|---|---|---|---|---|---|---|---|---|---|---|---|---|
| | 总账科目 | 明细科目 | 千 | 百 | 十 | 万 | 千 | 百 | 十 | 元 | 角 | 分 | 千 | 百 | 十 | 万 | 千 | 百 | 十 | 元 | 角 | 分 | | |
| | | | | | | | | | | | | | | | | | | | | | | | | |
| | | | | | | | | | | | | | | | | | | | | | | | | |
| | | | | | | | | | | | | | | | | | | | | | | | | |
| 合　计 | | | | | | | | | | | | | | | | | | | | | | | | |

会计主管：　⑨　　　　记账：　　　　出纳：　　　　审核：　　　　制证：

①记账凭证的名称。

②填制记账凭证的日期。

③记账凭证的编号。

④经济业务的内容摘要。

⑤经济业务所涉及的会计科目。

⑥经济业务所涉及的金额。

⑦记账符号。

⑧所附原始凭证张数。

⑨有关人员签章。

图 6-17　转账凭证

## 四、记账凭证的填制要求

### （一）基本要求

经济业务发生后取得或填制的原始凭证，要经过严格的检查、审核，经确认其内容真实、准确、完整后，方可依据该原始凭证填制相应的记账凭证。

（1）记账凭证项目要填写齐全、手续要完备。

1）填写记账凭证的日期。一般是会计人员填制记账凭证的当天日期，也可以根据管理需要，填写经济业务发生的日期或月末日期。收付款凭证应按货币资金收付的日期填写；转账凭证原则上应按收到原始凭证的日期填写，也可按填制记账凭证的日期填写。

2）填写记账凭证的编号。记账凭证应连续编号。每一会计期间，都必须按月编制序号，不得采用按年或按季连续编号的方法。如果采用收款、付款和转账凭证的形式，则记账凭证应按照"×字第×号"的方法连续编号。还可以将收、付款凭证根据收付的现金或银行存款分别编号，如"银收字第×号""现付字第×号"。如果一笔经济业务需要填制多张记账凭证时，可以采用"分数编号法"。例如，本月的第6笔转账业务需要填制2张凭证，则可编号"转字第$6\frac{1}{2}$号"，表示第6笔业务共有两张凭证，此张为第一张凭证；"转字第$6\frac{2}{2}$号"，则表示此笔业务的第二张凭证。如果采用通用记账凭证，则记账凭证的编号统一写成"记字第×号"。

3）填写记账凭证的摘要。记账凭证的"摘要栏"是对经济业务的简要说明，又是登记账簿的重要依据，必须针对不同的经济业务内容准确填写，不可漏填或错填。

4）填写会计科目。按照经济业务所涉及的会计科目，正确填入"借方科目"和"贷方科目"栏，总账科目和明细科目要对应着填写，不需要进行明细核算的总账科目，也可以不填"明细科目"栏。会计科目应写全称，不得简写，不得用编号代替会计科目的名称。

5）填写金额。记账凭证的金额必须与原始凭证的金额相符。"金额"栏登记的金额应和

"借方科目"或"贷方科目"相对应或与"一级科目""明细科目"分别对应。合计金额前面加人民币符号"￥"，并且要计算准确，并保持借方与贷方之间的平衡。对于只有一行记录的记账凭证，也应填写合计金额。

6）注销空白行。记账凭证填制完成后，如有空行，应当自金额栏最后一笔金额数字下的空行处至合计数上的空行处，自右上角至左下角划斜线注销。

7）注明过账标记。"过账符号"栏，是在根据该记账凭证登记有关账簿以后，在该栏注明所记账簿的页数或划"√"，表示已经登记入账，避免重记、漏记，在没有登账之前，没有记录。

8）注明所附原始凭证的张（件）数。除结账和更正错账的记账凭证可以不附原始凭证外，其他记账凭证必须附有原始凭证，所附原始凭证的张数一般以原始凭证的自然张数为准。如果有一张原始凭证涉及几张记账凭证，可把原始凭证附在一张主要的记账凭证后面，在其他记账凭证上注明附有原始凭证的记账凭证的编号。对需要经过上级批准的经济业务，应将批准文件作为原始凭证的附件。

如果一张原始凭证所列的支出需要由几个单位共同负担时，需要有保存该原始凭证的单位开出原始凭证分割单，进行结算。

9）经手人签章。记账凭证填制完毕后，填制人员应签章，以明确经济责任。填制人员签章后，按照规定手续交由审核人员进行审核，其后交记账人员登记入账。对记账凭证的每一位经手人，都要求签章，以利于加强内部的检查和监督。

（2）记账凭证可以根据每一张原始凭证填列，或者根据若干张同类原始凭证汇总填列，也可根据原始凭证汇总表填列，但不得将不同内容和类别的原始凭证汇总填列在一张记账凭证上。

（3）字迹必须清楚、工整、不得潦草，记账凭证必须用蓝色或黑色墨水笔书写。填制记账凭证时（尚未登账）若发生错误应当重新填制；已登记入账的记账凭证在当年内发现填写错误时，用规定的方法进行更正；发现以前年度记账凭证有错误的，应当用蓝字填制一张更正的记账凭证。

### （二）收款凭证的填制要求

（1）收款凭证左上角的"借方科目"按收款的性质填写"现金"或"银行存款"。

（2）日期按收款凭证的日期填写。

（3）右上角填写编制收款凭证的顺序号。

（4）"摘要"填写对所记录的经济业务的简要说明。

（5）"贷方科目"填写与收入现金或银行存款相对应的会计科目。

（6）"记账符号"是指该凭证已登记账簿的标记，用"√"表示，防止经济业务重记或漏记。

（7）"金额"是指该项经济业务事项的发生额。

（8）该凭证右边"附件×张"是指本记账凭证所附原始凭证的张数。

（9）最下边分别由有关人员签章，以明确经济责任。

收款凭证的会计分录只能是"一借多贷"或"一借一贷"的分录。

例 6-1　20××年3月5日销售产品，贷款10 000元，增值税销项税额1 300元，款项存入银行。制证人员已填制收款凭证，如图6-18所示。

# 收 款 凭 证

借方科目：银行存款 　　　　　　　20××年3月5日 　　　　　　　银收字第1号

| 摘　要 | 贷方科目 | | 金额 | | | | | | | | | | 记账符号 |
| | 总账科目 | 明细科目 | 千 | 百 | 十 | 万 | 千 | 百 | 十 | 元 | 角 | 分 | |
| 销售产品 | 主营业务收入 | | | | | 1 | 0 | 0 | 0 | 0 | 0 | 0 | |
| | 应交税费 | 应交增值税（进项税额） | | | | | 1 | 3 | 0 | 0 | 0 | 0 | |
| | | | | | | | | | | | | | |
| 合　　计 | | | | | 7 | 1 | 1 | 3 | 0 | 0 | 0 | 0 | |

附凭证1张

会计主管：　　记账：　　审核：　　制证：××　　出纳：

图 6-18　收款凭证

## （三）付款凭证的填制要求

付款凭证是根据审核无误的有关库存现金和银行存款付款业务的原始凭证填制的。付款凭证的编制方法与收款凭证基本相同，只是左上角由"借方科目"换为"贷方科目"，凭证中间的"贷方科目"换为"借方科目"。"借方科目"栏应填写与"库存现金"和"银行存款"相对应的会计科目。付款凭证的会计分录只能是"多借一贷"或"一借一贷"的分录。

对于涉及"库存现金"和"银行存款"之间的经济业务，如将现金存入银行或从银行提取现金，为了避免重复记账，一般只编制付款凭证，不编制收款凭证。

例 6-2　20××年3月6日王立出差借差旅费500元，现金支付，制证人员已填制付款凭证，如图6-19所示。

# 付 款 凭 证

贷方科目：库存现金 　　　　　　　20××年3月6日 　　　　　　　现付字第7号

| 摘　要 | 借方科目 | | 金额 | | | | | | | | | | 记账符号 |
| | 总账科目 | 明细科目 | 千 | 百 | 十 | 万 | 千 | 百 | 十 | 元 | 角 | 分 | |
| 王立预借差旅费 | 其他应收款 | 王立 | | | | | | 5 | 0 | 0 | 0 | 0 | |
| | | | | | | | | | | | | | |
| | | | | | | | | | | | | | |
| 合　　计 | | | | | | | 7 | 5 | 0 | 0 | 0 | 0 | |

附凭证1张

会计主管：　　记账：　　审核：　　制证：××　　出纳：

图 6-19　付款凭证

## （四）转账凭证的填制要求

转账凭证通常是根据不涉及库存现金、银行存款业务的转账业务的原始凭证填制的。转账凭证中"总账科目"和"明细科目"栏应填写应借、应贷的总账科目和明细科目，借方科目应记金额应在同一行的"借方金额"栏填列，贷方科目应记金额应在同一行的"贷方金额"栏填列，"借方金额"栏合计数与"贷方金额"栏合计数应相等。

此外，某些既涉及收付款业务，又涉及转账业务的综合性业务，可分开填制不同类型的记账凭证。

**例6-3** 20××年3月8日生产领用钢材20000元，制证人员已填制付款凭证，如图6-20所示。

### 转账凭证

20××年3月8日 转字第10号

| 摘要 | 会计科目 | | 借方金额 | | | | | | | | | | 贷方金额 | | | | | | | | | | 记账符号 | 附凭证 |
|---|---|---|---|---|---|---|---|---|---|---|---|---|---|---|---|---|---|---|---|---|---|---|---|---|
| | 总账科目 | 明细科目 | 千 | 百 | 十 | 万 | 千 | 百 | 十 | 元 | 角 | 分 | 千 | 百 | 十 | 万 | 千 | 百 | 十 | 元 | 角 | 分 | | |
| 生产领用钢材 | 生产成本 | A产品 | | | | 2 | 0 | 0 | 0 | 0 | 0 | 0 | | | | | | | | | | | | 1张 |
| | 原材料 | 钢材 | | | | | | | | | | | | | | 2 | 0 | 0 | 0 | 0 | 0 | 0 | | |
| | | | | | | | | | | | | | | | | | | | | | | | | |
| 合　计 | | | ￥ | 2 | 0 | 0 | 0 | 0 | 0 | 0 | | | ￥ | 2 | 0 | 0 | 0 | 0 | 0 | 0 | | | | |

会计主管：　　　记账：　　　审核：　　　制证：××

图6-20　转账凭证

### （五）通用记账凭证的填制要求

该凭证的填制与转账凭证基本相同。所不同的是，在凭证的编号上，按照发生经济业务事项的先后顺序编号。对于一笔经济业务涉及两张以上记账凭证时，可以采取分数编号法编号。

**例6-4** 如果例6-1，采用通用记账凭证，填制方法如图6-21所示。

### 记账凭证

20××年3月5日 记字第1号

| 摘要 | 会计科目 | | 借方金额 | | | | | | | | | | 贷方金额 | | | | | | | | | | 记账符号 | 附凭证 |
|---|---|---|---|---|---|---|---|---|---|---|---|---|---|---|---|---|---|---|---|---|---|---|---|---|
| | 总账科目 | 明细科目 | 千 | 百 | 十 | 万 | 千 | 百 | 十 | 元 | 角 | 分 | 千 | 百 | 十 | 万 | 千 | 百 | 十 | 元 | 角 | 分 | | |
| 销售产品 | 银行存款 | | | | 1 | 1 | 3 | 0 | 0 | 0 | 0 | | | | | | | | | | | | | |
| | 主营业务收入 | | | | | | | | | | | | | | | 1 | 0 | 0 | 0 | 0 | 0 | 0 | | 1张 |
| | 应交税费 | 应交增值税（销项税额） | | | | | | | | | | | | | | | 1 | 3 | 0 | 0 | 0 | 0 | | |
| | | | | | | | | | | | | | | | | | | | | | | | | |
| 合　计 | | | ￥ | 1 | 1 | 3 | 0 | 0 | 0 | 0 | | | ￥ | 1 | 1 | 3 | 0 | 0 | 0 | 0 | | | | |

会计主管：　　　记账：　　　审核：　　　制证：××　　　出纳：

图6-21　记账凭证

### 五、记账凭证的审核内容

为了保证会计信息的质量，在记账之前应由有关稽核人员对记账凭证进行严格的审核，只有经过审核的记账凭证才是登记账簿的依据。其审核的主要内容是：

#### 1. 内容是否真实

审核记账凭证是否有原始凭证为依据，所附原始凭证的内容与记账凭证的内容是否一致。

### 2. 项目是否齐全

审核记账凭证各项目的填写是否齐全，如日期、凭证编号、摘要、会计科目、金额、所附原始凭证张数及有关人员签章等。

### 3. 科目是否正确

审核记账凭证的应借、应贷科目是否正确，是否有明确的账户对应关系，所使用的会计科目是否符合国家统一的会计制度的规定等。

### 4. 金额是否正确

审核记账凭证所记录的金额与原始凭证的有关金额是否一致、计算是否正确等。

### 5. 书写是否正确

审核记账凭证中的记录是否文字工整、数字清晰，是否按规定进行更正等。

### 6. 手续是否完备

记账凭证应根据审核无误的原始凭证登记，如果原始凭证的手续不完备，应补办完整。

此外，出纳人员在办理收款或付款业务后，应在凭证上加盖"收讫"或"付讫"的戳记，以避免重收重付。

## 任务检测

### 一、单项选择题

1. 从银行提取现金的业务，应编制（　　　）。
   A. 现金收款凭证　　　　　　　　　B. 银行存款收款凭证
   C. 现金付款凭证　　　　　　　　　D. 银行存款付款凭证
2. 收款凭证的贷方科目可能是（　　　）。
   A. 库存现金　　　B. 银行存款　　　C. 制造费用　　　D. 其他应收款

### 二、多项选择题

1. 专用记账凭证包括（　　　）。
   A. 收款凭证　　　B. 付款凭证　　　C. 转账凭证　　　D. 通用记账凭证
2. 企业购入材料一批已验收入库，货款已付，根据这项业务可以填制的记账凭证是（　　　）。
   A. 收款凭证　　　B. 付款凭证　　　C. 收料单　　　D. 通用记账凭证

### 三、判断题

1. 填制和审核会计凭证是会计工作的第一步。　　　　　　　　　　　　（　　　）
2. 收付款记账凭证既是出纳人员收付款项的依据，也是登记总账、现金和银行存款日记账及有关明细账的依据。　　　　　　　　　　　　　　　　　　　（　　　）

### 四、填制下列记账凭证

1. 2018年12月6日，收到前欠货款2 150元，存入银行，填制收款凭证。

# 收 款 凭 证

借方科目：　　　　　　　　　　　　　　年　月　日　　　　　　　　　　　　字第　号

| 摘　要 | 贷方科目 | | 金额 | | | | | | | | | | 记账符号 |
|---|---|---|---|---|---|---|---|---|---|---|---|---|---|
| | 总账科目 | 明细科目 | 千 | 百 | 十 | 万 | 千 | 百 | 十 | 元 | 角 | 分 | |
| | | | | | | | | | | | | | |
| | | | | | | | | | | | | | |
| | | | | | | | | | | | | | |
| 合　计 | | | | | | | | | | | | | |

附凭证　　张

会计主管：　　　　记账：　　　　审核：　　　　制证：　　　　出纳：

2．2018年12月18日，从银行提取现金1 000元备用，填制付款凭证。

# 付 款 凭 证

贷方科目：　　　　　　　　　　　　　　年　月　日　　　　　　　　　　　　字第　号

| 摘　要 | 借方科目 | | 金额 | | | | | | | | | | 记账符号 |
|---|---|---|---|---|---|---|---|---|---|---|---|---|---|
| | 总账科目 | 明细科目 | 千 | 百 | 十 | 万 | 千 | 百 | 十 | 元 | 角 | 分 | |
| | | | | | | | | | | | | | |
| | | | | | | | | | | | | | |
| | | | | | | | | | | | | | |
| 合　计 | | | | | | | | | | | | | |

附凭证　　张

会计主管：　　　　记账：　　　　审核：　　　　制证：　　　　出纳：

3．2018年12月19日管理部门领取原材料1 200元，填制转账凭证。

# 转 账 凭 证

年　月　日　　　　　　　　　　　　字第　号

| 摘　要 | 会计科目 | | 借方金额 | | | | | | | | | | 贷方金额 | | | | | | | | | | 记账符号 |
|---|---|---|---|---|---|---|---|---|---|---|---|---|---|---|---|---|---|---|---|---|---|---|---|
| | 总账科目 | 明细科目 | 千 | 百 | 十 | 万 | 千 | 百 | 十 | 元 | 角 | 分 | 千 | 百 | 十 | 万 | 千 | 百 | 十 | 元 | 角 | 分 | |
| | | | | | | | | | | | | | | | | | | | | | | | |
| | | | | | | | | | | | | | | | | | | | | | | | |
| | | | | | | | | | | | | | | | | | | | | | | | |
| 合　计 | | | | | | | | | | | | | | | | | | | | | | | |

附凭证　　张

会计主管：　　　　记账：　　　　审核：　　　　制证：

4．2019年1月2日，收到前欠货款3 000元存入银行，编制通用记账凭证。

# 记 账 凭 证

年　月　日　　　　　　　　　　　　字第　号

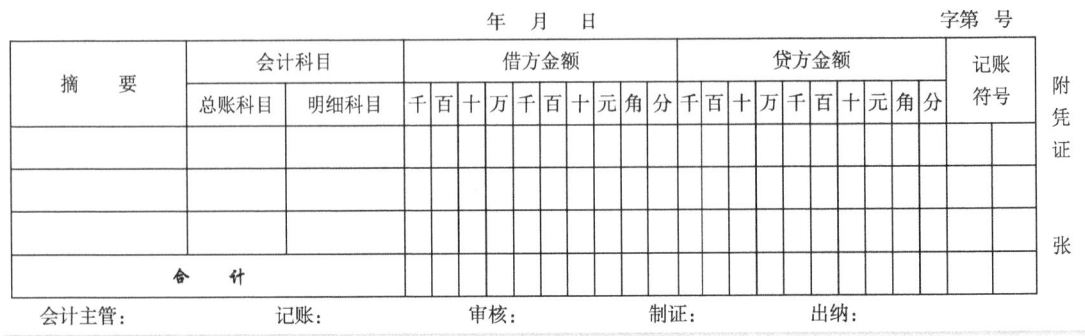

| 摘　要 | 会计科目 | | 借方金额 | | | | | | | | | | 贷方金额 | | | | | | | | | | 记账符号 |
|---|---|---|---|---|---|---|---|---|---|---|---|---|---|---|---|---|---|---|---|---|---|---|---|
| | 总账科目 | 明细科目 | 千 | 百 | 十 | 万 | 千 | 百 | 十 | 元 | 角 | 分 | 千 | 百 | 十 | 万 | 千 | 百 | 十 | 元 | 角 | 分 | |
| | | | | | | | | | | | | | | | | | | | | | | | |
| | | | | | | | | | | | | | | | | | | | | | | | |
| | | | | | | | | | | | | | | | | | | | | | | | |
| 合　计 | | | | | | | | | | | | | | | | | | | | | | | |

附凭证　　张

会计主管：　　　　记账：　　　　审核：　　　　制证：　　　　出纳：

## 任务四 会计凭证的传递与保管

**任务目标**
→ 了解会计凭证的传递
→ 了解会计凭证的保管

**任务情景**

小明参观了会计人员编制的各种记账凭证，同时也看到了会计人员将编制好的记账凭证订成了一个本本，放在文件柜里，他心中充满了疑惑，这又是怎么回事呢？

**知识准备**

会计凭证要妥善保管，保证会计凭证的安全与完整是全体会计人员的共同职责。

### 一、会计凭证的传递

会计凭证的传递是指从会计凭证的取得或填制时起至归档保管过程中，在单位内部有关部门和人员之间的传送程序。会计凭证的传递是会计核算得以正常、有效进行的前提，要求能够满足内部控制制度的要求，使传递程序合理有效，同时尽量节约传递时间，减少传递的工作量。

会计凭证的传递具体包括传递程序和传递时间。各单位应根据经济业务特点、内部机构设置、人员分工和管理要求，具体规定各种凭证的传递程序；根据有关部门和经办人员办理业务的情况，确定凭证的传递时间。

企业生产组织特点、经济业务的内容和管理要求不同，会计凭证的传递也有所不同，为此，企业应根据具体情况制定每一种凭证的传递程序和方法。例如，收料单的传递中应规定：材料到达企业后多长时间内验收入库，收料单由谁填制，一式几联，各联次的用途是什么，何时传递到会计部门，会计部门由谁负责收料单的审核工作，由谁据以编制记账凭证、登记账簿、整理归档等。会计凭证的传递是否科学、严密、有效，对于加强企业内部管理、提高会计信息的质量具有重要的影响。

### 二、会计凭证的保管

会计凭证的保管是指会计凭证记账后的整理、装订、归档和存查工作。会计凭证作为记账的依据，是重要的会计档案和经济资料。本单位以及有关部门、单位，可能因各种需要查阅会计凭证，特别是发生贪污、盗窃、违法乱纪行为时，会计凭证还是依法处理的有效证据。因此，任何单位在完成经济业务手续和记账之后，必须将会计凭证按规定的立卷归档制度形成会计档案资料，妥善保管，防止丢失，不得任意销毁，以便于日后随时查阅。

对会计凭证的保管，既要做到完整无缺，又要便于翻阅查找。其主要要求有：

（1）会计凭证应定期装订成册，防止散失。会计部门在依据会计凭证记账以后，应定期

（每天、每旬或每月）对各种会计凭证进行分类整理，将各种记账凭证按照编号顺序，连同所附的原始凭证一起加具封面、封底，装订成册，并在装订线上加贴封签，由装订人员在装订线封签处签名或盖章。

从外单位取得的原始凭证遗失时，应取得原签发单位盖有公章的证明，并注明原始凭证的号码、金额、内容等，由经办单位会计机构负责人（会计主管人员）和单位负责人批准后，才能代作原始凭证。若确实无法取得证明的，如车票丢失，则应由当事人写明详细情况并由经办单位会计机构负责人（会计主管人员）和单位负责人批准后，代作原始凭证。

（2）会计凭证封面应注明单位名称、凭证种类、凭证张数、起止号数、年度、月份、会计主管人员、装订人员等有关事项，会计主管人员和保管人员应在封面上签章。

（3）会计凭证应加贴封条，防止抽换凭证。原始凭证不得外借，其他单位如有特殊原因确实需要使用时，经本单位会计机构负责人（会计主管人员）批准，可以复制。向外单位提供的原始凭证复制件，应在专设的登记簿上登记，并由提供人员和收取人员共同签名、盖章。

（4）原始凭证及附件较多时，可单独装订，但应在凭证封面注明所属记账凭证的日期、编号和种类，同时在所属的记账凭证上应注明"附件另订"及原始凭证的名称和编号，以便查阅。对各种重要的原始凭证，如押金收据、提货单等，以及各种需要随时查阅和退回的单据，应另编目录，单独保管，并在有关的记账凭证和原始凭证上分别注明日期和编号。

每年装订成册的会计凭证，在年度终了时可暂由单位会计机构保管一年，期满后应当移交本单位档案保管机构统一保管；未设立档案保管机构的，应当在会计机构内部指定专人保管，出纳人员不得兼管会计档案。

（5）严格遵守会计凭证的保管期限要求（30年），期满前不得任意销毁。保管期满的会计凭证应由本单位档案机构提出销毁意见，编制销毁清册，并由单位负责人在销毁清册上签署意见。保管期满但未结清债券债务的原始凭证和涉及其他未了事项的原始凭证，不得销毁，应当单独抽出立卷，直到未了事项完结为止。

## 任务检测

### 一、单项选择题

1. 会计凭证的保管期限是（　　）年。

　　A. 10　　　　　　　　B. 5　　　　　　　　C. 25　　　　　　　　D. 30

2. 每年装订成册的会计凭证，在年度终了时可暂由单位会计机构保管（　　）年，期满后应当移交本单位档案保管机构统一保管。

　　A. 1　　　　　　　　B. 2　　　　　　　　C. 0.5　　　　　　　　D. 3

### 二、多项选择题

1. 会计凭证的传递主要包括（　　）。

　　A. 传递内容　　　　B. 传递程序　　　　C. 传递手续　　　　D. 传递时间

2. 对于会计凭证的传递，单位在规定会计凭证联次以及流程时应该依据（　　）。

　　A. 经济业务特点　　B. 内部机构设置　　C. 人员分工　　　　D. 管理要求

**三、判断题**

1．保管期满的原始凭证，单位可以自行销毁。 （ ）

2．会计凭证封面应注明单位名称、凭证种类、凭证张数、起止号数、年度、月份、会计主管人员、装订人员等有关事项，会计主管人员和单位负责人应在封面上签章。 （ ）

# 项 目 总 结

本任务主要内容包括：了解会计凭证、原始凭证的填制和审核、记账凭证的填制与审核、会计凭证的传递与保管。本任务更加注重的是实际操作能力，所以学习本任务内容时要结合生活和工作中的会计凭证，会更容易理解和掌握。

*Project 7*

# 项目七

## 会计账簿

了解会计
账簿的概念
与分类

了解会计
账簿的更换
与保管

熟悉会计
账簿的登记
要求

熟悉总
分类账与明细
分类账平行登
记的要点

掌握日记账、
总分类账及有关
明细分类账的登
记方法

掌握对
账与结账的
方法

掌握错账
查找与更正
的方法

**学习目标**

## 任务一　了解会计账簿

**任务目标**

→ 了解会计账簿的概念与作用
→ 掌握会计账簿的基本内容
→ 理解会计账簿与账户的关系
→ 掌握会计账簿的种类

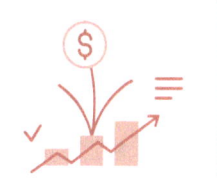

**任务情景**

　　小明家的工厂，本月发生的许多笔业务已经取得或填制了原始凭证，并且已经编制了记账凭证。按照会计制度规定，要利用会计账簿综合、系统、全面地反映经济业务，完成会计任务。本任务就来学习会计账簿。

**知识准备**

　　我们已经学习了会计凭证的相关基础理论、原始凭证的填制或取得、记账凭证的编制。那么，会计账簿的内容、种类是什么，账簿的格式又是什么样的呢？会计选用哪一类别的账簿？

### 一、会计账簿的概念与作用

　　会计账簿是指由一定格式的账页组成的，以经过审核的会计凭证为依据，全面、系统、连续地记录各项经济业务的簿籍。设置和登记账簿，即是填制和审核会计凭证的延伸，也是编制财务报表的基础，是连接会计凭证和财务报表的中间环节。根据《会计法》的规定，各单位应当按照国家统一的会计制度的规定和会计业务的需要设置会计账簿。

　　账簿的设置和登记在会计核算中具有重要作用：

#### 1. 记载和储存会计信息

　　将会计凭证所记录的经济业务记入有关账簿，可以全面反映会计主体在一定时期内所发生的各项资金运动，储存所需要的各项会计信息。

#### 2. 分类和汇总会计信息

　　账簿由不同的相互关联的账户所构成，通过账簿记录，一方面可以分门别类地反映各项会计信息，提供一定时期内经济活动的详细情况，另一方面可以通过发生额、余额计算，提供各方面所需要的总括会计信息，反映财务状况、经营成果和现金流量的综合价值指标。

#### 3. 检查和校正会计信息

　　账簿记录是会计凭证信息的进一步整理，也是会计分析、会计检查的重要依据。如在永续盘存制下，通过有关盘存账户余额与实际盘点或核查结果的核对，可以确认财产的盘盈或盘亏，并根据实际结存数调整账簿记录，做到账实相符，提供如实、可靠的会计信息。

#### 4. 编报和输出会计信息

　　为了及时反映企业的财务状况、经营成果和现金流量，应定期进行结账工作，进行有关账簿之间的核对，计算出本期发生额和余额，据以编制财务报表，向有关各方面提供所需要的会计信息。

### 二、会计账簿的基本内容

　　在实际工作中，由于各种会计账簿所记录的经济业务不同，账簿的格式也多种多样，但各种账簿都应具备以下基本内容：

### 1. 封面

封面主要用来标明账簿的名称，如总分类账、各种明细分类账、现金日记账、银行存款日记账等。

### 2. 扉页

扉页主要用来列明会计账簿的使用信息，如科目索引、账簿启用和经管人员一览表等。具体包括：账簿启用的日期和截止日期、页数、册次；经管账簿人员一览表及其签章；会计主管人员姓名和签章；账户目录等。

### 3. 账页

账页是账簿用来记录经济业务的主要载体，包括账户名称、日期栏、凭证种类和号数栏、摘要栏、金额栏以及总页次和分户页次等基本内容。

### 三、会计账簿与账户的关系

账户是根据会计科目开设的，具有一定的格式和结构，用于分类反映会计要素增减变动及其结果的一种载体。它由账户的名称（即会计科目）和账户的结构两部分组成。

账簿与账户的关系是形式和内容的关系。账户存在于账簿之中，账簿中的每一账页就是账户的存在形式和载体，没有账簿，账户不能独立存在；账簿序时、分类地记载经济业务，是在各个账户中完成的。因此，账簿只是一个外在形式，账户才是其内在真实内容，即二者间的关系是形式和内容的关系。

### 四、会计账簿的种类

会计账簿的种类很多，不同类别的会计账簿可以提供不同的信息，满足不同的需要，在实际工作中，通常按下列方法进行分类。

### （一）按用途分类

账簿按照用途可以划分为序时账簿、分类账簿和备查账簿三种，具体内容见表7-1。

**表 7-1　账簿按照用途分类**

| 标　准 | 类　别 | | 概念及分类 |
|---|---|---|---|
| 按用途分类 | 序时账簿 | | 又称日记账，是按照经济业务发生时间的先后顺序逐日、逐笔登记的账簿 |
| | | 分类 普通日记账 | 记录全部经济业务按其发生时间的先后顺序逐日、逐笔登记的账簿 |
| | | 特种日记账 | 记录某一特定种类的经济业务按其发生时间的先后顺序逐日、逐笔登记的账簿。在实际工作中应用较为广泛的是特种日记账，即现金日记账、银行存款日记账 |
| | 分类账簿 | | 按照会计要素的具体类别而设置的分类账户进行、登记的账簿 |
| | | 分类 总分类账 | 根据总分类账户开设，能够总括全面地反映企业的经济活动，又简称总账。总账总括全面地反映企业的经济活动，对所属的明细账起统驭作用 |
| | | 明细分类账 | 根据明细分类账户开设，用来提供明细的核算资料，又称明细账。详细地记载了经济业务的具体内容，对总账进行具体补充和说明 |
| | 备查账簿 | | 又称辅助登记簿或补充登记簿，指对某些在序时账簿和分类账簿中未能记载或记载不全的经济业务进行补充登记的账簿。备查账簿只是对其他账簿记录的一种补充，与其他账簿之间不存在严密的依存和钩稽关系。例如，租入固定资产登记簿、受托加工材料登记簿、代销商品登记簿等 |

备查账簿不是根据会计凭证登记的账簿，用文字描述，也没有固定的格式。备查账簿并非

每个单位都应设置，只需根据各个单位的实际需要来设置和登记。

备查账簿与序时账簿和分类账簿相比，存在两点不同之处：①登记依据可能不需要记账凭证，甚至不需要一般意义上的原始凭证；②账簿的格式和登记方法不同，备查账簿的主要栏目不记录金额，它更注重用文字来表述某项经济业务的发生情况。

### （二）按外形特征分类

会计账簿按照外形特征不同可分为订本式账簿、活页式账簿和卡片式账簿，见表7-2。

**表 7-2 按外形特征分类**

| 标 准 | 类 别 | 定 义 | 适用账簿 | 优 缺 点 |
|---|---|---|---|---|
| 按外形特征分类 | 订本式账簿 | 在启用前将编有顺序页码的一定数量账页装订成册的账簿 | 总分类账、现金日记账、银行存款日记账 | 优点：可以避免账页散失，防止账页被抽换，比较安全<br>缺点：账页固定，不便于分工记账，不能增减账页，容易造成浪费 |
| | 活页式账簿 | 这是一种将所需的零散的账页存放于账夹之内，可以随时取放的账簿 | 各种明细分类账 | 优点：可以根据实际需要增添账页，便于分工记账<br>缺点：账页容易散失和被抽换 |
| | 卡片式账簿 | 将一定数量的卡片式账页存放于专设的卡片箱中，可以根据需要随时增添账页的账簿 | 一般在实物保管、使用部门使用，如"固定资产"卡片 | 优点：可选择或设计相应的格式，记载内容更具体、详细，并可随时存取，便于日常查阅<br>缺点：账页容易散失和被抽换 |

卡片账也是一种活页账，只不过它不是装在活页夹中，而是装在卡片箱内。在我国，企业一般只对固定资产的核算采用卡片账形式，也有少数企业在材料核算中使用材料卡片。

### （三）按账页格式分类

会计账簿按账页格式不同可以分为三栏式账簿、多栏式账簿、数量金额式账簿和横线登记式账簿，见表7-3。

**表 7-3 按账页格式分类**

| 标 准 | 类 别 | 定 义 | 基本结构 | 作 用 | 适用范围 | 举 例 |
|---|---|---|---|---|---|---|
| 按账页格式分类 | 三栏式账簿 | 设有借方、贷方和余额三个基本栏目的账簿 | 借、贷、余三栏 | 用以反映某项资金的增加、减少和结余情况及结果 | 只需进行金额核算的经济业务 | 各种日记账、总分类账及资本、债权、债务等明细账 |
| | 多栏式账簿 | 在账簿的借方和贷方两个基本栏目下按需要再分设若干专栏的账簿 | 在借、贷栏目下面再分设若干专栏 | 用以详细、具体地记载某一小类经济业务的活动情况 | 需进行分项目具体反映的经济业务 | 制造费用、管理费用、生产成本、本年利润等明细分类账 |
| | 数量金额式账簿 | 在三栏式账簿借方、贷方和余额三个栏目基础上，每个栏目再分设数量、单价和金额三小栏，借以反映财产物资的实物数量和价值量的账簿 | 在借、贷、余三栏下面再分设数量、单价、金额三个小栏目 | 用以具体反映数量、单价、金额三者之间的关系 | 既需进行金额核算又需进行数量核算的经济业务 | 库存商品、原材料等明细分类账 |
| | 横线登记式账簿 | 又称平行式账簿，是指将前后密切相关的经济业务登记在同一行上，以便于检查每笔业务的发生和完成情况的账簿 | 在同一张账页的同一行，记录某一项经济业务从发生到结束的有关内容 | 可以对照反映一项经济活动的来龙去脉，对应关系清楚明了 | 需要逐笔进行结算的经济业务 | 其他应收款、材料采购等明细分类账 |

多栏式账簿是在账簿的两个基本栏目借方和贷方基础上按需要分设若干专栏的账簿。这种账簿可以按"借方"和"贷方"分别设专栏，利润明细账一般采用这种格式的账簿，也可以只

设"借方"或"贷方"专栏，另一方的内容在相应的专栏内用红字登记，表示冲减。收入、成本、费用明细账一般均采用这种格式的账簿。

## 任务检测

### 一、单项选择题

1. 债权债务明细分类账一般采用（　　　）。
   A. 多栏式账簿　　　　　　　　　　　B. 数量金额式账簿
   C. 横线登记式账簿　　　　　　　　　D. 三栏式账簿
2. 企业总分类账必须使用（　　　）。
   A. 订本账　　　　B. 活页账　　　　C. 卡片账　　　　D. 备查账

### 二、多项选择题

1. 会计账簿按外形特征分类，可分为（　　　）。
   A. 多栏式账簿　　　B. 订本式账簿　　　C. 活页式账簿　　　D. 卡片式账簿
2. 下列各项中，属于备查账簿的有（　　　）。
   A. 领用空白支票登记簿　　　　　　　B. 固定资产卡片
   C. 受托加工材料登记簿　　　　　　　D. 租入固定资产登记簿

### 三、判断题

1. 会计账簿是编制会计报表的前提和依据，也是检查、分析和控制单位经济活动的重要依据。　　　　　　　　　　　　　　　　　　　　　　　　　　　　　　　　　（　　　）
2. 将账簿分为三栏式、数量金额式、多栏式和横线登记式，是按照账簿的用途不同划分的。　　　　　　　　　　　　　　　　　　　　　　　　　　　　　　　　　　　（　　　）

## 任务二　知悉会计账簿的启用与登记要求

➡ 了解会计账簿的启用
➡ 掌握会计账簿的登记要求

小明家的工厂购买了有关账簿，但如何使用，使用中有何规定与要求，小明还不太明白，本任务就先学习会计账簿的启用、登记要求与规则等问题。

我们已经学习了会计账簿的格式、种类的相关基础理论，如何选用账簿，登记账簿有何规定与要求。会计究竟怎么记录经济活动，综合反映经济业务？本任务开始学习有关知识。

## 一、会计账簿的启用

启用会计账簿时，应当在账簿封面上写明单位名称和账簿名称，并在账簿扉页上附"账簿启用表"。启用表上包括启用日期、账簿页数、记账人员和会计机构负责人、会计主管人员姓名，并加盖个人名章和单位公章。记账人员或者会计机构负责人、会计主管人员在调动工作时，应当注明交接日期、交接人员和监交人员姓名，并由交接双方人员签名或盖章，以明确双方经济责任，账簿使用登记表样式见表7-4。

**表 7-4　账簿使用登记表**

| 使用者名称 | | | | |
|---|---|---|---|---|
| 账簿编号 | | | | |
| 账簿页数 | 本账簿共使用 | | | |
| 启用日期 | 　　　年　　月　　日 | | | |
| 截止日期 | 　　　年　　月　　日 | | | |
| 责任者盖章 | 出　纳 | 审　核 | 主　管 | 部门领导 |
| | | | | |

<table>
<tr><th colspan="6" style="text-align:center">交 接 记 录</th></tr>
<tr><td rowspan="2">姓名</td><td rowspan="2" colspan="2">交接日期</td><td rowspan="2">交接<br>盖章</td><td colspan="2">监交人员</td></tr>
<tr><td>职务</td><td>姓名</td></tr>
<tr><td></td><td>经管</td><td>　年　月　日</td><td></td><td></td><td></td></tr>
<tr><td></td><td>交出</td><td>　年　月　日</td><td></td><td></td><td></td></tr>
<tr><td></td><td>经管</td><td>　年　月　日</td><td></td><td></td><td></td></tr>
<tr><td></td><td>交出</td><td>　年　月　日</td><td></td><td></td><td></td></tr>
<tr><td>印花税票</td><td colspan="5"></td></tr>
</table>

启用订本式账簿应当从第一页到最后一页顺序编定页数，不得跳页、缺号。使用活页式账簿应当按账户顺序编号，年终须定期装订成册，装订后再按实际使用的账页顺序编定页码，另加目录以便于记明每个账户的名称和页次。

## 二、会计账簿的登记规则

会计账簿是编制会计报表、进行会计分析与检查的重要依据，为了保证账簿记录的正确性，必须根据审核无误的会计凭证登记会计账簿，并符合有关法律、行政法规和国家统一的会计准则制度的规定，主要内容如下：

### 1. 准确、完整、及时

登记会计账簿时，应当将会计凭证日期、编号、业务内容摘要、金额和其他有关资料逐项记入账内，做到数字准确、摘要清楚、登记及时、字迹工整。每一项会计事项，一方面记入有关的总账，另一方面要记入该项总账所属明细账。账簿记录中的日期，应填写记账凭证上的日期；以自制原始凭证（如收料单、领料单等）作为记账依据的，账簿记录中的日期应按有关自制凭证上的日期填列。

### 2. 注明记账符号

账簿登记完毕后，要在记账凭证上签名或者盖章，并在记账凭证的"过账"栏内注明账簿页数或画对勾，注明已经登账的符号"√"，表示已经记账完毕，避免重记、漏记。

### 3. 书写留空

账簿中书写的文字和数字上面要留有适当的空行，不要写满格，紧靠本行底线，一般应占格距的1/2。这样，一旦发生登记错误，能比较容易地进行更正，同时也方便查账工作。

### 4. 正常记账使用蓝黑墨水

为了保持账簿记录的持久性，防止涂改，登记账簿必须使用蓝黑墨水笔或碳素墨水笔书写，不得使用圆珠笔（银行的复写账簿除外）或者铅笔书写。

### 5. 顺序连续登记

在登记各种账簿时，应按页次顺序连续登记，不得隔页、跳行。如无意发生隔页、跳行现象，应在空页、空行处用红色墨水划对角线注销，或者注明"此页空白"或"此行空白"字样，并由记账人员签名或者签章。对订本式账簿，不得任意撕毁账页，对活页式账簿也不得任意抽换账页，发生隔页的处理见图7-1所示。

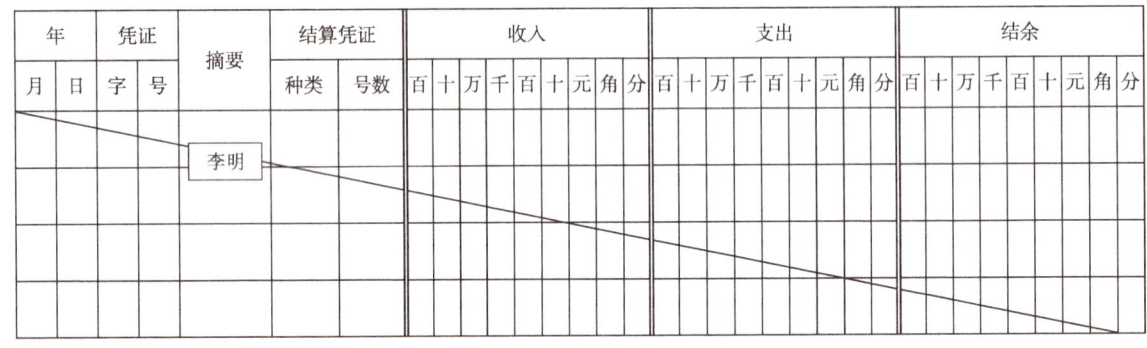

图 7-1　发生隔页的处理

### 6. 结出余额

凡需要结出余额的账户，结出余额后，书写在余额栏，应当在余额栏前的"借"或"贷"栏内注明"借"或"贷"字样，以示余额的方向；对于没有余额的账户，应在"借"或"贷"栏内写"平"字，并在"余额"栏元位置用"θ"表示。现金日记账和银行存款日记账必须逐日结出余额。对于没有余额方向的账户，计算出余额是负数时，用红色墨水笔书写在余额栏处。

### 7. 过次承前

每一账页登记完毕结转下页时，应当结出本页合计数及余额，写在本页最后一行和下页第一行有关栏内，并在"摘要"栏内注明"过次页"和"承前页"字样；也可以将本页合计数及金额只写在下页第一行有关栏内，并在摘要栏内注明"承前页"字样，以保持账簿记录的连续性，便于对账和结账。对需要结计本月发生额的账户，结计"过次页"的本页合计数应当为自本月初起至本页末止的发生额合计数；对需要结计本年累计发生额的账户，结计"过次页"的本页合计数应当为自年初起至本页末止的累计数；对既不需要结计本月发生额也不需要结计本年累计发生额的账户，可以只将每页末的余额结转次页。

### 8. 特殊记账使用红墨水

（1）划线、改错或用红色墨水笔填写红字冲账的记账凭证，冲销错误记录。

（2）在不设借贷等栏的多栏式账页中，登记减少数。

（3）在三栏式账户的余额栏前，如未印明余额方向的，在余额栏内登记负数余额。

（4）根据国家统一的会计制度的规定可以用红字登记的其他会计记录。

由于会计中的红字表示负数，因而除上述情况外，不得用红色墨水登记账簿。

### 9. 按规定更正错账

账簿记录如果发生错误，不得随意涂改，更不能进行刮擦、挖补或用褪色药水更改字迹，而应及时查找原因，视错误的具体内容采用规定的方法进行更正。

## 任务检测

### 一、单项选择题

1. 记账人员根据记账凭证登记账簿完毕后，要在记账凭证上注明已记账的符号，主要是为了（    ）。

    A. 便于明确记账责任        B. 避免错行或隔页

    C. 避免重记或漏记        D. 防止凭证丢失

2. 不采用订本式账簿而采用活页式账簿的有（    ）。

    A. 现金和银行存款日记账        B. 总账

    C. 明细分类账        D. 备查账

### 二、多项选择题

1. 会计账簿的基本内容有（    ）。

    A. 封面        B. 扉页        C. 账页        D. 标签

2. 登账时，为了保证账簿资料的清晰性和永久性，应采用（    ）书写。

    A. 蓝黑墨水笔        B. 碳素墨水笔        C. 圆珠笔        D. 铅笔

### 三、判断题

1. 凡需要结出余额的账户，结出余额后，应当在"借"或"贷"栏内写明"借"或"贷"字样，以表示余额的方向。（    ）

2. 各种账簿必须按编定的页次顺序连续登记，不得跳行、隔页。如果发生跳行、隔页，应当将空行、空页划线注销，或注明"此行空白""此页空白"字样，并由会计主管人员签名或者盖章。（    ）

## 任务三　会计账簿的格式与登记方法

➡ 掌握日记账的格式与登记方法
➡ 掌握总分类账的格式设置与登记方法
➡ 掌握明细分类账的格式设置与登记方法
➡ 理解总分类账与明细分类账的平行登记

　　小明学习了账簿的启用、登记的规则。那么，如何选用、登记账簿呢？又如何登记不同的账簿呢？本任务就学习会计账簿的格式与登记方法，解决这个问题。

　　我们已经学习了会计账簿的格式、种类的相关基础理论，学习了登记账簿有何规则与要求。那么，如何登记有关账簿、会计究竟怎么记录经济活动，综合反映经济业务，本任务将解决这个问题。

### 一、日记账的格式与登记方法

　　日记账是由出纳人员按照经济业务发生或完成的时间先后顺序逐日逐笔进行登记的账簿。设置日记账的目的是为了使经济业务按时间顺序清晰地反映在账簿记录中。日记账按其所核算和监督经济业务的范围，可分为特种日记账和普通日记账。在我国，大多数企业一般只设库存现金日记账和银行存款日记账两种特种日记账。

#### （一）库存现金日记账的格式与登记方法

　　库存现金日记账是用来核算和监督库存现金日常收、付和结存情况的序时账簿。库存现金日记账的格式主要有三栏式和多栏式两种，库存现金日记账必须使用订本账。

#### 1. 三栏式库存现金日记账

　　三栏式库存现金日记账是用来登记库存现金的增减变动及其结果的日记账。设借方、贷方和余额三个金额栏目，一般将其分别称为收入、支出和结余三个基本栏目。

　　三栏式库存现金日记账是由出纳人员根据库存现金收款凭证、库存现金付款凭证以及由银行支取现金的银行存款的付款凭证，按照库存现金收、付款业务发生时间的先后顺序逐日逐笔登记。

　　（1）日期栏，根据记账凭证的日期填列，应与库存现金实际收付日期一致。

　　（2）凭证栏，根据登记入账的收、付款凭证的种类和编号填列，其中"字"指记账凭证的种类，如现金付款凭证可以简写为"现付"，银行存款付款凭证可简写为"银付"等，"号"指记账凭证的编号（注：每月重新从1号开始排列），记账时应按编号顺序登记，以便查账和核对。

　　（3）摘要栏，根据记账凭证中的经济业务内容摘要填列，应以简练的文字清楚地说明问题，一般是与收付款记账凭证上的内容相同。

（4）对方科目栏，登记现金收入或支出对应的会计科目，可以根据收、付款凭证中的对方科目进行登记，其作用在于了解经济业务的来龙去脉。

（5）收入栏，根据库存现金收款凭证和将由银行提取现金的银行存款付款凭证中的金额填列。

（6）支出栏，根据库存现金付款凭证所列金额填列。

每日终了，应分别结计库存现金收入和库存现金支出的合计数，结出余额，同时将余额和出纳的库存现金核对，即通常所说的日清。如账实不符应查明原因，并记录备案。月终同样要结计库存现金收、付和结存的合计数，通常称"月结"。

### 2. 多栏式库存现金日记账

多栏式库存现金日记账是在三栏式库存现金日记账基础上发展起来的。这种日记账的借方（收入）和贷方（支出）金额栏都按对方科目设专栏，也就是按收入的来源和支出的用途设专栏。这种格式在月末结账时，可以结出各收入来源专栏和支出用途专栏的合计数，便于对现金收支的合理性、合法性进行审核分析，便于检查财务收支计划的执行情况，其全月发生额还可以作为登记总账的依据。

### （二）银行存款日记账的格式与登记方法

银行存款日记账是用来核算和监督银行存款每日的收入、支出和结余情况的账簿。银行存款日记账应按企业在银行开立的账户和币种分别设置，每个银行账户设置一本日记账。三栏式银行存款日记账的格式和登记方法与三栏式库存现金日记账相同，银行存款日记账的格式如图7-2所示。

## 银行存款日记账

| 年 | | 凭证 | | 摘要 | 结算方式 | | 对方科目 | 收入 | | | | | | | | | 支出 | | | | | | | | | 结余 | | | | | | | | |
|---|---|---|---|---|---|---|---|---|---|---|---|---|---|---|---|---|---|---|---|---|---|---|---|---|---|---|---|---|---|---|---|---|---|---|
| 月 | 日 | 字 | 号 | | 种类 | 号数 | | 百 | 十 | 万 | 千 | 百 | 十 | 元 | 角 | 分 | 百 | 十 | 万 | 千 | 百 | 十 | 元 | 角 | 分 | 百 | 十 | 万 | 千 | 百 | 十 | 元 | 角 | 分 |
| | | | | | | | | | | | | | | | | | | | | | | | | | | | | | | | | | | |
| | | | | | | | | | | | | | | | | | | | | | | | | | | | | | | | | | | |
| | | | | | | | | | | | | | | | | | | | | | | | | | | | | | | | | | | |

图 7-2　银行存款日记账

（1）日期栏，写收、付款凭证的日期，或与银行存款实际收、付日期一致的记账凭证的日期。

（2）凭证栏，写所入账的收、付款凭证的"字"和"号"。

（3）摘要栏，要说明登记入账的经济业务的内容，应以简练的文字清楚地说明。一般是与收付款记账凭证上的内容相同。

（4）对方科目栏，根据记账凭证的对应科目登记，对应科目有几个的应分行登记，其作用在于了解经济业务的来龙去脉。

（5）结算凭证栏，根据每一笔银行存款收、付业务的结算凭证种类与号数登记，以便与开户银行对账。结算凭证种类一般可简写为"现支、转支、信汇、现存、进账单、委收"等。号数为结算凭证上的号数。

（6）收入栏，根据银行存款收款凭证、将现金存入银行的业务的现金付款凭证金额填制。

（7）支出栏，应根据银行存款付款凭证金额登记。

（8）结余栏，根据收入或支出金额计算填列，其结果表示银行存款的结存数额。

每日终了，出纳员应分别结计银行存款收入和支出的合计数及余额，做到日清。如账实不符应查明原因，并记录备案。月终应计算出银行存款全月的收入、支出的合计数，做到月结。

## 二、总分类账的格式设置与登记方法

### 1. 总分类账的格式

总分类账是指按照总分类账户分类登记以提供总括会计信息的账簿。总分类账最常用的格式为三栏式，设有借方、贷方和余额三个金额栏目，总分类账的格式如图7-3所示。

## 总　账

科目名称：

| 年 | | 凭证 | | 摘　要 | 借　方 | | | | | | | | | 贷　方 | | | | | | | | | 借或贷 | 余　额 | | | | | | | | |
|---|---|---|---|---|---|---|---|---|---|---|---|---|---|---|---|---|---|---|---|---|---|---|---|---|---|---|---|---|---|---|---|---|
| 月 | 日 | 字 | 号 | | 千 | 百 | 十 | 万 | 千 | 百 | 十 | 元 | 角 | 分 | 千 | 百 | 十 | 万 | 千 | 百 | 十 | 元 | 角 | 分 | | 千 | 百 | 十 | 万 | 千 | 百 | 十 | 元 | 角 | 分 |
| | | | | | | | | | | | | | | | | | | | | | | | | | | | | | | | | | | | |
| | | | | | | | | | | | | | | | | | | | | | | | | | | | | | | | | | | | |
| | | | | | | | | | | | | | | | | | | | | | | | | | | | | | | | | | | | |

图 7-3　总分类账格式

### 2. 总分类账的设置

依据总分类科目设置，即将总分类科目名称书写到总分类账簿左上角科目后面的横线上，根据总分类科目如实填写。

### 3. 总分类账的登记方法

总分类账的登记方法因登记的依据不同而有所不同。经济业务少的小型单位的总分类账可以根据记账凭证逐笔登记；经济业务多的大中型单位的总分类账可以根据记账凭证汇总表（又称科目汇总表）或汇总记账凭证等定期汇总登记。

（1）依据记账凭证登记总账。

日期：为记账凭证的日期。

编号：通用凭证为"记"×号，专用凭证为"收""付""转"×号，或"现收""现付""银收""银付""转"×号。

摘要：为记账凭证的摘要，或根据账户重新书写摘要。

月终：确定余额方向并于月末计算出余额。

（2）记账凭证汇总表（又称科目汇总表）。

日期：为记账凭证汇总表（科目汇总表）的日期。

编号：为记账凭证汇总表（科目汇总表）的编号，即"汇"×号。

摘要："××日—××日汇总过入"。

月终：确定余额方向并于月末计算出余额。

### 三、明细分类账的格式设置与登记方法

明细分类账是根据有关明细分类账户设置并登记的账簿。它能提供交易或事项比较详细、具体的核算资料，以补充总账所提供核算资料的不足。因此，各企业单位在设置总账的同时，还应设置必要的明细分类账。明细分类账一般采用活页式账簿、卡片式账簿。明细分类账一般根据记账凭证、相应的原始凭证、原始凭证汇总表来登记。

根据各种明细分类账所记录经济业务的特点，明细分类账的常用格式主要有以下四种。

#### 1. 三栏式

三栏式账页是设有借方、贷方和余额三个栏目，用以分类核算各项经济业务，提供详细核算资料的账簿，其格式与三栏式总账格式相同。三栏式明细分类账适用于只进行金额核算的账户，如应收账款、应付账款、短期借款、长期借款等只需要进行金额核算的债权债务结算账户。登记方法同总分类账方法相同，三栏式明细账格式如图7-4所示。

# 明 细 账

账户名称：

| 年 | | 凭证号 | 摘要 | 借　　方 | | | | | | | | | 贷　　方 | | | | | | | | | 借或贷 | 余　　额 | | | | | | | | |
|---|---|---|---|---|---|---|---|---|---|---|---|---|---|---|---|---|---|---|---|---|---|---|---|---|---|---|---|---|---|---|---|
| 月 | 日 | | | 百 | 十 | 万 | 千 | 百 | 十 | 元 | 角 | 分 | 百 | 十 | 万 | 千 | 百 | 十 | 元 | 角 | 分 | | 百 | 十 | 万 | 千 | 百 | 十 | 元 | 角 | 分 |
| | | | | | | | | | | | | | | | | | | | | | | | | | | | | | | | |
| | | | | | | | | | | | | | | | | | | | | | | | | | | | | | | | |
| | | | | | | | | | | | | | | | | | | | | | | | | | | | | | | | |

图 7-4　三栏式明细账格式

#### 2. 多栏式

多栏式账页是将属于同一个总账科目的各个明细科目合并在一张账页上进行登记，即在这种格式账页的借方或贷方金额栏内按照明细项目设若干专栏。这种格式适用于收入、成本、费用、财务成果科目的明细核算，如主营业务收入、生产成本、制造费用、管理费用、财务费用、销售费用、本年利润等账户的明细分类核算。

登记方法如下：

（1）对于三栏式账簿贷方下面设有分析栏的多栏式明细账，适用于收入类账户。平时在贷方登记如"主营业务收入""其他业务收入"等账户的发生额，借方登记月末将贷方发生额一次转出的数额，所以平时如果发生借方发生额，用红字在多栏式账页的贷方栏中登记表示冲减，账簿格式如图7-5所示。

（2）对于三栏式账簿借方设有分析栏的多栏式明细分类账，适用于成本、费用类账户。平时在借方登记如"制造费用""管理费用""主营业务成本"等账户的发生额，贷方登记月末将借方发生额一次转出的数额，所以平时如果发生贷方发生额，用红字在多栏式账页的借方栏中登记，表示冲减，账簿格式如图7-6所示。

（3）对于三栏式账簿借、贷方皆有下设分析栏的多栏式明细账，适用于"本年利润"、"利润分配"、应交增值税等账户。平时如"本年利润"账户借方发生登记在借方，贷方发生

登记在贷方，账簿格式如图7-7所示。

## 明　细　账

| 年 | | 凭证号 | 摘　要 | 借　方 | 贷　方 | | | | 余　额 |
| 月 | 日 | | | | 人工费 | 办公费 | 其他 | 合计 | |
| | | | | | | | | | |
| | | | | | | | | | |
| | | | | | | | | | |

图 7-5　贷方金额分析式多栏式明细分类账样式

## 明　细　账

| 年 | | 凭证号 | 摘　要 | 借方（贷方）发生额 | | | | 贷方（借方） | 余　额 |
| 月 | 日 | | | 人工费 | 办公费 | 其他 | 合计 | | |
| | | | | | | | | | |
| | | | | | | | | | |
| | | | | | | | | | |

图 7-6　借方金额分析式多栏式明细分类账样式

## 明　细

| 年 | | 凭证号 | 摘　要 | 借　方 | | | 贷　方 | | | 借或贷 | 余　额 |
| 月 | 日 | | | | | | | | | | |
| | | | | | | | | | | | |
| | | | | | | | | | | | |
| | | | | | | | | | | | |

图 7-7　借贷分析栏多栏式明细分类账样式

（4）对于没有借方、贷方、余额三栏而只有借方分析栏的多栏式明细账，如生产成本、制造费用明细账，平时在发生费用时登记在成本、费用明细账的借方，月末转出费用、完工产品入库时用红笔在借方栏中登记。制造费用明细账如图7-8所示、生产成本明细账如图7-9所示。

## 制造费用明细账

| 年 | | 凭证号 | 摘　要 | 借方发生额 | | | | | |
| 月 | 日 | | | 人工费 | 材料费 | 办公费 | …… | 其他 | 合计 |
| | | | | | | | | | |
| | | | | | | | | | |
| | | | | | | | | | |

图 7-8　只有借方分析栏的多栏式明细账 1

## 生产成本明细账

| 年 | | 凭证 | | 摘要 | 直接材料 | | | | | | | | 直接人工 | | | | | | | | 制造费用 | | | | | | | | 合计 | | | | | | | |
|---|---|---|---|---|---|---|---|---|---|---|---|---|---|---|---|---|---|---|---|---|---|---|---|---|---|---|---|---|---|---|---|---|---|---|---|
| 月 | 日 | 字 | 号 | | 十万 | 千 | 百 | 十 | 元 | 角 | 分 | | 十万 | 千 | 百 | 十 | 元 | 角 | 分 | | 十万 | 千 | 百 | 十 | 元 | 角 | 分 | | 十万 | 千 | 百 | 十 | 元 | 角 | 分 |
| | | | | | | | | | | | | | | | | | | | | | | | | | | | | | | | | | | | |
| | | | | | | | | | | | | | | | | | | | | | | | | | | | | | | | | | | | |
| | | | | | | | | | | | | | | | | | | | | | | | | | | | | | | | | | | | |

图 7-9　只有借方分析栏的多栏式明细账 2

### 3. 数量金额式

数量金额式账页适用于既要进行金额核算又要进行数量核算的明细账户，如原材料、库存商品等存货账户，其借方（收入）、贷方（发出）和余额（结存）栏再分别设有数量、单位成本和金额三个专栏。数量金额式明细账的格式如图7-10所示。

## 原材料明细账

材料名称：
计量单位：

| 年 | | 凭证号 | 摘要 | 收入 | | | | | | | | | | 发出 | | | | | | | | | | 结存 | | | | | | | | | |
|---|---|---|---|---|---|---|---|---|---|---|---|---|---|---|---|---|---|---|---|---|---|---|---|---|---|---|---|---|---|---|---|---|---|
| 月 | 日 | | | 数量 | 单位成本 | 金额 | | | | | | | | 数量 | 单位成本 | 金额 | | | | | | | | 数量 | 单位成本 | 金额 | | | | | | | |
| | | | | | | 十万 | 千 | 百 | 十 | 元 | 角 | 分 | | | 十万 | 千 | 百 | 十 | 元 | 角 | 分 | | | 十万 | 千 | 百 | 十 | 元 | 角 | 分 | | |
| | | | | | | | | | | | | | | | | | | | | | | | | | | | | | | | | |
| | | | | | | | | | | | | | | | | | | | | | | | | | | | | | | | | |

图 7-10　数量金额式明细分类账样式

数量金额式账页提供了企业有关财产物资数量和金额收、发、存的详细资料，从而能加强财产物资的实物管理和使用监督，保证这些财产物资的安全、完整。

填写收入项目时，按实际发生的数量、单位成本、金额填写。填写发出项目时，在先进先出法下，按实际发生的数量、单价、金额。对于一次发出两种以上价格不同的财产物资的，发出栏分行填写，结存栏分行填写。在月末一次加权平均法下，发出栏日常只填写数量，不填写单价与金额，月末再结出数量、单价、金额。

### 4. 横线登记式

横线登记式账页是采用横线登记，是将每一相关业务在同一行中登记，即在账页的同一行将每一笔经济业务的来龙去脉反映出来，从而可依据每一行各个栏目的登记是否齐全来判断该项业务的进展情况。这种格式适用于登记材料采购、在途物资、应收票据和一次性备用金业务，横线登记式账页格式如图7-11所示。

账户名称：

| 年 | | 凭　证 | | 摘　要 | 户名 | 借方 | 贷方（报销、收回） | | | | | | 备注 |
|---|---|---|---|---|---|---|---|---|---|---|---|---|---|
| | | | | | | （借支） | 年 | | 凭　证 | | 报销金额 | 收回金额 | |
| 月 | 日 | 字 | 号 | | | | 月 | 日 | 字 | 号 | | | |
| | | | | | | | | | | | | | |
| | | | | | | | | | | | | | |
| | | | | | | | | | | | | | |

图 7-11　横线登记式明细分类账样式

以上各明细账除材料物资、往来款项明细账每日结出余额外，其余明细账皆月末结出余额。

## 四、总分类账户与明细分类账户的平行登记

### （一）总分类账户与明细分类账户的关系

总分类账户是所属明细分类账户的统驭账户，对所辖明细分类账户起着统驭、控制作用；明细分类账户则是总分类账户的从属账户，对其所隶属的总分类账户起着辅助作用。总分类账户及其所属明细分类账户的核算对象是相同的，它们所提供的核算资料互相补充，只有把二者结合起来，才能既总括又详细地反映同一核算内容。因此，总分类账户和明细分类账户必须平行登记。

### （二）总分类账户与明细分类账户平行登记的要点

平行登记是指对所发生的每项经济业务都要以会计凭证为依据，一方面记入有关总分类账户，另一方面记入所属明细分类账户的方法。

总分类账户与明细分类账户平行登记的要点是：

（1）依据相同：对发生的经济业务，都要以相关的会计凭证为依据，既登记总分类账，又登记其所属明细分类账。

（2）方向相同：将经济业务登记入账时，记账方向必须相同，即总分类账记入借方，明细分类账也记入借方；总分类账记入贷方，明细分类账也记入贷方。

（3）期间一致：对每项经济业务在记入总分类账户和明细分类账户的过程中，可以有先有后，但必须在同一会计期间（如同一个月、同一个季度、同一年度）全部登记入账。

（4）金额相等：计入总分类账户的金额，应与计入其所属明细分类账户的金额之和相等。

通过平行登记，总分类账与所属明细分类账之间在登记金额上就形成了如下关系：

总分类账户本期借方（贷方）发生额=所属各明细分类账户本期借方（贷方）发生额之和

总分类账户本期借方（贷方）余额=所属各明细分类账户本期借方（贷方）余额之和

### （三）平行登记举例

**资料**

下面以天意工厂"原材料"和"应付账款"两个账户为例，说明总分类账户与所属明细分类账户平行登记的方法。

（1）假设天意工厂2018年10月初"原材料"和"应付账款"总分类账户和明细分类账户期

初余额见表7-5。

表 7-5 "原材料"和"应付账款"账户期初余额表

| 账户名称 | | 数 量 | 计量单位 | 单 价 | 金 额 | |
|---|---|---|---|---|---|---|
| 总 账 | 明 细 账 | | | | 总 账 | 明 细 账 |
| 原材料 | | | | | 210 000 | |
| | 甲材料 | 5 000 | 千克 | 30 | | 150 000 |
| | 乙材料 | 1 000 | 千克 | 60 | | 60 000 |
| 应付账款 | | | | | 100 000 | |
| | 康宏工厂 | | | | | 50 000 |
| | 福瑞工厂 | | | | | 40 000 |
| | 恒信工厂 | | | | | 10 000 |

（2）天意工厂10月份材料收发及应付账款业务如下：

**例7-1** 10月2日，用银行存款偿还上月欠康宏工厂货款50 000元，福瑞工厂货款40 000元。会计分录如下。

借：应付账款——康宏工厂　　　　　　　　　　　　　　　　　　　　50 000
　　　　　　　——福瑞工厂　　　　　　　　　　　　　　　　　　　　40 000
　　贷：银行存款　　　　　　　　　　　　　　　　　　　　　　　　　90 000

**例7-2** 10月5日，向康宏工厂购入甲材料7 000千克，每千克30元，价款210 000元；购入丙材料100吨，每吨600元，价款60 000元。增值税进项税额共35 100元。材料验收入库，货款尚未支付。会计分录如下。

借：原材料——甲材料　　　　　　　　　　　　　　　　　　　　　　210 000
　　　　　　——丙材料　　　　　　　　　　　　　　　　　　　　　　 60 000
　　应交税费——应交增值税（进项税额）　　　　　　　　　　　　　　 35 100
　　贷：应付账款——康宏工厂　　　　　　　　　　　　　　　　　　　305 100

**例7-3** 10月5日，向恒信工厂购入甲材料6 000千克，每千克30元，价款180 000元；向福瑞工厂购入乙材料4 000千克，每千克60元，价款240 000元。增值税进项税额共计67 200元。材料验收入库，货款尚未支付。会计分录如下。

借：原材料——甲材料　　　　　　　　　　　　　　　　　　　　　　180 000
　　　　　　——乙材料　　　　　　　　　　　　　　　　　　　　　　240 000
　　应交税费——应交增值税（进项税额）　　　　　　　　　　　　　　 54 600
　　贷：应付账款——恒信工厂　　　　　　　　　　　　　　　　　　　203 400
　　　　　　　　——福瑞工厂　　　　　　　　　　　　　　　　　　　271 200

**例7-4** 10月20日用银行存款偿还上月欠恒信工厂货款10 000元，偿还本月欠康宏工厂部分货款305 100元。会计分录如下。

借：应付账款——恒信工厂　　　　　　　　　　　　　　　　　　　　 10 000
　　　　　　　——康宏工厂　　　　　　　　　　　　　　　　　　　　305 100
　　贷：银行存款　　　　　　　　　　　　　　　　　　　　　　　　　315 100

例7-5  10月30日，仓库发出材料见表7-6，投入产品生产。

表7-6  发出材料汇总表

| 材 料 名 称 | 数 量 | 计 量 单 位 | 单 价 | 金 额 |
|---|---|---|---|---|
| 甲材料 | 12 000 | 千克 | 30 | 360 000 |
| 乙材料 | 2 000 | 千克 | 60 | 120 000 |
| 丙材料 | 30 | 吨 | 600 | 18 000 |
| 合 计 | | | | 498 000 |

会计分录如下。

借：生产成本                           498 000

　　贷：原材料——甲材料                      360 000

　　　　　——乙材料                      120 000

　　　　　——丙材料                      18 000

### （四）进行平行登记

**1. "原材料"总分类账户与所属明细账户的平行登记**

（1）在"原材料"总分类账户中，先登记期初余额210 000元，同时在"甲材料""乙材料"明细分类账户，分别按数量、单价和金额登记期初余额。

（2）将本月收入的材料逐笔记入总分类账户的借方，同时将收入的各种材料分别按数量、单价和金额，记入有关明细分类账户的借方。

（3）将本月发出材料的合计数498 000元，记入"原材料"总分类账户的贷方，同时将发出的各种材料分别按数量、单价和金额，记入有关明细分类账户的贷方。

（4）月末，对"原材料"总分类账户及其所属明细分类账户进行结账，结出本期发生额和月末余额，并进行相互核对。

"原材料"总账与所属明细账平行登记的结果见表7-7～表7-10。

表7-7  原材料总分类账

账户名称：原材料

| 2018年 | | 凭证号数 | 摘要 | 借方 | 贷方 | 借（或）贷 | 余额 |
|---|---|---|---|---|---|---|---|
| 月 | 日 | | | | | | |
| 10 | 1 | | 期初结存 | | | 借 | 210 000 |
| | 略 | 略 | 购入（例2） | 270 000 | | 借 | 480 000 |
| | | | 购入（例3） | 420 000 | | 借 | 900 000 |
| | | | 领用（例5） | | 498 000 | 借 | 402 000 |
| 10 | 31 | | 本期发生额及余额 | 690 000 | 498 000 | 借 | 402 000 |

### 表7-8 原材料明细分类账

账户名称：甲材料

| 2018年 | | 凭证号 | 摘 要 | 收 入 | | | 发 出 | | | 结 存 | | |
| 月 | 日 | | | 数量 | 单价 | 金额 | 数量 | 单价 | 金额 | 数量 | 单价 | 金额 |
|---|---|---|---|---|---|---|---|---|---|---|---|---|
| 10 | 1 | | 期初余额 | | | | | | | 5 000 | 30 | 150 000 |
| | | | 购入（例2） | 7 000 | 30 | 210 000 | | | | 12 000 | 30 | 360 000 |
| | | | 购入（例3） | 6 000 | 30 | 180 000 | | | | 18 000 | 30 | 540 000 |
| | | | 领用（例5） | | | | 12 000 | 30 | 360 000 | 6 000 | 30 | 180 000 |
| 10 | 31 | | 本期发生额及余额 | 13 000 | 30 | 390 000 | 12 000 | 30 | 360 000 | 6 000 | 30 | 180 000 |

### 表7-9 原材料明细分类账

账户名称：乙材料

| 2018年 | | 凭证 | 摘 要 | 收 入 | | | 发 出 | | | 结 存 | | |
| 月 | 日 | | | 数量 | 单价 | 金额 | 数量 | 单价 | 金额 | 数量 | 单价 | 金额 |
|---|---|---|---|---|---|---|---|---|---|---|---|---|
| 10 | 1 | | 期初余额 | | | | | | | 1 000 | 60 | 60 000 |
| | | | 购入（例3） | 4 000 | 60 | 240 000 | | | | 5 000 | 60 | 300 000 |
| | | | 领用（例5） | | | | 2 000 | 60 | 120 000 | 3 000 | 60 | 180 000 |
| 10 | 31 | | 本期发生额及余额 | 4 000 | 60 | 240 000 | 2 000 | 60 | 120 000 | 3 000 | 60 | 180 000 |

### 表7-10 原材料明细分类账

账户名称：丙材料

| 2018年 | | 凭证 | 摘 要 | 收 入 | | | 发 出 | | | 结 存 | | |
| 月 | 日 | | | 数量 | 单价 | 金额 | 数量 | 单价 | 金额 | 数量 | 单价 | 金额 |
|---|---|---|---|---|---|---|---|---|---|---|---|---|
| 10 | 5 | | 购入（例2） | 100 | 600 | 60 000 | | | | 100 | 600 | 60 000 |
| | | | 领用（例5） | | | | 30 | 600 | 18 000 | 70 | 600 | 42 000 |
| 10 | 31 | | 本期发生额及余额 | 100 | 600 | 60 000 | 30 | 600 | 18 000 | 70 | 600 | 42 000 |

#### 2. "应付账款"总分类账户与明细分类账户的平行登记

（1）在"应付账款"总分类账户与所属明细分类账户，先登记期初余额100 000元。

（2）将本期发生的新债务和清偿负债，按发生日期先后记入"应付账款"总分类账户和所属明细分类账户。

（3）月末，对"应付账款"总账和所属明细账进行结账，结出本期发生额和月末余额，并进行相互核对。

"应付账款"总账与所属明细账平行登记结果见表7-11～表7-14。

### 表7-11 总分类账

账户名称：应付账款

| 2018年 | | 凭证号数 | 摘 要 | 借 方 | 贷 方 | 借或贷 | 余 额 |
| 月 | 日 | | | | | | |
|---|---|---|---|---|---|---|---|
| 10 | 1 | | 期初余额 | | | 贷 | 100 000 |
| | | | 还欠货款（例1） | 90 000 | | 贷 | 10 000 |
| | | | 欠货款（例2） | | 305 100 | 贷 | 315 100 |
| | | | 欠货款（例3） | | 474 600 | 贷 | 789 700 |
| | | | 还欠货款（例4） | 315 100 | | 贷 | 474 600 |
| 10 | 31 | | 本期发生额及余额 | 405 100 | 779 700 | 贷 | 474 600 |

**表 7-12　应付账款明细分类账**

账户名称：康宏工厂

| 2018年 | | 凭证号数 | 摘　要 | 借　方 | 贷　方 | 借或贷 | 余　额 |
|---|---|---|---|---|---|---|---|
| 月 | 日 | | | | | | |
| 10 | 1 | | 期初余额 | | | 贷 | 50 000 |
| | | | 还欠货款（例1） | 50 000 | | 平 | 0 |
| | | | 欠货款（例2） | | 305 100 | 贷 | 305 100 |
| | | | 还欠货款（例4） | 305 100 | | 平 | 0 |
| 10 | 31 | | 本期发生额及余额 | 355 100 | 305 100 | 平 | 0 |

**表 7-13　应付账款明细分类账**

账户名称：福瑞工厂

| 2018年 | | 凭证号数 | 摘　要 | 借　方 | 贷　方 | 借或贷 | 余　额 |
|---|---|---|---|---|---|---|---|
| 月 | 日 | | | | | | |
| 10 | 1 | | 期初余额 | | | 贷 | 40 000 |
| | | | 还欠货款（例1） | 40 000 | | 平 | 0 |
| | | | 欠货款（例3） | | 271 200 | 贷 | 271 200 |
| 10 | 31 | | 本期发生额及余额 | 40 000 | 271 200 | 平 | 271 200 |

**表 7-14　应付账款明细分类账**

账户名称：恒信工厂

| 2018年 | | 凭证号数 | 摘　要 | 借　方 | 贷　方 | 借或贷 | 余　额 |
|---|---|---|---|---|---|---|---|
| 月 | 日 | | | | | | |
| 10 | 1 | | 期初余额 | | | 贷 | 10 000 |
| | | | 欠货款（例3） | | 203 400 | 贷 | 213 400 |
| | | | 还欠货款（例4） | 10 000 | | 贷 | 203 400 |
| 10 | 31 | | 本期发生额及余额 | 10 000 | 203 400 | 贷 | 203 400 |

## （五）平行登记的结果检查

从上述平行登记的结果可以看出，"原材料"和"应付账款"总分类账户的期初、期末余额及本期借、贷方发生额，与其所属明细分类账户的期初、期末余额之和及本期借、贷方发生额之和都是相等的。利用这种相等的关系，可以核对总分类账和明细分类账的登记是否正确。如有不同，就表明记账出现差错，即应查明予以更正。核对的方法，可将各明细账户的本期发生额及余额相加，与总分类账直接核对，也可以编制本期发生额及余额明细表与总分类账户核对。根据本例，编制"原材料"和"应付账款"的本期发生额及余额明细表，见表7-15和表7-16。

**表 7-15　原材料本期发生额及余额明细表**

| 明细账户 | 计量单位 | 单价 | 期初余额 | | 本期发生额 | | | | 期末余额 | |
|---|---|---|---|---|---|---|---|---|---|---|
| | | | | | 收入（借方） | | 发出（贷方） | | | |
| | | | 数量 | 金额 | 数量 | 金额 | 数量 | 金额 | 数量 | 金额 |
| 甲材料 | 千克 | 30 | 5 000 | 150 000 | 13 000 | 390 000 | 12 000 | 360 000 | 6 000 | 180 000 |
| 乙材料 | 千克 | 60 | 1 000 | 60 000 | 4 000 | 240 000 | 2 000 | 120 000 | 3 000 | 180 000 |
| 丙材料 | 吨 | 600 | | | 100 | 60 000 | 30 | 18 000 | 70 | 42 000 |
| 合　计 | | | | 210 000 | | 690 000 | | 498 000 | | 402 000 |

表 7-16　应付账款本期发生额及余额明细表

| 明细账户 | 期初余额 | 本期发生额 | | 期末余额 |
| --- | --- | --- | --- | --- |
| | | 借　方 | 贷　方 | |
| 康宏工厂 | 50 000 | 355 100 | 305 100 | 0 |
| 福瑞工厂 | 40 000 | 40 000 | 271 200 | 271 200 |
| 恒信工厂 | 10 000 | 10 000 | 203 400 | 203 400 |
| 合　　计 | 100 000 | 405 100 | 779 700 | 474 600 |

## 任务检测

### 一、单项选择题

1. 现金日记账应（　　）结出发生额和余额，并与库存现金核对。

　　A. 每月　　　　　　　B. 每15天　　　　　C. 每隔3～5天　　　D. 每日

2. 采用在同一账页的同一行分设若干栏，详细地记载一项经济业务从发生到结束的有关内容是（　　）明细账簿。

　　A. 三栏式　　　　　　B. 横线登记式　　　　C. 数量金额式　　　D. 多栏式

### 二、多项选择题

1. 下列账簿可采用三栏式账页的有（　　）。

　　A. 材料明细账　　　　　　　　　　　B. 其他应收款总账

　　C. 库存商品明细账　　　　　　　　　D. 银行存款日记账

2. 下列项目中，可以采用数量金额式格式的是（　　）。

　　A. 银行存款日记账　　　　　　　　　B. 应收账款明细分类账

　　C. 库存商品明细分类账　　　　　　　D. 材料明细分类账

### 三、判断题

1. 日记账应逐日逐笔顺序登记，总账可以逐笔登记，也可以汇总登记。　　　　　（　　）

2. 凡需要结出余额的账户，结出余额后，应当在"借"或"贷"栏内写明"借"或"贷"字样，以表示余额的方向。　　　　　（　　）

## 任务四　对账与结账

→ 了解对账的概念
→ 掌握结账的概念
→ 了解结账的程序
→ 熟练掌握结账的方法

小明学会了原始凭证的填制或取得，也学会了记账凭证的编制，并且也通过账簿将工厂的经济业务做出综合、系统的记录，但会计制度要求要定期将经济业务进行反映，也就要定期结算本期经济业务，即结账，本任务我们将学习对账与结账。

我们已经学习了会计账簿的格式、种类的相关基础理论，账簿的登记方法。那么，如何定期提供有关会计数据。会计究竟怎么结算经济活动，综合反映经济业务？本任务将学习对账与结账。

## 一、对账

### （一）对账的概念

对账就是核对账目，是对账簿、账户记录所进行的核对工作，即是指企业、行政事业单位定期对会计账簿、账户记录的有关数字与相关的会计凭证、库存实物、货币资金、有价证券、往来单位或者个人等进行核对，以保证账证相符、账账相符、账实相符的一项工作。

### （二）对账的内容

#### 1. 账证核对

账簿是根据经过审核之后的会计凭证登记的，但实际工作中仍有可能发生账证不符的情况，记账后，应将账簿记录与会计凭证核对，核对账簿记录与原始凭证、记账凭证的时间、凭证字号、内容、金额等是否一致，记账方向是否相符，做到账证相符。

会计期末，如果发现账账不符，也可以再将账簿记录与有关会计凭证进行核对，以保证账证相符。

#### 2. 账账核对

账账核对是核对不同会计账簿之间的账簿记录是否相符。账账核对的内容主要包括：

（1）总分类账簿之间的核对：将全部总分类账簿的本期借方发生额合计数与本期贷方发生额合计数进行核对；将全部总分类账簿的期末借方余额合计数与期末贷方余额合计数进行核对。从总体上检查总分类账记录是否准确。这种核对工作可以通过定期编制总分类账试算平衡表进行。

（2）总分类账簿与所属明细分类账簿之间的核对：将总分类账簿与其所属的明细分类账簿进行核对，检查总账和明细账双方记载的经济业务内容及记账方向是否一致，总账金额与其所属明细账金额之和是否一致。这种核对工作通过定期编制明细分类账本期发生额与余额对照表等形式进行。

（3）总分类账簿与序时账簿之间的核对：将"现金日记账""银行存款日记账"的期末余额与总分类账中"库存现金""银行存款"账上的期末余额核对，检查总账与日记账记录是否相符。

（4）明细分类账簿之间的核对：将财会部门财产物资明细分类账的期末余额与相应的财产物资保管部门或使用部门的明细分类账、卡上记载的期末结存数额核对，检查其是否相符。

**3. 账实核对**

账实核对是核对会计账簿记录与各项财产物资实有数额是否相符。账实核对的内容主要包括：

（1）库存现金日记账账面余额与库存现金实际库存数逐日核对是否相符。

（2）银行存款日记账账面余额与银行转来的对账单的余额定期核对是否相符。

（3）各项财产物资明细账账面余额与该项财产物资的实有数额核对是否相符。

（4）有关债权债务明细账账面余额与对方单位的账面记录核对是否相符等。

## 二、结账

### （一）结账的概念

结账是一项将账簿记录定期结算清楚的账务工作。在一定时期结束时（如月末、季末或年末），为了编制财务报表，需要进行结账，具体包括月结、季结和年结。结账的内容通常包括两个方面：①结清各种损益类账户，并据以计算确定本期利润；②结出各资产、负债和所有者权益账户的本期发生额合计和期末余额。即结账是指在一定时期内所发生的全部经济业务登记入账的基础上，将各类账簿记录核算完毕，结出各种账簿本期发生额合计及期末余额的一项会计核算工作。

### （二）结账的程序

（1）结账前，将本期发生的经济业务全部登记入账，并保证其正确性。对于发现的错误，应采用适当的方法进行更正。

（2）在本期经济业务全面入账的基础上，根据权责发生制的要求，调整有关账项，合理确定应计入本期的收入和费用。

（3）将各损益类账户余额全部转入"本年利润"账户，结平所有损益类账户。

（4）结出资产、负债和所有者权益账户的本期发生额和余额，并转入下期。

上述工作完成后，就可以根据总分类账和明细分类账的本期发生额和期末余额，分别进行试算平衡并对账。

### （三）结账的方法

**1. 月结的结账方法**

（1）对不需按月结计本期发生额的账户，如各项应收应付款明细账和部分财产物资明细账，每次记账以后，都要随时结出余额，每月最后一笔余额是月末余额，即月末余额就是本月最后一笔经济业务记录的同一行内余额。月末结账时，只需要在最后一笔经济业务记录之下通栏划单红线即可。

（2）凡账页内只记录一笔账的，在记录行下划通栏单红线，无须结计"本月合计"。

（3）库存现金、银行存款日记账和需要按月结计发生额的收入、费用等明细账，每月结账时，要在最后一笔经济业务记录行下面划通栏单红线，在红线下面一行摘要栏内注明"本月合计"字样，同时结出借、贷方发生额和余额，然后在此行下面通栏划单红线，表明本期结算完毕。

（4）对于需要结计本年累计发生额的账户，每月结账时，应在"本月合计"行下结出自年初起至本月末止的累计发生额，登记在月份发生额合计下面，在摘要栏内注明"本年累计"字样，并在累计发生额合计下面通栏划单红线。12月末的"本年累计"就是全年累计发生额，全年累计发生额下通栏划双红线。

（5）总账账户只需月末结出月末余额。年终结账时，为了总括地反映全年各项资金运动情况的全貌，核对账目要将所有总账账户结出全年发生额和年末余额，在摘要栏内注明"本年累计"字样，并在本年累计数下通栏划双红线。

（6）账户余额的计算：除日记账、材料物资、往来款项明细账每日结出余额，其他所有明细账和总账皆在月末结出余额。

### 2. 季度结账

在每季度最后一个月度结账的下一行的摘要栏注明"本季合计"结出本季度借方、贷方发生额合计，及季末余额，然后在此行下面通栏划单红线，表示结账。

### 3. 年度结账

在第4季度结账的下一行的摘要栏注明"本年累计"并结出本年度借方、贷方发生额合计，及年末余额，然后在此行下面通栏划双红线，表示封账。

### （四）更换账簿

年度终了结账时，有余额的账户，应将其余额结转下一年度，然后将本年度的全部账簿整理归档。

（1）结清旧账：结转账簿余额时，在余额行的下一行摘要栏注明"结转下年"字样；并在此行的余额栏书写余额及方向，余额及方向与上行的余额及方向一样。

（2）记入新账：在下一会计年度新建有关账户的第一行余额栏内填写"上年结转"的余额及方向，并在摘要栏注明"上年结转"字样，使年末有余额账户的余额如实地在账户中加以反映，以免混淆有余额的账户和无余额的账户。

## 任务检测

### 一、单项选择题

1. 将账簿记录与记账凭证、各种账簿的记录之间、账簿记录与实物、现金日记账与库存现金、银行存款日记账与银行对账单进行核对，会计上叫作（　　　）。

　　A. 查账　　　　　　　B. 结账　　　　　　　C. 复核　　　　　　　D. 对账

2. 下列对账工作中，不属于账账核对的有（　　　）。

　　A. 银行存款日记账与银行存款总账的核对

　　B. 总分类账簿与所属明细分类账簿的核对

　　C. 应收款项明细账与应收账款总账的核对

　　D. 会计部门的财产物资明细分类与相应的财产核对

### 二、多项选择题

1. 账账核对包括（　　　）的核对是否相等。

　　A. 所有总账的借方发生额合计和贷方发生额合计

　　B. 总账余额和所属明细账余额合计

　　C. 现金日记账和银行存款日记账余额与其总账余额

　　D. 银行存款日记账和银行对账单

2. 下列对账项目中，属于账实核对的有（　　　）。

　　A. 会计账簿记录与会计凭证核对

　　B. 银行存款日记账与银行对账单核对

　　C. 总分类账与所属明细分类账簿核对

　　D. 债权债务明细账与对方单位账簿记录核对

### 三、判断题

1. 会计实务中，一般采用划线结账的方法进行结账，月结和年结时都是通栏划双红线。

（　　　）

2. 企业年度结账后，更换下来的账簿，可暂由本单位财务会计部门保管一年，期满后原则上应由财会部门移交本单位档案部门保管。

（　　　）

## 任务五　错账查找与更正的方法

 → 了解错账查找方法
　　　　　　 → 掌握错账更正方法

**任务情景**

　　小明期末结账前进行试算平衡，对账时发现几笔不同的错账，小明不知如何更改。本任务将学习错账查找与更正的方法。

**知识准备**

　　我们已经学习了会计账簿的格式、选用、登记、结账相关理论，那么，账簿发生错误时如何查找、更改，会计如何进行综合反映，本任务将学习有关错账的查找、更改知识。

### 一、错账查找方法

#### 1. 差数法

差数法是指按照错账的差数查找重、漏记的方法。这种方法是先确定错误的差额，直接从账账之间的差额数字查找错误的方法。此法主要适用于漏记、重记等原因形成的差错。

#### 2. 尾数法

尾数法是指对于发生的差错只查找末位数，金额错误且差错是角、分，可以只检查元以下的尾数，以提高查错效率。

#### 3. 除2法

除2法是指以差数除以2来查找记账反向的方法。当某个借方金额错记入贷方（或相反）时，出现错账的差数表现为错误的2倍，将此差数用2去除，得出的商即是反向的金额。

### 4. 除9法

除9法是指以差数被9除尽来用差数查找数字错位和颠倒的方法，适用于以下三种情况：

（1）将数字写小。

（2）将数字写大。

（3）邻数字颠倒。

## 二、错账更正方法

错账更正的方法一般包括三种：划线更正法、红字冲销法、补充登记法。

### （一）划线更正法

适用条件：在结账前的核查时，发现记账凭证没有错误，而是账簿记录由于会计人员不慎出现笔误或计算失误，造成账簿上文字或数字错误，此种错账可采用"划线更正法"。

错账的更正过程：

（1）先在错误的文字或数字中间画一条红线，表示错误内容已被注销，但应保持原记录文字或数字的内容清晰易于辨认。

（2）用蓝、黑色墨水笔将正确的文字或数字写在被注销的文字或数字上端的空白处。

（3）记账人员在更正处盖章。

划线更正法的具体做法见表7-17。

**表7-17　划线更正法的具体做法**

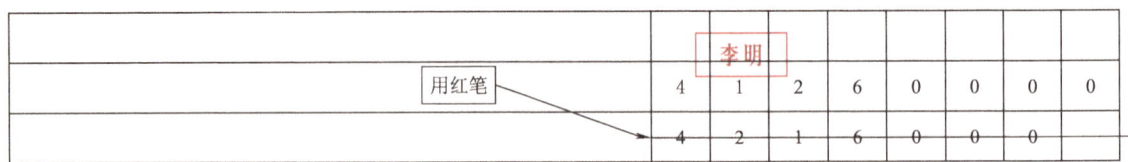

更正时须注意：如系文字错误，可以只更正个别错字；若系数字错误，必须将错误数字全部注销，不能只更正该数字中的个别错误数码，划线更正法的错误做法见表7-18。

**表7-18　错误的更正方法**

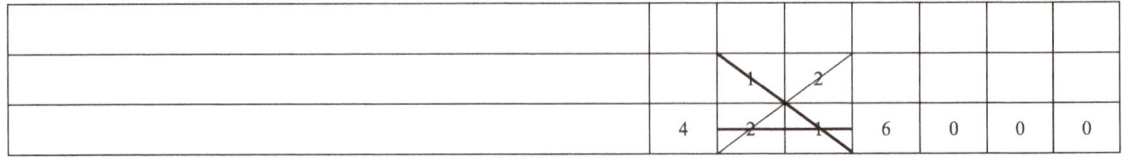

如果是记错账簿或记错方向，可将错误内容划红线注销，然后将正确的文字记录和数字重新过入应记账簿或方向栏内，同时在注销处加盖记账人员印章。

### （二）红字冲销法（又称红字更正法、赤字更正法）

#### 1. 红字更正法适用于以下两种情形

（1）记账后发现记账凭证中的应借、应贷会计科目有错误或应借、应贷的方向错误所引起的记账错误。

（2）记账后发现记账凭证和账簿记录中应借、应贷会计科目无误，只是所记金额大于应记金额所引起的记账错误。

## 2. 错账更正过程

（1）记账后发现记账凭证中的应借、应贷会计科目有错误或应借、应贷的方向错误所引起的记账错误的具体做法是：

填制一张与原错误的记账凭证内容相同，只是金额为红色数字的记账凭证，在凭证的摘要栏注明"注销×月×日×字×号凭证"字样，并据此凭证用红笔登记入账，在账簿的摘要栏注明"冲销×月×日错账"，凭证栏写上新编的凭证的"字、号"，将原有错误记录冲销。

**例7-6** 企业厂部业务员张强报销差旅费5 000元。

根据有关原始凭证，填制记账凭证，并登记入账。原记账凭证填制的内容如图7-12所示。

### 转 账 凭 证

2018年12月31日　　　　　　　　　　　　　　转字 第086号

| 摘 要 | 会计科目 | | 借方金额 | | | | | | | | | 贷方金额 | | | | | | | | | 记账符号 |
|---|---|---|---|---|---|---|---|---|---|---|---|---|---|---|---|---|---|---|---|---|---|
| | 总账科目 | 明细科目 | 百 | 十 | 万 | 千 | 百 | 十 | 元 | 角 | 分 | 百 | 十 | 万 | 千 | 百 | 十 | 元 | 角 | 分 | |
| 报销差旅费 | 在途物资 | | | | 5 | 0 | 0 | 0 | 0 | 0 | | | | | | | | | | | |
| | 其他应收款 | 张强 | | | | | | | | | | | | 5 | 0 | 0 | 0 | 0 | 0 | | |
| | | | | | | | | | | | | | | | | | | | | | |
| 合　计 | | | ¥ | 5 | 0 | 0 | 0 | 0 | 0 | | | ¥ | 5 | 0 | 0 | 0 | 0 | 0 | | | |

会计主管：　　　　　　记账：王娟　　　　　　审核：张娜　　　　　　制证：李明

附凭证1张

图 7-12　原记账凭证

经过核查，发现上述记录错误，正确的处理应是计入"管理费用"账户的借方，同时计入"其他应收款"账户的贷方，原记账凭证将科目用错，并已过账。

更正时，首先填制一张金额用红字、内容与原记账凭证相同的记账凭证，并据此凭证登记入账，将原错误记录冲销。红字记账凭证的填制如图7-13所示。（用□代表红字金额）

### 转 账 凭 证

2018年12月31日　　　　　　　　　　　　　　转字 第098号

| 摘 要 | 会 计 科 目 | | 借方金额 | | | | | | | | | 贷方金额 | | | | | | | | | 记账符号 |
|---|---|---|---|---|---|---|---|---|---|---|---|---|---|---|---|---|---|---|---|---|---|
| | 总账科目 | 明细科目 | 百 | 十 | 万 | 千 | 百 | 十 | 元 | 角 | 分 | 百 | 十 | 万 | 千 | 百 | 十 | 元 | 角 | 分 | |
| 注销12月31日转字086号错误凭证 | 在途物资 | | | | 5 | 0 | 0 | 0 | 0 | 0 | | | | | | | | | | | |
| | 其他应收款 | 张强 | | | | | | | | | | | | 5 | 0 | 0 | 0 | 0 | 0 | | |
| | | | | | | | | | | | | | | | | | | | | | |
| 合　计 | | | ¥ | 5 | 0 | 0 | 0 | 0 | 0 | | | ¥ | 5 | 0 | 0 | 0 | 0 | 0 | | | |

会计主管：　　　　　　记账：王娟　　　　　　审核：张娜　　　　　　制证：李明

附凭证1张

图 7-13　红字记账凭证

用蓝、黑色墨水笔重新填制一张内容正确的记账凭证,在摘要栏注明"订正×月×日×字×号凭证"字样,并据此记账凭证登记入账,在账簿的摘要栏注明"更正×月×日错账"。

用蓝、黑色墨水笔重新填制一张内容正确的记账凭证,正确的记账凭证如图7-14所示。

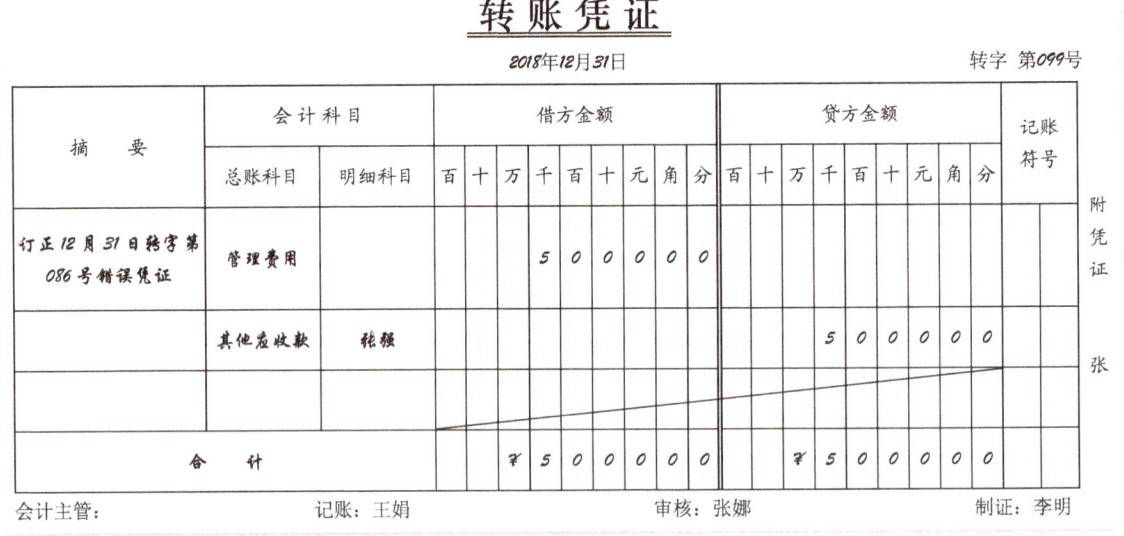

图7-14　正确记账凭证

(2)记账后发现记账凭证和账簿记录中应借、应贷会计科目无误,只是所记金额大于应记金额所引起的记账错误时的具体做法是:

按多记金额用红字填制一张应借、应贷会计科目与原错误凭证相同的记账凭证,并在摘要栏注明"冲销×月×日×字×号凭证多记金额",并据此凭证登记入账,在账簿的摘要栏注明"冲销×月×日账上多记金额"。

**例7-7**　企业收到某单位偿还的货款78 000元,款项存入银行。

根据有关原始凭证,填制记账凭证,并据此登记入账。原记账凭证填制如图7-15所示。

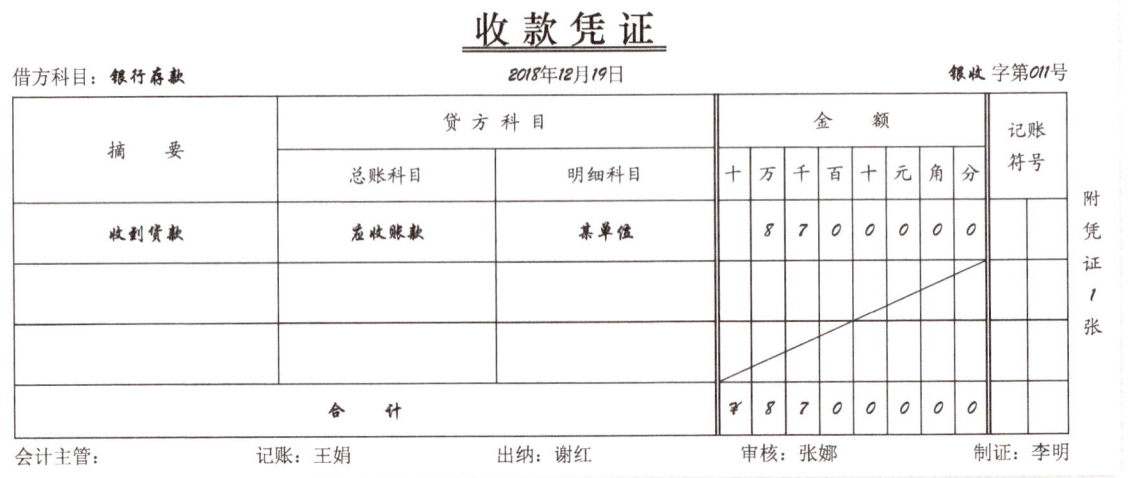

图7-15　原记账凭证

经过核对,发现原记账凭证记录中误将78 000元记为87 000元,所记金额87 000元大于应记金额78 000元,多记9 000元,并已过入相应账簿中。

更正时，按多记金额 9 000 元，填制一张金额用红字书写的记账凭证，其中使用的会计科目，应借、应贷方向与原记账凭证相同，并在摘要栏注明"冲销银收字 011 号多记金额"，并据以用红字金额登记入账。在账簿的摘要栏注明"冲销 12 月 19 日账上多记金额"，更正记账凭证填制如图 7-16 所示。

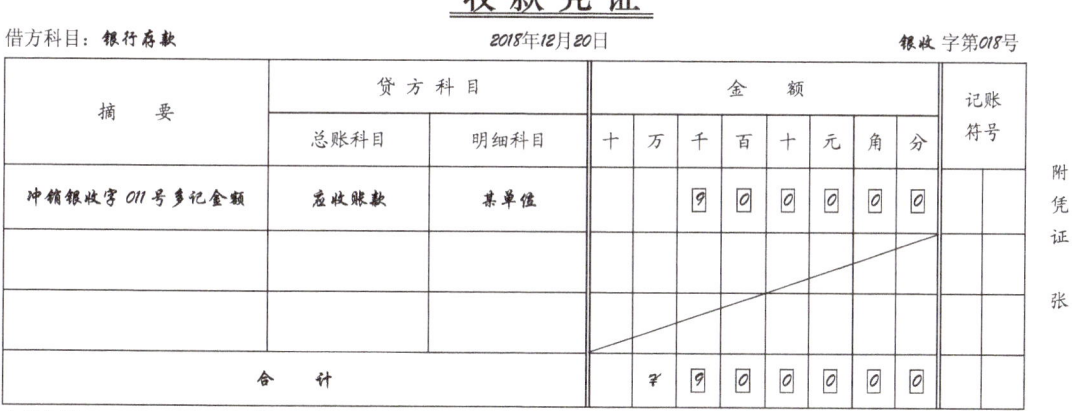

## 收款凭证

借方科目：**银行存款**　　　　　　　2018年12月20日　　　　　　　　　　**银收**字第018号

| 摘　要 | 贷方科目 | | 金　额 | | | | | | | | 记账符号 |
|---|---|---|---|---|---|---|---|---|---|---|---|
| | 总账科目 | 明细科目 | 十 | 万 | 千 | 百 | 十 | 元 | 角 | 分 | |
| **冲销银收字 011 号多记金额** | **应收账款** | **某单位** | | 9 | 0 | 0 | 0 | 0 | 0 | 0 | |
| | | | | | | | | | | | |
| | | | | | | | | | | | |
| 合　计 | | | ¥ | 9 | 0 | 0 | 0 | 0 | 0 | 0 | |

会计主管：　　　记账：王娟　　　出纳：谢红　　　审核：张娜　　　制证：李明

图 7-16　更正的记账凭证

### （三）补充登记法

适用条件：记账后发现记账凭证和账簿记录中应借、应贷会计科目和应借、应贷方向均无误，只是所记金额小于应记金额时，采用补充登记法。

错账更正过程：按照少计的金额，填写一张与原记账凭证中的会计科目和应借、应贷方向完全相同的记账凭证，在摘要栏注明"补充×月×日×字第×号凭证少记金额"，在账簿的摘要栏注明"补充×月×日×字第×号凭证少记金额"。

**例7-8**　企业开出转账支票一张，支付上月欠某单位的货款 65 000 元。

根据有关原始凭证，填制记账凭证，并据此登记入账。原记账凭证的填制如图 7-17 所示。

## 付款凭证

贷方科目：**银行存款**　　　　　　　2018年12月5日　　　　　　　　　　**银付**字第010号

| 摘　要 | 借方科目 | | 金　额 | | | | | | | | 记账符号 |
|---|---|---|---|---|---|---|---|---|---|---|---|
| | 总账科目 | 明细科目 | 十 | 万 | 千 | 百 | 十 | 元 | 角 | 分 | |
| **支付所欠货款** | **应付账款** | **某单位** | | 5 | 6 | 0 | 0 | 0 | 0 | 0 | |
| | | | | | | | | | | | |
| | | | | | | | | | | | |
| 合　计 | | | ¥ | 5 | 6 | 0 | 0 | 0 | 0 | 0 | |

会计主管：　　　记账：王娟　　　出纳：谢红　　　审核：张娜　　　制证：李明

图 7-17　原记账凭证

经过核对，发现原记账凭证记录中误将 65 000 元记为 56 000 元，所记金额 56 000 元小于应记金额 9 000 元，少记 9 000 元，并已过入相应账簿中。

更正时，用蓝或黑色墨水笔填制一张会计科目与应借、应贷方向均与原记账凭证相同，金额为少记金额 9 000 元的记账凭证，在凭证摘要栏注明"补充 12 月 5 日银付字 010 号少记金额"，并据此登记入账，在账簿的摘要栏注明"补充 12 月 5 日银付字第 010 号凭证少记金额"。补充编制的记账凭证如图 7-18 所示。

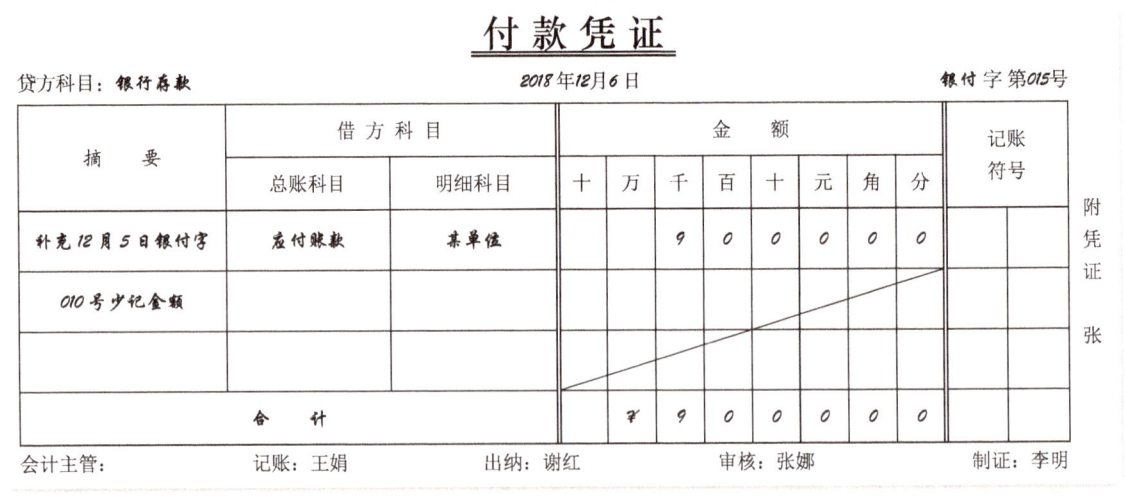

图 7-18　编制的补充记账凭证

## 任务检测

### 一、单项选择题

1. 某记账人员将记账凭证贷记应付账款的金额26 000元，记账时错记为2 600元，更正时应采用（　　）。

A. 红字冲销法　　　B. 划线更正法　　　C. 补充登记法　　　D. 消除字迹法

2. 记账凭证填制正确，记账时文字或数字发生笔误引起的错账，应采用（　　）进行更正。

A. 划线更正法　　　B. 重新登记法　　　C. 红字更正法　　　D. 补充登记法

### 二、多项选择题

1. 常用的错账查找方法有（　　）。

A. 差数法　　　B. 尾数法　　　C. 除2法　　　D. 除9法

2. 收回货款2 500元存入银行，记账凭证的分录为"借：银行存款2 580；贷：其他应收款2 580"，并且已经登记入账。完整更正的会计分录包括（　　）。

A. 用蓝字金额借记"银行存款"账户80元，贷记"其他应收款"账户80元

B. 用红字金额借记"银行存款"账户80元，贷记"其他应收款"账户80元

C. 用红字金额借记"银行存款"账户2 580元，贷记"其他应收款"账户2 580元

D. 用蓝字金额借记"银行存款"账户2 500元，贷记"应收账款"账户2 500元

### 三、判断题

1. 补充登记法适用于记账后发现记账凭证中账户对应关系正确，但所列金额小于应记金额

而产生的账簿记录错误。　　　　　　　　　　　　　　　　　　（　　　）

2. 在期末结账前发现账簿记录中文字出现错误，可以用红字更正法更正。（　　　）

## 任务六　会计账簿的更换与保管

 **任务目标**　→ 了解账簿的更换
→ 了解账簿的保管

 **任务情景**　小明家的工厂年度账簿全部登记结完，年末小明对账簿如何保管与更换了解不详细，本任务将学习会计账簿的更换与保管。

 **知识准备**　我们已经学习了会计账簿的格式、选用、登记、结账相关知识，那么，年终时账簿如何更换与保管呢，本任务将学习账簿的更换与保管有关知识。

### 一、会计账簿的更换

会计账簿的更换通常在新会计年度建账时进行。总账、日记账和多数明细账应每年更换一次，固定资产明细账、备查账簿可以连续使用。

### 二、会计账簿的保管

年度终了，各账户在结转下年、建立新账后，一般应将旧账集中统一管理。会计账簿暂由本单位财务会计部门保管一年，期满后，由本单位财务会计部门编造清册移交本单位的档案部门保管。

各种账簿应当按年度分类归档，编造目录，妥善保管。既保证在需要时迅速查阅，又保证各种账簿的安全和完整。保管期满后，还要按照规定的审批程序经批准后才能销毁。

## 任务检测

### 一、单项选择题

1. 下面的会计档案属于永久保存的是（　　　）。

    A. 总分类账                B. 日记账

    C. 银行存款余额调节表       D. 会计档案销毁清册

2. 下列会计账簿中，可以跨年度连续使用的是（　　　）。

    A. 总账                     B. 日记账

    C. 固定资产卡片账          D. 费用明细账

## 二、多项选择题

1. 下列会计账簿中，不可以跨年度连续使用的是（    ）。

   A. 总账　　　　　　　　　　　　B. 日记账

   C. 固定资产卡片账　　　　　　　D. 费用明细账

2. 会计档案一般包括会计核算中形成的（    ）。

   A. 会计凭证　　　　　　　　　　B. 会计账簿

   C. 财务会计报告及其他会计资料　D. 合同书

## 三、判断题

1. 企业年度结账后，更换下来的账簿，可暂由本单位财务会计部门保管一年，期满后原则上应由财会部门移交本单位档案部门保管。　　　　　　（    ）

2. 为了明确划分各会计年度的界限，年度终了，各种会计账簿都应更换新账。　（    ）

## 项 目 总 结

本项目主要介绍了会计账簿的基础知识。主要包括以下内容：

（1）账簿的概念、基本内容和分类。（2）会计账簿的启用和登记要求。（3）掌握各种账簿的格式与登记方法以及平行登记原理。（4）对账的内容和结账的方法。（5）查找错账的方法与错账的更正方法。（6）会计账簿的更换与保管。

Project 8

项目八

账务处理程序

了解企业账务处理程序的概念与意义

熟悉账务处理程序的一般步骤

掌握企业账务处理程序的种类

掌握记账凭证账务处理程序的内容

掌握科目汇总表账务处理程序的内容

了解汇总记账凭证账务处理程序的内容

学习目标

## 任务一　了解账务处理程序

→ 了解账务处理程序的概念与意义
→ 熟悉账务处理程序的一般步骤
→ 掌握账务处理程序的种类

　　小明家工厂的经济业务毕竟是有限的，他准备到一家企业的财务部门去实习了，到了财务室以后，发现有好多原始凭证、记账凭证、账簿、报表等材料，他翻开账簿，却弄不清楚账簿上的数据都是根据什么登记的，小明非常想知道会计工作先做什么，后做什么。

　　我们已经学习了填制和审核凭证、登记账簿的内容，那么，会计工作到底应该如何有条不紊地进行呢？

### 一、账务处理程序的概念

　　实际工作中，设置账户、填制和审核会计凭证、登记账簿和编制会计报表等会计核算方法都不是孤立的，而是以一定的形式相互联系，有机结合，成为一个完整的会计方法体系。为使会计工作发挥作用，并有条不紊地进行，就必须科学规定各种凭证、账簿、报表之间的衔接关系，以生成准确的会计信息。

　　账务处理程序也称会计核算组织程序或会计核算形式，是指在会计核算中，账簿组织、记账程序和会计报表有机结合的形式。账簿组织是指会计凭证和账簿的种类、格式及账簿之间的相互关系；记账程序是指从填制审核会计凭证，登记各种账簿，直到编制财务报告的整个会计处理程序。

　　将不同种类、格式的凭证、账簿组织、记账程序、记账方法相互结合在一起，就形成了不同的账务处理程序。因此，各单位应科学合理地选择适合本单位的账务处理程序，对于有效地组织会计核算，保证会计工作质量，充分发挥会计的职能作用，具有重要意义。

### 二、账务处理程序的种类

　　根据我国会计工作的实践经验，目前采用的账务处理程序主要有：记账凭证账务处理程序、科目汇总表账务处理程序、汇总记账凭证账务处理程序、多栏式日记账账务处理程序和日记总账账务处理程序。各种账务处理程序的主要区别在于登记总分类账的依据和方法不同。

### 三、账务处理程序的选择要求

　　合理的、适用的账务处理程序一般应符合以下要求：

（1）要适应本单位的经济活动特点、规模的大小、业务的繁简等情况。

（2）要能够及时、全面、正确、系统地提供核算资料，满足本单位经济活动需要。

（3）要在保证核算资料正确、及时和完整的前提下，尽可能地简化核算手续，节约人力和物力，提高会计工作效率。

## 任务检测

### 一、单项选择题

各种账务处理程序的主要区别在于（　　）。

A. 汇总的凭证格式不同

B. 汇总的记账凭证不同

C. 登记总账的依据不同

D. 节省工作的时间不同

### 二、多项选择题

目前，我国常用的账务处理程序有（　　）。

A. 记账凭证账务处理程序

B. 科目汇总表账务处理程序

C. 汇总记账凭证账务处理程序

D. 日记总账账务处理程序

### 三、判断题

1. 各种账务处理程序的根本区别在于会计报表的编制依据不同。　　　　　　（　　）

2. 由于各企业的经济业务性质不同，规模大小、业务繁简也不同，因此，所采用的账务处理程序也不同。　　　　　　　　　　　　　　　　　　　　　　　　　（　　）

## 任务二　掌握记账凭证账务处理程序

 任务目标
➡ 识记记账凭证账务处理程序的特点
➡ 了解该程序下会计凭证和账簿的设置
➡ 掌握记账凭证账务处理程序的应用

 任务情景

　　小明已经知道账务处理程序主要有记账凭证账务处理程序、科目汇总表账务处理程序、汇总记账凭证账务处理程序三种，可对于不同的企业，究竟应该选取哪种账务处理程序呢？

 知识准备

　　我们已经学习了账务处理程序的内容，了解了账务处理程序的种类，那么，到底应该如何来操作记账凭证账务处理程序呢？

### 一、记账凭证账务处理程序的概念

记账凭证账务处理程序是直接根据记账凭证逐笔登记总分类账，在记账凭证和总账之间没

有其他汇总形式。它是账务处理程序中最基本的形式，也是其他账务处理程序的基础。

## 二、会计凭证和账簿的设置

在记账凭证账务处理程序下，记账凭证可以采用专用记账凭证，即收款凭证、付款凭证和转账凭证三种，也可以采用通用记账凭证，即所有经济业务发生后都编制通用记账凭证。

账簿一般应设置日记账、总分类账、明细分类账。日记账主要是现金日记账、银行存款日记账，一般采用三栏式的订本账；总分类账按规定的会计科目开设账户，一般采用三栏式的订本账；明细分类账应根据经济业务的性质和管理的需要设置，分别采用三栏式、数量金额式、多栏式等格式的活页账或卡片账。

## 三、记账凭证账务处理程序的步骤

记账凭证账务处理程序流程如图8-1所示。

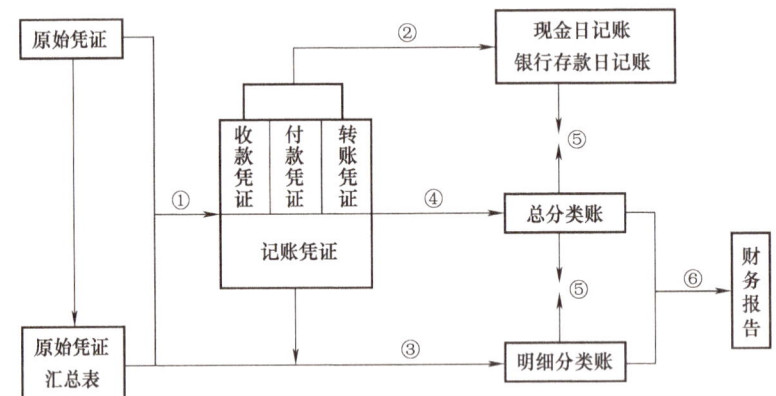

图 8-1　记账凭证账务处理程序流程图

① 根据原始凭证或原始凭证汇总表编制记账凭证。

② 根据收、付款凭证逐日逐笔登记现金日记账和银行存款日记账。

③ 根据原始凭证、原始凭证汇总表和记账凭证登记各种明细分类账。

④ 根据记账凭证逐笔登记总分类账。

⑤ 期末，将现金日记账、银行存款日记账和明细分类账的余额和总分类账的有关账户余额核对，保证账账相符。

⑥ 根据核对无误的明细分类账和总分类账中的有关资料编制财务报告。

## 四、记账凭证账务处理程序的优缺点及适用范围

记账凭证账务处理程序是根据各种记账凭证逐笔直接登记总分类账。

优点：程序简单明了、手续简便，便于理解和掌握；总分类账能够比较详细、具体地反映经济业务的发生情况；账户之间的对应关系比较清晰，便于账目之间的核对、审查和分析；对于不经常发生经济业务的账户，可以不设置明细账，只需在总分类账的摘要栏中，对经济业务加以说明即可。

缺点：当经济业务量较大时，逐笔登记总分类账的工作量较大。

适用范围：适用于一些规模小、业务量较少且比较简单的单位。

例 8-1    新时代有限公司 2018 年 9 月 1 日总账与所属明细账余额见表 8-1：

**表 8-1    总账及所属明细账余额表**

| 账 户 名 称 | 借 方 余 额 | 账 户 名 称 | 贷 方 余 额 |
| --- | --- | --- | --- |
| 库存现金 | 3 000 | 累计折旧 | 389 700 |
| 银行存款 | 189 600 | 短期借款 | 50 000 |
| 应收账款 | 93 600 | 应付职工薪酬 | 50 000 |
| ——佳美公司 | 93 600 | 应交税费 | 2 500 |
| 原材料 | 44 000 | 长期借款 | 100 000 |
| 库存商品 | 60 000 | 实收资本 | 1 500 000 |
| ——甲产品 | 60 000 | 资本公积 | 120 000 |
| 固定资产 | 2 220 000 | 本年利润 | 398 000 |
| 合计 | 2 610 200 | 合计 | 2 610 200 |

新时代有限公司2018年9月发生如下经济业务（并取得有关原始凭证）：

（1）9月1日，从金鹰公司购入A材料500千克，买价10 000元，进项税额1 300元，款项已经用银行存款支付，材料已验收入库，运费暂不考虑增值税。

（2）9月1日，生产甲产品领用A材料600千克，单价20元，B材料400千克，单价40元。

（3）9月2日，开出现金支票从银行提取现金2 000元备用。

（4）9月3日，收到佳美公司偿还的前欠货款93 600元，存入银行。

（5）9月4日，用现金支付办公用品费800元，其中生产车间500元、管理部门300元。

（6）9月5日，销售给万达公司甲产品200件，单位售价200元，货款40 000元，销项税额5 200元，款项已收存银行存款户。

（7）9月6日，从银行提取现金50 000元，备发工资。

（8）9月6日，用现金50 000元发放工资。

（9）9月8日，向海兴公司购买B材料1 000千克，买价39 800元，进项税额5 174元，对方代垫运费200元，款项尚未支付，材料已经验收入库。运费暂不考虑增值税。

（10）9月10日，收到方圆公司投入的机器设备一台，双方协商作价600 000元。

（11）9月11日，厂部办公室李颖因公出差，预借差旅费800元，付以现金。

（12）9月14日，用银行存款支付前欠海兴公司货款45 174元。

（13）9月17日，销售给星辰公司甲产品200件，单位售价200元，货款40 000元，销项税额5 200元，款项已收存银行存款户。

（14）9月20日，李颖出差回来，向公司报销差旅费700元，余款交回现金100元。

（15）9月22日，用银行存款偿还到期的期限为3个月的借款50 000元。

（16）9月23日，生产甲产品领用A材料800千克，单价20元，生产车间领用B材料100千克，单价40元，管理部门领用B材料100千克，单价40元。

（17）9月25日，用银行存款支付产品广告费1 000元。

（18）9月26日，向佳美公司销售甲产品200件，单位售价200元，货款40 000元，销项税额5 200元，货款尚未收到。

（19）9月27日，用银行存款支付本月办公费16 000元，其中：生产车间10 000元，管理部门6 000元。

（20）9月29日，收到联营企业分来的投资利润30 000元，存入银行存款户。

（21）9月30日，结算本月应付职工工资50 000元，其中：生产甲产品工人工资30 000元，车间管理人员工资8 000元，行政管理人员工资12 000元。

（22）9月30日，经计算本月份应提固定资产折旧6 300元，其中，厂部使用的固定资产应提折旧2 800元，车间使用的固定资产应提折旧3 500元。

（23）9月30日，将本月发生的制造费用26 000元转入生产成本。

（24）9月30日，本月生产的1 000件甲产品全部完工入库，结转其生产成本。

（25）9月30日，结转本月销售甲产品成本。

（26）9月30日，计算本月应缴纳的城市维护建设税和教育费附加。

（27）9月30日，将收入类账户结转到本年利润。

（28）9月30日，将费用类账户结转到本年利润。

采用记账凭证账务处理程序的记账流程的具体步骤如下：

第一步，根据原始凭证填制记账凭证。以上述9月份的经济业务取得的原始凭证为依据，填制记账凭证（通用记账凭证）见表8-2。

### 表8-2　记账凭证会计分录汇总表

| 2018年 月 | 2018年 日 | 凭证号数 | 摘要 | 一级科目 | 明细科目 | 借方金额 | 贷方金额 |
|---|---|---|---|---|---|---|---|
| 9 | 1 | 记1 | 支付材料款 | 原材料 | A材料 | 10 000 | |
| | | | | 应交税费 | 应交增值税（进项税额） | 1 300 | |
| | | | | 银行存款 | | | 11 300 |
| | 1 | 记2 | 领用材料 | 生产成本 | 甲产品 | 28 000 | |
| | | | | 原材料 | A材料 | | 12 000 |
| | | | | 原材料 | B材料 | | 16 000 |
| | 2 | 记3 | 提取现金 | 库存现金 | | 2 000 | |
| | | | | 银行存款 | | | 2 000 |
| | 3 | 记4 | 收回货款 | 银行存款 | | 93 600 | |
| | | | | 应收账款 | 佳美公司 | | 93 600 |
| | 4 | 记5 | 支付办公用品费 | 制造费用 | 办公费 | 500 | |
| | | | | 管理费用 | 办公费 | 300 | |
| | | | | 库存现金 | | | 800 |
| | 5 | 记6 | 甲产品销售收入 | 银行存款 | | 45 200 | |
| | | | | 主营业务收入 | 甲产品 | | 40 000 |
| | | | | 应交税费 | 应交增值税（销项税额） | | 5 200 |
| | 6 | 记7 | 提取现金 | 库存现金 | | 50 000 | |
| | | | | 银行存款 | | | 50 000 |
| | 6 | 记8 | 发放工资 | 应付职工薪酬 | 工资 | 50 000 | |
| | | | | 库存现金 | | | 50 000 |
| | 8 | 记9 | 购入材料，货款暂欠 | 原材料 | B材料 | 40 000 | |
| | | | | 应交税费 | 应交增值税（进项税额） | 5 174 | |
| | | | | 应付账款 | 海兴公司 | | 45 174 |
| | 10 | 记10 | 接受设备投资 | 固定资产 | | 600 000 | |
| | | | | 实收资本 | 方圆公司 | | 600 000 |
| | 11 | 记11 | 预借差旅费 | 其他应收款 | 李颖 | 800 | |
| | | | | 库存现金 | | | 800 |

（续）

| 2018年 | | 凭证号数 | 摘　要 | 一级科目 | 明细科目 | 借方金额 | 贷方金额 |
|---|---|---|---|---|---|---|---|
| 月 | 日 | | | | | | |
| | 14 | 记12 | 偿还前欠货款 | 应付账款 | 海兴公司 | 45 174 | |
| | | | | 银行存款 | | | 45 174 |
| | 17 | 记13 | 甲产品销售收入 | 银行存款 | | 45 200 | |
| | | | | 主营业务收入 | 甲产品 | | 40 000 |
| | | | | 应交税费 | 应交增值税（销项税额） | | 5 200 |
| | 20 | 记14 | 报销差旅费，退余款 | 管理费用 | 差旅费 | 700 | |
| | | | | 库存现金 | | 100 | |
| | | | | 其他应收款 | 李颖 | | 800 |
| | 22 | 记15 | 偿还到期借款 | 短期借款 | | 50 000 | |
| | | | | 银行存款 | | | 50 000 |
| | 23 | 记16 | 领用材料 | 生产成本 | 甲产品 | 16 000 | |
| | | | | 制造费用 | 材料费 | 4 000 | |
| | | | | 管理费用 | 材料费 | 4 000 | |
| | | | | 原材料 | A材料 | | 16 000 |
| | | | | 原材料 | B材料 | | 8 000 |
| | 25 | 记17 | 支付广告费 | 销售费用 | 广告费 | 1 000 | |
| | | | | 银行存款 | | | 1 000 |
| | 26 | 记18 | 销售甲产品，款未收 | 应收账款 | 佳美公司 | 45 200 | |
| | | | | 主营业务收入 | 甲产品 | | 40 000 |
| | | | | 应交税费 | 应交增值税（销项税额） | | 5 200 |
| | 27 | 记19 | 支付办公费 | 制造费用 | 办公费 | 10 000 | |
| | | | | 管理费用 | 办公费 | 6 000 | |
| | | | | 银行存款 | | | 16 000 |
| | 29 | 记20 | 收到投资利润 | 银行存款 | | 30 000 | |
| | | | | 投资收益 | | | 30 000 |
| | 30 | 记21 | 分配工资费用 | 生产成本 | 甲产品 | 30 000 | |
| | | | | 制造费用 | 工资费 | 8 000 | |
| | | | | 管理费用 | 工资费 | 12 000 | |
| | | | | 应付职工薪酬 | 工资 | | 50 000 |
| | 30 | 记22 | 计提折旧 | 制造费用 | 折旧费 | 3 500 | |
| | | | | 管理费用 | 折旧费 | 2 800 | |
| | | | | 累计折旧 | | | 6 300 |
| | 30 | 记23 | 结转制造费用 | 生产成本 | 甲产品 | 26 000 | |
| | | | | 制造费用 | | | 26 000 |
| | 30 | 记24 | 结转完工产品成本 | 库存商品 | 甲产品 | 100 000 | |
| | | | | 生产成本 | 甲产品 | | 100 000 |
| | 30 | 记25 | 结转已销产品成本 | 主营业务成本 | 甲产品 | 60 000 | |
| | | | | 库存商品 | 甲产品 | | 60 000 |
| | 30 | 记26 | 计算税金及附加 | 税金及附加 | | 912.6 | |
| | | | | 应交税费 | 应交城建税 | | 638.82 |
| | | | | 应交税费 | 应交教育费附加 | | 273.78 |
| | 30 | 记27 | 结转收入账户 | 主营业务收入 | 甲产品 | 120 000 | |
| | | | | 投资收益 | | 30 000 | |
| | | | | 本年利润 | | | 150 000 |
| | 30 | 记28 | 结转费用账户 | 本年利润 | | 87 712.6 | |
| | | | | 主营业务成本 | | | 60 000 |
| | | | | 税金及附加 | | | 912.6 |
| | | | | 管理费用 | | | 25 800 |
| | | | | 销售费用 | | | 1 000 |

第二步，根据记账凭证登记现金日记账和银行存款日记账，见表8-3和表8-4。

### 表8-3　现金日记账

| 2018年 月 | 2018年 日 | 凭证号数 | 摘　要 | 对方科目 | 借　方 | 贷　方 | 借或贷 | 余　额 |
|---|---|---|---|---|---|---|---|---|
| 9 | 1 | | 期初余额 | | | | 借 | 3 000 |
| | 2 | 记3 | 提取现金 | 银行存款 | 2 000 | | 借 | 5 000 |
| | 4 | 记5 | 支付办公用品费 | 制造费用 | | 500 | | |
| | | | | 管理费用 | | 300 | | |
| | 4 | | 本日合计 | | | 800 | 借 | 4 200 |
| | 6 | 记7 | 提取现金 | 银行存款 | 50 000 | | 借 | 54 200 |
| | | 记8 | 发放工资 | 应付职工薪酬 | | 50 000 | 借 | 4 200 |
| | 6 | | 本日合计 | | 50 000 | 50 000 | 借 | 4 200 |
| | 11 | 记11 | 预借差旅费 | 其他应收款 | | 800 | 借 | 3 400 |
| | 20 | 记14 | 报销退余款 | 其他应收款 | 100 | | 借 | 3 500 |
| 6 | 30 | | 本月合计 | | 52 100 | 51 600 | 借 | 3 500 |

### 表8-4　银行存款日记账

| 2018年 月 | 2018年 日 | 凭证号数 | 摘　要 | 对方科目 | 借　方 | 贷　方 | 借或贷 | 余　额 |
|---|---|---|---|---|---|---|---|---|
| 9 | 1 | | 期初余额 | | | | 借 | 189 600 |
| | 1 | 记1 | 支付材料款 | 原材料 | | 10 000 | | |
| | | | | 应交税费 | | 1 300 | | |
| | 1 | | 本日合计 | | | 11 300 | 借 | 178 300 |
| | 2 | 记3 | 提取现金 | 库存现金 | | 2 000 | 借 | 176 300 |
| | 3 | 记4 | 收回货款 | 应收账款 | 93 600 | | 借 | 269 900 |
| | 5 | 记6 | 甲产品销售收入 | 主营业务收入 | 40 000 | | | |
| | | | | 应交税费 | 5 200 | | | |
| | 5 | | 本日合计 | | 45 200 | | 借 | 315 100 |
| | 6 | 记7 | 提取现金 | 库存现金 | | 50 000 | 借 | 265 100 |
| | 14 | 记12 | 支付前欠货款 | 应付账款 | | 45 174 | 借 | 219 926 |
| | 17 | 记13 | 甲产品销售收入 | 主营业务收入 | 40 000 | | | |
| | | | | 应交税费 | 5 200 | | | |
| | 17 | | 本日合计 | | 45 200 | | 借 | 265 126 |
| | 22 | 记15 | 偿还3个月借款 | 短期借款 | | 50 000 | 借 | 265 126 |
| | 25 | 记17 | 支付广告费 | 销售费用 | | 1 000 | 借 | 214 126 |
| | 27 | 记19 | 支付办公费 | 管理费用 | | 6 000 | | |
| | | | | 制造费用 | | 10 000 | | |
| | 27 | | 本日合计 | | | 16 000 | 借 | 198 126 |
| | 29 | 记20 | 收到投资利润 | 投资收益 | 30 000 | | 借 | 228 126 |
| 6 | 30 | | 本月合计 | | 214 000 | 175 474 | 借 | 228 126 |

第三步，根据上述原始凭证（即经济业务）和记账凭证登记明细分类账。明细分类账的内容与总分类账基本相同，只是有的账页按品种和规格设立，同时登记数量和金额，由于账页较多，内容比较繁，这里暂不介绍。

第四步，根据上述记账凭证登记总分类账，见表8-5～表8-25。（长期借款、资本公积总账略）

**表8-5　库存现金总账**

| 2018年 月 | 日 | 凭证号数 | 摘要 | 借方 | 贷方 | 借或贷 | 余额 |
|---|---|---|---|---|---|---|---|
| 9 | 1 | | 期初余额 | | | 借 | 3 000 |
| | 2 | 记3 | 提取现金 | 2 000 | | | |
| | 4 | 记5 | 付办公用品费 | | 800 | | |
| | 6 | 记7 | 提取现金 | 50 000 | | | |
| | 6 | 记8 | 发放工资 | | 50 000 | | |
| | 11 | 记11 | 付差旅费 | | 800 | | |
| | 20 | 记14 | 报销退余款 | 100 | | | |
| 9 | 30 | | 本月合计 | 52 100 | 51 600 | 借 | 3 500 |

**表8-6　银行存款总账**

| 2018年 月 | 日 | 凭证号数 | 摘要 | 借方 | 贷方 | 借或贷 | 余额 |
|---|---|---|---|---|---|---|---|
| 9 | 1 | | 期初余额 | | | 借 | 189 600 |
| | 1 | 记1 | 付购料款 | | 11 300 | | |
| | 2 | 记3 | 提取现金 | | 2 000 | | |
| | 3 | 记4 | 收回货款 | 93 600 | | | |
| | 5 | 记6 | 甲产品销售收入 | 45 200 | | | |
| | 6 | 记7 | 提取现金 | | 50 000 | | |
| | 14 | 记12 | 付前欠货款 | | 45 174 | | |
| | 17 | 记13 | 甲产品销售收入 | 46 400 | | | |
| | 22 | 记15 | 偿还3个月借款 | | 50 000 | | |
| | 25 | 记17 | 付广告费 | | 1 000 | | |
| | 27 | 记19 | 付水电费 | | 16 000 | | |
| | 29 | 记20 | 收到投资利润 | 30 000 | | | |
| 9 | 30 | | 本月合计 | 214 000 | 175 474 | 借 | 228 126 |

**表8-7　应收账款总账**

| 2018年 月 | 日 | 凭证号数 | 摘要 | 借方 | 贷方 | 借或贷 | 余额 |
|---|---|---|---|---|---|---|---|
| 9 | 1 | | 期初余额 | | | 借 | 93 600 |
| | 3 | 记4 | 收回货款 | | 93 600 | | |
| | 26 | 记6 | 销售甲产品 | 45 200 | | | |
| 9 | 30 | | 本月合计 | 45 200 | 93 600 | 借 | 45 200 |

### 表8-8　原材料总账

| 2018年 | | 凭证号数 | 摘　要 | 借　方 | 贷　方 | 借或贷 | 余　额 |
|---|---|---|---|---|---|---|---|
| 月 | 日 | | | | | | |
| 9 | 1 | | 期初余额 | | | 借 | 44 000 |
| | 1 | 记1 | 购入材料 | 10 000 | | | |
| | 1 | 记2 | 领用材料 | | 28 000 | | |
| | 8 | 记9 | 购入材料 | 40 000 | | | |
| | 23 | 记16 | 领用材料 | | 24 000 | | |
| 9 | 30 | | 本月合计 | 50 000 | 52 000 | 借 | 42 000 |

### 表8-9　库存商品总账

| 2018年 | | 凭证号数 | 摘　要 | 借　方 | 贷　方 | 借或贷 | 余　额 |
|---|---|---|---|---|---|---|---|
| 月 | 日 | | | | | | |
| 9 | 1 | | 期初余额 | | | 借 | 60 000 |
| | 30 | 记24 | 产品完工入库 | 100 000 | | | |
| | 30 | 记25 | 结转销售成本 | | 60 000 | | |
| 9 | 30 | | 本月合计 | 100 000 | 60 000 | 借 | 100 000 |

### 表8-10　固定资产总账

| 2018年 | | 凭证号数 | 摘　要 | 借　方 | 贷　方 | 借或贷 | 余　额 |
|---|---|---|---|---|---|---|---|
| 月 | 日 | | | | | | |
| 9 | 1 | | 期初余额 | | | 借 | 2 220 000 |
| | 10 | 记10 | 投资者投入 | 600 000 | | | |
| 9 | 30 | | 本月合计 | 600 000 | | 借 | 2 820 000 |

### 表8-11　累计折旧总账

| 2018年 | | 凭证号数 | 摘　要 | 借　方 | 贷　方 | 借或贷 | 余　额 |
|---|---|---|---|---|---|---|---|
| 月 | 日 | | | | | | |
| 9 | 1 | | 期初余额 | | | 贷 | 389 700 |
| | 30 | 记22 | 计提折旧 | | 6 300 | | |
| 9 | 30 | | 本月合计 | | 6 300 | 贷 | 396 000 |

### 表8-12　短期借款总账

| 2018年 | | 凭证号数 | 摘　要 | 借　方 | 贷　方 | 借或贷 | 余　额 |
|---|---|---|---|---|---|---|---|
| 月 | 日 | | | | | | |
| 9 | 1 | | 期初余额 | | | 贷 | 50 000 |
| | 22 | 记15 | 归还借款 | 50 000 | | | |
| 9 | 30 | | 本月合计 | 50 000 | | 平 | 0 |

### 表8-13　应付账款总账

| 2018年 | | 凭证号数 | 摘　要 | 借　方 | 贷　方 | 借或贷 | 余　额 |
|---|---|---|---|---|---|---|---|
| 月 | 日 | | | | | | |
| 9 | 8 | 记9 | 欠材料款 | | 45 174 | | |
| | 14 | 记12 | 偿还欠款 | 46 368 | | | |
| 9 | 30 | | 本月合计 | 45 174 | 45 174 | 平 | 0 |

#### 表 8-14 应付职工薪酬总账

| 2018年 月 | 日 | 凭证号数 | 摘要 | 借方 | 贷方 | 借或贷 | 余额 |
|---|---|---|---|---|---|---|---|
| 9 | 1 | | 期初余额 | | | 贷 | 50 000 |
| | 6 | 记7 | 发放工资 | 50 000 | | | |
| | 30 | 记21 | 分配工资 | | 50 000 | | |
| 9 | 30 | | 本月合计 | 50 000 | 50 000 | 贷 | 50 000 |

#### 表 8-15 应交税费总账

| 2018年 月 | 日 | 凭证号数 | 摘要 | 借方 | 贷方 | 借或贷 | 余额 |
|---|---|---|---|---|---|---|---|
| 9 | 1 | | 期初余额 | | | 贷 | 2 500 |
| | 1 | 记1 | 付进项税 | 1 300 | | | |
| | 5 | 记6 | 收销项税 | | 5 200 | | |
| | 8 | 记9 | 付进项税 | 5 174 | | | |
| | 17 | 记13 | 收销项税 | | 5 200 | | |
| | 26 | 记18 | 收销项税 | | 5 200 | | |
| | 30 | 记26 | 计算城建税等 | | 912.6 | | |
| 9 | 30 | | 本月合计 | 6 474 | 16 512.6 | 贷 | 12 538.6 |

#### 表 8-16 实收资本总账

| 2018年 月 | 日 | 凭证号数 | 摘要 | 借方 | 贷方 | 借或贷 | 余额 |
|---|---|---|---|---|---|---|---|
| 9 | 1 | | 期初余额 | | | 贷 | 1 500 000 |
| | 10 | 记10 | 接受投资 | | 600 000 | | |
| 9 | 30 | | 本月合计 | | 600 000 | 贷 | 2 100 000 |

#### 表 8-17 本年利润总账

| 2018年 月 | 日 | 凭证号数 | 摘要 | 借方 | 贷方 | 借或贷 | 余额 |
|---|---|---|---|---|---|---|---|
| 9 | 1 | | 期初余额 | | | 贷 | 398 000 |
| | 30 | 记27 | 结转收入账户 | | 150 000 | | |
| | 30 | 记28 | 结转费用账户 | 87 923.2 | | | |
| 9 | 30 | | 本月合计 | 87 923.2 | 150 000 | 贷 | 460 076.8 |

#### 表 8-18 生产成本总账

| 2018年 月 | 日 | 凭证号数 | 摘要 | 借方 | 贷方 | 借或贷 | 余额 |
|---|---|---|---|---|---|---|---|
| 9 | 1 | 记2 | 领用材料 | 28 000 | | | |
| | 23 | 记16 | 领用材料 | 16 000 | | | |
| | 30 | 记21 | 分配工资 | 30 000 | | | |
| | 30 | 记23 | 结转制造费用 | 26 000 | | | |
| | 30 | 记24 | 结转完工产品成本 | | 100 000 | | |
| 9 | 30 | | 本月合计 | 100 000 | 100 000 | 平 | 0 |

#### 表 8-19  制造费用总账

| 2018年 | | 凭证号数 | 摘 要 | 借 方 | 贷 方 | 借或贷 | 余 额 |
|---|---|---|---|---|---|---|---|
| 月 | 日 | | | | | | |
| 9 | 4 | 记5 | 付办公用品费 | 500 | | | |
| | 23 | 记16 | 领用材料 | 4 000 | | | |
| | 27 | 付19 | 支付办公费 | 10 000 | | | |
| | 30 | 记21 | 分配工资 | 8 000 | | | |
| | 30 | 记22 | 计提折旧 | 3 500 | | | |
| | 30 | 记23 | 结转制造费用 | | 26 000 | | |
| 9 | 30 | | 本月合计 | 26 000 | 26 000 | 平 | 0 |

#### 表 8-20  主营业务收入总账

| 2018年 | | 凭证号数 | 摘 要 | 借 方 | 贷 方 | 借或贷 | 余 额 |
|---|---|---|---|---|---|---|---|
| 月 | 日 | | | | | | |
| 9 | 5 | 记6 | 甲产品销售收入 | | 40 000 | | |
| | 17 | 记13 | 甲产品销售收入 | | 40 000 | | |
| | 26 | 记18 | 甲产品销售收入 | | 40 000 | | |
| | 30 | 记27 | 结转损益 | 120 000 | | | |
| 9 | 30 | | 本月合计 | 120 000 | 120 000 | 平 | 0 |

#### 表 8-21  投资收益总账

| 2018年 | | 凭证号数 | 摘 要 | 借 方 | 贷 方 | 借或贷 | 余 额 |
|---|---|---|---|---|---|---|---|
| 月 | 日 | | | | | | |
| 9 | 29 | 记20 | 收到投资利润 | | 30 000 | | |
| | 30 | 记27 | 结转损益 | 30 000 | | | |
| 9 | 30 | | 本月合计 | 30 000 | 30 000 | 平 | 0 |

#### 表 8-22  主营业务成本总账

| 2018年 | | 凭证号数 | 摘 要 | 借 方 | 贷 方 | 借或贷 | 余 额 |
|---|---|---|---|---|---|---|---|
| 月 | 日 | | | | | | |
| 9 | 30 | 记25 | 结转产品销售成本 | 60 000 | | | |
| | 30 | 记28 | 结转损益 | | 60 000 | | |
| 9 | 30 | | 本月合计 | 60 000 | 60 000 | 平 | 0 |

#### 表 8-23  税金及附加总账

| 2018年 | | 凭证号数 | 摘 要 | 借 方 | 贷 方 | 借或贷 | 余 额 |
|---|---|---|---|---|---|---|---|
| 月 | 日 | | | | | | |
| 9 | 30 | 记26 | 计算城建税等 | 912.6 | | | |
| | 30 | 记28 | 结转损益 | | 912.6 | | |
| 9 | 30 | | 本月合计 | 912.6 | 912.6 | 平 | 0 |

#### 表 8-24  销售费用总账

| 2018年 | | 凭证号数 | 摘 要 | 借 方 | 贷 方 | 借或贷 | 余 额 |
|---|---|---|---|---|---|---|---|
| 月 | 日 | | | | | | |
| 9 | 25 | 记17 | 付广告费 | 1 000 | | | |
| | 30 | 记28 | 结转损益 | | 1 000 | | |
| 9 | 30 | | 本月合计 | 1 000 | 1 000 | 平 | 0 |

表8-25 管理费用总账

| 2018年 | | 凭证号数 | 摘 要 | 借 方 | 贷 方 | 借或贷 | 余 额 |
|---|---|---|---|---|---|---|---|
| 月 | 日 | | | | | | |
| 9 | 4 | 记5 | 付办公用品费 | 300 | | | |
| | 20 | 记14 | 报销差旅费 | 700 | | | |
| | 23 | 记16 | 领用材料 | 4 000 | | | |
| | 27 | 记19 | 支付办公费 | 6 000 | | | |
| | 30 | 记21 | 分配工资 | 12 000 | | | |
| | 30 | 记22 | 计提折旧 | 2 800 | | | |
| | 30 | 记28 | 结转损益 | | 25 800 | | |
| 9 | 30 | | 本月合计 | 25 800 | 25 800 | 平 | 0 |

第五步，定期将现金日记账、银行存款日记账余额和各种明细账余额分别与总分类账中有关账户的余额核对。

第六步，月末，根据总账和明细账的记录编制会计报表。在编制会计报表前，可以通过编制总分类账本期发生额及期末余额试算平衡表进行试算平衡，见表8-26，以确保报表数据的正确。

表8-26 总分类账户试算平衡表

2018年9月30日

| 账户名称 | 期初余额 | | 本期发生额 | | 期末余额 | |
|---|---|---|---|---|---|---|
| | 借 方 | 贷 方 | 借 方 | 贷 方 | 借 方 | 贷 方 |
| 库存现金 | 3 000 | | 52 100 | 51 600 | 3 500 | |
| 银行存款 | 189 600 | | 214 000 | 175 474 | 228 126 | |
| 应收账款 | 93 600 | | 45 200 | 93 600 | 45 200 | |
| 其他应收款 | | | 800 | 800 | | |
| 原材料 | 44 000 | | 50 000 | 52 000 | 42 000 | |
| 库存商品 | 60 000 | | 100 000 | 60 000 | 100 000 | |
| 固定资产 | 2 220 000 | | 600 000 | | 2 820 000 | |
| 累计折旧 | | 389 700 | | 6 300 | | 396 000 |
| 短期借款 | | 50 000 | 50 000 | | | |
| 应付账款 | | | 45 174 | 45 174 | | |
| 应付职工薪酬 | | 50 000 | 50 000 | 50 000 | | 50 000 |
| 应交税费 | | 2 500 | 6 474 | 16 512.6 | | 12 538.6 |
| 长期借款 | | 100 000 | | | | 100 000 |
| 实收资本 | | 1 500 000 | | 600 000 | | 2 100 000 |
| 资本公积 | | 120 000 | | | | 120 000 |
| 本年利润 | | 398 000 | 87 712.6 | 150 000 | | 460 287.4 |
| 生产成本 | | | 100 000 | 100 000 | | |
| 制造费用 | | | 26 000 | 26 000 | | |
| 主营业务收入 | | | 120 000 | 120 000 | | |
| 投资收益 | | | 30 000 | 30 000 | | |
| 主营业务成本 | | | 60 000 | 60 000 | | |
| 税金及附加 | | | 912.6 | 912.6 | | |
| 销售费用 | | | 1 000 | 1 000 | | |
| 管理费用 | | | 25 800 | 25 800 | | |
| 合计 | 2 610 200 | 2 610 200 | 1 665 173.2 | 1 665 173.2 | 3 238 826 | 3 238 826 |

## 一、单项选择题

（　　）账务处理程序的特点是直接根据记账凭证登记总账。

A. 记账凭证　　　　　　B. 汇总记账凭证　　　C. 科目汇总表　　　D. 原始凭证

## 二、多项选择题

记账凭证账务处理程序适用于（　　　　）的经济单位。

A. 规模较大　　　　　　　　　　　　B. 规模较小

C. 凭证不多　　　　　　　　　　　　D. 所用会计科目较多

## 三、判断题

1. 记账凭证账务处理程序，需要设置现金日记账，一般采用三栏式、多栏式、数量金额式。　　　　　　　　　　　　　　　　　　　　　　　　　　　　　（　　）

2. 记账凭证账务处理程序是最基本的一种账务处理程序。　　　　　　　（　　）

## 任务三　掌握科目汇总表账务处理程序

→ 识记科目汇总表账务处理程序的特点
→ 了解该程序下会计凭证和账簿的设置
→ 掌握科目汇总表账务处理程序的应用

　　小明已经知道对于规模小、业务量少的经济单位，应该选取记账凭证账务处理程序，但规模大、业务量多的经济单位，应该选取哪种账务处理程序呢？

　　我们已经学习了记账凭证账务处理程序的内容，掌握了记账凭证账务处理程序的具体操作流程，那么，科目汇总表账务处理程序应该如何来操作呢？

### 一、科目汇总表账务处理程序的概念及特点

　　科目汇总表账务处理程序登记总分类账的依据是科目汇总表。该账务处理程序是在记账凭证账务处理程序基础上发展而来的，它定期将所有记账凭证汇总编制成科目汇总表，然后再根据科目汇总表登记总分类账。

### 二、会计凭证和账簿的设置

　　科目汇总表账务处理程序下，其凭证设置、账簿组织、编制报表方法等与记账凭证账务处

理程序基本一致，所不同的是增加了一张科目汇总表，并据此登记总账。

科目汇总表是根据一定时期内的全部记账凭证按总账科目进行汇总，据以算出每个总账科目的本期借方发生额和贷方发生额，作为登记总分类账依据的凭证。

科目汇总表的编制方法是将一定时期内的全部记账凭证汇总在一张科目汇总表上，据以登记总分类账。汇总的时间应根据业务量大小确定，一般可在5天、10天或15天汇总一次。

### 三、科目汇总表账务处理程序的步骤

科目汇总表账务处理程序步骤如图8-2所示。

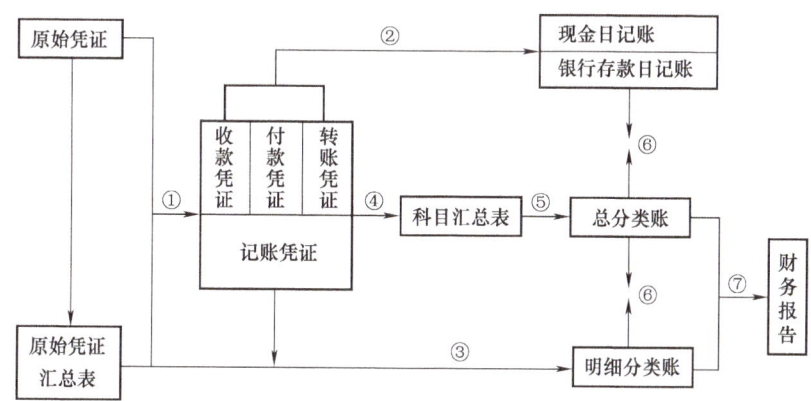

图 8-2　科目汇总表账务处理程序流程图

① 根据原始凭证或原始凭证汇总表填制记账凭证。

② 根据收、付款凭证登记现金日记账和银行存款日记账。

③ 根据原始凭证、原始凭证汇总表和记账凭证登记各种明细分类账。

④ 根据各种记账凭证定期汇总编制科目汇总表。

⑤ 根据科目汇总表登记总分类账。其登记日期根据科目汇总表的编制时间而定，汇总编制科目汇总表后，即可据以登记一次总分类账。也可把科目汇总表分半月或按旬汇总，然后再据以登记总分类账。

⑥ 月末，将现金日记账、银行存款日记账和各明细分类账余额与总分类账余额进行核对。

⑦ 月末，根据核对无误的总分类账和明细分类账编制财务报告。

### 四、科目汇总表账务处理程序的优缺点及适用范围

该程序是根据记账凭证汇总编制科目汇总表，再根据科目汇总表登记总账。

优点：简化了登记总账的工作；有利于进行入账前的试算平衡；汇总方法比较简便，易于掌握。

缺点：按照相同科目归类编制的科目汇总表，只能汇总反映各账户的本期借方发生额和本期贷方发生额，无法反映账户的对应关系，不能较为具体地反映经济业务的内容和来龙去脉，不便于分析、检查经济活动情况和核对账目。

适用范围：适用于规模较大、经济业务较多的单位。实际工作中，该种程序使用最普遍。

**例8-2**　承例8-1经济业务资料，采用科目汇总表账务处理程序的具体步骤如下：

第一步~第三步，同例8-1。

第四步，根据一定时期内的全部记账凭证汇总编制科目汇总表（见表8-27）。

### 表8-27 科目汇总表

2018年9月1日至30日                                汇字第1号

| 账户名称 | 借方发生额 | 贷方发生额 | 记账凭证起讫号数 |
|---|---|---|---|
| 库存现金 | 52 100 | 51 600 | |
| 银行存款 | 214 000 | 175 474 | |
| 应收账款 | 45 200 | 93 600 | |
| 其他应收款 | 800 | 800 | |
| 原材料 | 50 000 | 52 000 | |
| 库存商品 | 100 000 | 60 000 | |
| 固定资产 | 600 000 | | |
| 累计折旧 | | 6 300 | |
| 短期借款 | 50 000 | | |
| 应付账款 | 45 174 | 45 174 | |
| 应付职工薪酬 | 50 000 | 50 000 | |
| 应交税费 | 6 474 | 16 512.6 | （略） |
| 长期借款 | | | |
| 实收资本 | | 600 000 | |
| 资本公积 | | | |
| 本年利润 | 87 712.6 | 150 000 | |
| 生产成本 | 100 000 | 100 000 | |
| 制造费用 | 26 000 | 26 000 | |
| 主营业务收入 | 120 000 | 120 000 | |
| 投资收益 | 30 000 | 30 000 | |
| 主营业务成本 | 60 000 | 60 000 | |
| 税金及附加 | 912.6 | 912.6 | |
| 销售费用 | 1 000 | 1 000 | |
| 管理费用 | 25 800 | 25 800 | |
| 合计 | 1 665 173.2 | 1 665 173.2 | |

第五步，定期根据编制的科目汇总表，登记总分类账。以"银行存款"总分类账（见表8-28）和"应交税费"总分类账（见表8-29）为例，其他从略。

### 表8-28 银行存款总账

| 2018年 月 | 日 | 凭证号数 | 摘要 | 借方 | 贷方 | 借或贷 | 余额 |
|---|---|---|---|---|---|---|---|
| 9 | 1 | | 期初余额 | | | 借 | 189 600 |
| | 30 | 汇1 | 1~30日汇总过入 | 214 000 | 175 474 | | |
| 9 | 30 | | 本月合计 | 214 000 | 175 474 | 借 | 228 126 |

**表 8-29　应交税费总账**

| 2018年 | | 凭证号数 | 摘　要 | 借　方 | 贷　方 | 借 或 贷 | 余　额 |
|---|---|---|---|---|---|---|---|
| 月 | 日 | | | | | | |
| 9 | 1 | | 期初余额 | | | 贷 | 2 500 |
| | 30 | 汇1 | 1～30日汇总过入 | 6 474 | 16 512.6 | | |
| 9 | 30 | | 本月合计 | 6 474 | 16 512.6 | 贷 | 12 538.6 |

第六步，同例8-1。

## 任务检测

### 一、单项选择题

（　　）账务处理程序的特点是直接根据科目汇总表登记总账。

A. 记账凭证　　　　　B. 汇总记账凭证　　　C. 科目汇总表　　　D. 原始凭证

### 二、多项选择题

科目汇总表账务处理程序适用于（　　）的经济单位。

A. 规模较大　　　　　B. 规模较小　　　　　C. 凭证不多　　　　D. 业务量较多

### 三、判断题

1. 科目汇总表账务处理程序的优点是能反映科目之间的对应关系。　　　　　（　　）
2. 编制科目汇总表可以起到试算平衡的作用。　　　　　　　　　　　　　（　　）

### 四、业务题

某企业2018年6月发生的经济业务已填制记账凭证（以会计分录代替），见下表，依据记账凭证编制科目汇总表。

| 日 期 摘 要 | 凭证号 | 借 方 科 目 | | 贷 方 科 目 | |
|---|---|---|---|---|---|
| | | 一级科目 | 金 额 | 一级科目 | 金 额 |
| 1日，收到投资 | 记1 | 银行存款 | 500 000 | 实收资本 | 500 000 |
| 1日，收到前欠货款 | 记2 | 银行存款 | 18 000 | 应收账款 | 18 000 |
| 2日，李响预借差旅费 | 记3 | 其他应收款 | 800 | 库存现金 | 800 |
| 5日归还前欠宏伟公司货款（转账支票） | 记4 | 应付账款 | 11 600 | 银行存款 | 11 600 |
| 12日支付产品广告费 | 记5 | 销售费用 | 5 000 | 银行存款 | 5 000 |
| 15日应收票据到期，转为应收账款 | 记6 | 应收账款 | 50 000 | 应收票据 | 50 000 |
| 30日销售商品货款尚未收到 | 记7 | 应收账款 | 69 600 | 主营业务收入应交税费 | 60 000 7 800 |

## 科目汇总表

年 月 日至 日汇总 　　　　　　　　　　　　　　　科汇字第 　 号

| 会 计 科 目 | 记账凭证起讫号数 | 借 方 金 额 | √ | 贷 方 金 额 | √ |
|---|---|---|---|---|---|
| | | | | | |
| | | | | | |
| | | | | | |
| | | | | | |
| | | | | | |
| | | | | | |
| | | | | | |
| | | | | | |
| | | | | | |
| | | | | | |
| | | | | | |
| | | | | | |
| | | | | | |
| | | | | | |

附凭证 张

## 任务四　了解汇总记账凭证账务处理程序

**任务目标**
- ➡ 识记汇总记账凭证账务处理程序的特点
- ➡ 了解该程序下会计凭证和账簿的设置
- ➡ 掌握汇总记账凭证账务处理程序应用

**任务情景**
　　小明已经知道对于规模大、业务量多的经济单位，应该选取科目汇总表账务处理程序，但同样是规模大、业务量多的经济单位，收付款业务却非常多，这时，应该选取哪种账务处理程序呢？

**知识准备**
　　我们已经学习了科目汇总表账务处理程序的内容，掌握了科目汇总表账务处理程序的具体操作流程，那么，汇总记账凭证账务处理程序到底应该如何来操作呢？

### 一、汇总记账凭证账务处理程序的概念及特点

　　汇总记账凭证账务处理程序是根据原始凭证填制记账凭证，定期将全部记账凭证按收、付款凭证和转账凭证分别归类编制成汇总记账凭证，再根据汇总记账凭证登记总分类账的一种账务处理程序。

　　这一程序也是在记账凭证账务处理程序基础上发展起来的，其登记总分类账的根据是汇总记账凭证，即在记账凭证和总分类账之间增加了汇总记账凭证。

## 二、会计凭证和账簿的设置

采用这种账务处理程序，除设置收款凭证、付款凭证、转账凭证和现金日记账、银行存款日记账、总分类账、明细分类账以及会计报表外，还要设置汇总收款凭证、汇总付款凭证、汇总转账凭证。

汇总记账凭证是将记账凭证按账户的对应关系，定期编制汇总收款凭证、汇总付款凭证、汇总转账凭证，一般每月至少汇总3次。汇总收款凭证根据相同的收款凭证借方科目汇总，汇总付款凭证根据相同的付款凭证贷方科目汇总，汇总转账凭证根据相同的转账凭证贷方科目汇总。

## 三、汇总记账凭证账务处理程序的步骤

汇总记账凭证账务处理程序步骤如图8-3所示。

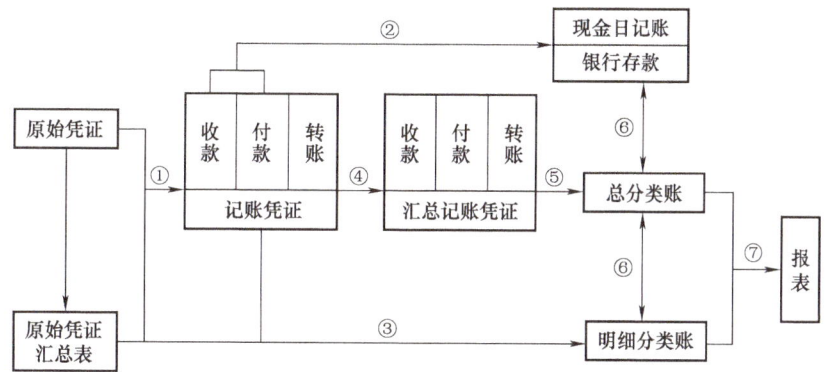

图 8-3　汇总记账凭证账务处理程序流程图

汇总记账凭证账务处理程序与科目汇总表账务处理程序基本相同，基本步骤为：

（1）根据原始凭证或原始凭证汇总表填制收款凭证、付款凭证和转账凭证。

（2）根据收、付款凭证登记现金日记账和银行存款日记账。

（3）根据原始凭证、原始凭证汇总表和各种记账凭证登记各种明细分类账。

（4）根据收款凭证、付款凭证和转账凭证定期汇总编制各种汇总记账凭证。汇总记账凭证包括汇总收款凭证、汇总付款凭证和汇总转账凭证三类。

（5）根据各种汇总记账凭证登记总分类账。

（6）期末，将现金日记账、银行存款日记账和明细分类账余额与总分类账余额进行核对。

（7）期末，根据核对无误的总分类账和明细分类账编制财务报表。

## 四、汇总记账凭证的优缺点及适用范围

该程序收款凭证以借方科目设置，按对应的贷方科目加以汇总，付款凭证和转账凭证以贷方科目设置，按对应的借方科目进行汇总，这就简化了凭证的整理工作。而且，可以将日常发生的大量记账凭证分散在平时整理，按照科目对应关系归类汇总，利用汇总记账凭证的数据，月末一次登入总分类账。

优点：简化了登记总账的工作；能明确反映账户的对应关系，能反映经济业务的内容、来

龙去脉，便于分析检查经济活动的发生情况。

缺点：不利于入账前进行试算平衡，也不利于会计核算工作的分工，并且转账凭证较多时，编制汇总转账凭证的工作量较大。

适用范围：适用于规模大、收付款业务较多的单位。

### 任务检测

**一、单项选择题**

（　　）账务处理程序的特点是直接根据汇总记账凭证登记总账。

A. 记账凭证　　　　　B. 汇总记账凭证　　　C. 科目汇总表　　　D. 原始凭证

**二、多项选择题**

汇总记账凭证一般分为（　　　）。

A. 汇总收款凭证　　　B. 汇总付款凭证　　　C. 汇总转账凭证　　D. 原始凭证汇总表

**三、判断题**

1. 汇总记账凭证账务处理程序和科目汇总表账务处理程序都有利于简化总账的登记工作。
（　　）

2. 汇总记账凭证账务处理程序增加了填制汇总记账凭证的工作程序，增加了总账的登记工作量。
（　　）

## 项 目 总 结

本项目主要是介绍账务处理程序，按照登记总账的依据不同，账务处理程序主要包括记账凭证账务处理程序、科目汇总表账务处理程序、汇总记账凭证账务处理程序。通过学习本项目，可以了解不同账务处理程序的特点及适用范围。

记账凭证账务处理程序根据记账凭证登记总分类账，适用于规模较小、业务量少的单位。

科目汇总表账务处理程序根据科目汇总表登记总分类账，适用于规模大、业务量较多的单位。

汇总记账凭证账务处理程序根据汇总记账凭证登记总分类账，适用于规模大、收付款业务较多的单位。

*Project 9*

## 项目九

### 财产清查

熟悉货币资金、实物资产和往来款项的清查方法

掌握银行存款余额调节表的编制

熟悉财产清查的一般程序

掌握财产清查结果的账务处理

了解财产清查的意义与种类

**学习目标**

任务一　了解财产清查

**任务目标**
➡ 了解财产清查的概念与意义
➡ 熟悉财产清查的一般程序
➡ 掌握财产清查的种类

**任务情景**

　　工厂在家人的精心经营下欣欣向荣，小明利用自己在学校学习的会计知识帮助工厂进行一些简单的记账。一天，他见店里在采购原材料，惊奇地问爸爸："不是还有不少原材料吗？怎么还进？"爸爸说："再不进今天就缺货停工了！"小明清楚记得账上还有不少，这是怎么回事？回到学校老师解答了他的问题，原来为了达到账实一致要进行财产清查。本任务会解决他的疑问。

**知识准备**

　　我们已经学习了会计凭证的填制、会计账簿的登记，现在按会计的工作流程来说，是不是可以学习编制会计报表了？不，会计要求企业在期末要做到"账实相符"，所以需要先学习财产清查。

## 一、财产清查的概念与意义

　　财产清查是指通过对本单位货币资金、实物资产和往来款项等财产物资进行盘点或核对，确定其实存数，查明某一时点的账存数与实存数是否相符（即账实是否相符）的一种专门方法。

　　企业、行政事业单位通过填制、审核会计凭证，登记有关账簿，记录和反映财产物资的增减变化及其结果，因而账簿记录结果与财产物资的实际结存数应保持一致。但是在实际工作中，往往由于各种原因造成账实不符：检验、计量不准确；因自然损耗、自然灾害、意外损失、保管不善造成损毁；营私舞弊、贪污、盗窃；账务处理中出现漏记、重记、错记或计算错误，未达账项等。

　　企业、行政事业单位为了确保会计核算资料的客观、真实、准确，保证财产物资的安全、完整，应当建立健全财产物资清查制度，加强管理，以保证财产物资核算的真实性和完整性。具体而言，财产清查的意义主要有以下几点。

　　（1）保证账实相符，提高会计资料的准确性。查明各项财产物资的实有数量，确定实有数量与账面数量之间的差异，查明原因和责任，以便采取有效措施，消除差异，改进工作，从而保证账实相符，提高会计资料的准确性。

　　（2）切实保障各项财产物资的安全完整。查明各项财产物资的保管情况是否良好，有无因管理不善，造成霉烂、变质、损失浪费，或者被非法挪用、贪污盗窃的情况，以便采取有效措施，改善管理，切实保障各项财产物资的安全完整。

　　（3）加速资金周转，提高资金使用效益。查明各项财产物资的库存和使用情况，合理安排经济活动，充分利用各项财产物资，加速资金周转，提高资金使用效益。

## 二、财产清查的种类

### （一）按照清查的范围分类

按财产清查的范围划分，可以分为全面清查和局部清查。

#### 1. 全面清查

全面清查是指对所有的财产进行全面的盘点和核对。原则上讲，全面清查的范围应包括资产、负债和所有者权益的所有有关项目。全面清查由于清查范围大、内容多、时间长、参与人员多，不宜经常进行。需要进行全面清查的情况通常有：年终决算前；企业在合并、撤销或改变隶属关系前；中外合资、国内合资前；企业股份制改造前；开展全面资产评估、清产核资前；单位主要负责人调离工作岗位前等。

#### 2. 局部清查

局部清查是指根据需要只对部分财产进行盘点和核对。其清查的主要对象是流动性较大和比较贵重的财产，如库存现金、原材料、在产品和库存商品等。局部清查范围小、内容少、时间短、参与人员少，但专业性很强，局部清查的对象及要求见表9-1。

表 9-1　局部清查对象及清查要求

| 清 查 对 象 | 清 查 要 求 |
|---|---|
| 库存现金 | 出纳每日终了清点核对一次，做到日清日结 |
| 银行存款 | 出纳每月至少同银行核对一次 |
| 库存商品、原材料、包装物等 | 年内轮换盘点或重点抽查，对贵重物资每月盘点一次 |
| 债权、债务 | 每年至少同对方核对1～2次 |

### （二）按照清查的时间分类

按财产清查的时间划分，可以分为定期清查和不定期清查。

#### 1. 定期清查

定期清查是指按照预先计划安排的时间对财产进行的盘点和核对。定期清查一般在年末、季末、月末进行。定期清查的对象和范围不定，可以是全面清查，也可以是局部清查。清查的目的是可以在编制财务报表前发现账实不符的情况，据以调整有关账簿记录，使账实相符，从而保证会计资料的真实性与完整性。

#### 2. 不定期清查

不定期清查是指事前不规定清查日期，而是根据特殊需要临时进行的盘点和核对。不定期清查，可以是全面清查，也可以是局部清查，应根据实际需要来确定清查的对象和范围。不定期清查主要在以下几种情况下进行：

（1）更换财产物资、现金保管人员时，对其所保管的财产物资、库存现金进行清查，以分清经济责任，便于办理交接手续。

（2）发生自然灾害或意外损失时，对受损财产物资进行清查，以查明损失情况。

（3）上级主管、财政、审计、银行等部门对本单位进行会计检查时，按检查的要求和范围进行清查，以验证会计资料的可靠性。

（4）进行临时性清产核资时，要对本单位的财产进行清查，以摸清家底。

（5）发现有贪污行为时，对相关资产进行清查。

（6）会计主体隶属关系发生改变。

企业应当定期将会计账簿记录与实物、款项及有关资料相互核对，保证会计账簿记录与实物以及款项的实物及款项的实有数额相符；在编制年度财务报表前，应当全面清查财产、核实债务。

### （三）按照清查的执行系统分类

#### 1. 内部清查

内部清查是指由本单位内部自行组织清查工作小组所进行的财产清查工作，大多数财产清查都是内部清查。

#### 2. 外部清查

外部清查是指由上级主管部门、审计机关、司法部门、注册会计师等根据国家有关规定或情况需要对本单位所进行的财产清查。一般来讲，进行外部清查时应有本单位相关人员参加。

## 三、财产清查的一般程序

财产清查既是会计核算的一种专门方法，又是财产物资管理的一项重要制度。企业必须有计划、有组织地进行财产清查。

财产清查一般包括以下程序：

（1）建立财产清查组织。

（2）组织清查人员学习有关政策规定，掌握有关法律、法规和相关业务知识，以提高财产清查工作的质量。

（3）确定清查对象、范围，明确清查任务。

（4）制订清查方案，具体安排清查内容、时间、步骤、方法，以及必要的清查前准备。

（5）清查时本着先清查数量、核对有关账簿记录等，后认定质量的原则进行。

（6）填制盘存清单。

（7）根据盘存清单，填制实物、往来账项清查结果报告表。

## 四、财产物资的盘存制度

盘存制度是指对实物的盘查、核对，确定财产物资的实际结存情况的一种制度。财产物资的盘存制度有两种，即实地盘存制和永续盘存制。

### （一）实地盘存制

实地盘存制是指在日常经济活动中，根据会计凭证对各项财产物资的增加数，对有关的账簿进行逐日逐笔的登记、反映，但不登记日常的减少数，期末结账时，根据实地盘点的实存数额倒挤出本期的减少数，并据此登记入账的一种盘存制度。

特点：

（1）平时只记增加数不记减少数。

（2）期末通过实地盘点，确定财产物资的实存数。

（3）期末运用公式倒挤本期减少数。

计算公式：

$$本期减少数=期初账面余额+本期账面增加数-期末盘点实存数$$

实地盘存制的优点是简化核算工作量。缺点是：①不能及时了解和掌握日常财产物资账面结存和溢缺情况。②手续不严密，不利于对实物控制和监督。

实地盘存制适用范围为品种多、价值低、交易频繁的商品存货（如鲜活商品）。

### （二）永续盘存制

永续盘存制又称账面盘存制，是指在日常经济活动中，必须根据会计凭证对各项财产物资的增加数和减少数，在有关的账簿中进行逐日逐笔的登记、反映，并随时结算出账面结存数的一种盘存制度。

特点：

（1）平时既记增加数又记减少数。

（2）随时可以计算账面结存数。

（3）期末通过实地盘点，查明账实是否相符。

计算公式：

$$期末账面余额=期初账面余额+本期账面增加数-本期账面减少数$$

永续盘存制优点是：①可以及时记录和了解财产物资的增减及账面结存情况；②有利于从数量和金额两方面进行管理和控制。缺点是核算手续多，工作量大。

永续盘存制的适用范围为大多数财产物资。

## 任务检测

### 一、单项选择题

1. 按照预先计划安排的时间对财产进行的盘点和核对是（　　　）。
   A. 不定期清查　　　　　　　　　　B. 全面清查
   C. 局部清查　　　　　　　　　　　D. 定期清查
2. 全面清查和局部清查是按照（　　　）来划分的。
   A. 财产清查的方法　　　　　　　　B. 财产清查的范围
   C. 财产清查的时间　　　　　　　　D. 财产清查的性质

### 二、多项选择题

1. 下列各项中，导致财产物资账存数和实存数不符的原因有（　　　　）。
   A. 财产物资发生自然损耗　　　　　B. 财产物资收发计量有差错
   C. 财产物资毁损、被盗　　　　　　D. 账簿记录重记、漏记
2. 下列关于财产局部清查特点的表述中，正确的有（　　　　）。
   A. 专业性不强　　　　　　　　　　B. 清查内容少
   C. 涉及的人员较少　　　　　　　　D. 清查范围小

### 三、判断题

1. 不定期清查可以是全面清查，也可以是局部清查。　　　　　　　　（　　　）
2. 采用永续盘存制核算，平时只登记增加数，不登记减少数。　　　　（　　　）

## 任务二　知悉财产清查的方法

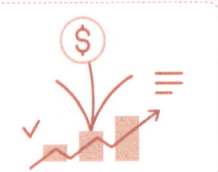

**任务目标** ➡ 掌握库存现金、银行存款、实物资产、往来款项的清查
方法及清查步骤
➡ 掌握银行存款余额调节表的格式及其编制方法

**任务情景**

　　小明学习了有关财产清查的有关知识，想对家中的工厂进行一次全面的清查，应该清查的有现金、存款、应付给供货方的货款、机器设备、原材料、生产的产品等财产物资。具体采用什么办法？本任务会解决他的疑问。

**知识准备**

　　我们已经学习了财产清查的概念、种类和一般程序。那么，怎样对具体的财产如库存现金、银行存款、实物资产及往来款项进行清查？

　　由于货币资金、实物、往来款项的特点各有不同，财产清查时，应采用与其特点和管理要求相适应的方法。一般来讲，财产清查分为：货币资金的清查、实物资产的清查、往来款项的清查。

### 一、货币资金的清查方法

#### （一）库存现金的清查

　　库存现金的清查是采用实地盘点法确定库存现金的实存数，然后与库存现金日记账的账面余额相核对，确定账实是否相符。库存现金清查一般由会计主管或财务负责人和出纳人员共同清点出各种面值钞票的张数和硬币的个数，并填制"库存现金盘点报告表"。

　　对库存现金进行盘点时，出纳人员必须在场，有关业务必须在库存现金日记账中全部登记完毕。盘点时，一方面要注意账实是否相符，另一方面还要检查现金管理制度的遵守情况、账外资金等违纪违法行为，如库存现金有无超过其限额、有无白条抵库、挪用舞弊等情况。盘点结束后，应填制"库存现金盘点报告表"作为重要原始凭证。该表也具有实存账存对比表的作用，库存现金盘点报告表见表9-2。

**表9-2　库存现金盘点报告表**

年　　月　　日　　　　　　　　　　　　　　　　　编号

| 实存金额 | 账存金额 | 对比结果 | | 备注 |
|---|---|---|---|---|
| | | （长款）盘盈 | （短款）盘亏 | |
| | | | | |
| | | | | |
| | | | | |

盘点人签章：　　　　　　　　　　　　　　　　出纳员签章：

#### （二）银行存款的清查

　　银行存款的清查是采用与开户银行核对账目的方法进行的，即将本单位银行存款日记账的

账簿记录与开户银行转来的对账单逐笔进行核对，来查明银行存款的实有数额。银行存款的清查一般在月末进行。

### 1. 银行存款日记账与银行对账单不一致的原因

将截止到清查日所有银行存款的收付业务都登记入账后，对发生的错账、漏账应及时查清更正，再与银行的对账单逐笔核对。如果二者余额相符，通常说明没有错误；如果二者余额不相符，则可能是企业或银行一方或双方记账过程有错误或者存在未达账项。

未达账项是指企业和银行之间，由于记账时间不一致而发生的一方已经入账，而另一方尚未入账的会计事项。未达账项一般分为以下四种情况：

（1）企业已收款记账，银行未收款未记账的款项。

（2）企业已付款记账，银行未付款未记账的款项。

（3）银行已收款记账，企业未收款未记账的款项。

（4）银行已付款记账，企业未付款未记账的款项。

上述任何一种未达账项的存在，都会使企业银行存款日记账的余额与银行开出的对账单的余额不符。所以，在与银行对账时首先应查明是否存在未达账项，如果存在未达账项，就应该编制"银行存款余额调节表"，据以调节双方的账面余额，确定企业银行存款实有数。

### 2. 银行存款清查的步骤

银行存款的清查按以下四个步骤进行：

（1）根据经济业务、结算凭证的种类、号码和金额等资料逐日逐笔核对银行存款日记账与银行对账单。凡双方都有记录的，用铅笔在金额旁打上记号"√"。

（2）找出未达账项（即银行存款日记账和银行对账单中没有打"√"的款项）。

（3）将日记账和对账单的月末余额及找出的未达账项填入"银行存款余额调节表"，并计算出调整后的余额。

（4）调整平衡的"银行存款余额调节表"经会计主管签章后，呈报开户银行。

银行存款余额调节表的编制，以双方账面余额为基础，各自分别加上对方已收款入账而己方尚未入账的数额，减去对方已付款入账而己方尚未入账的数额。其计算公式为

企业银行存款日记账余额+银行已收企业未收款-银行已付企业未付款

=银行对账单存款余额+企业已收银行未收款-企业已付银行未付款

银行存款余额调节表见表9-3。

### 表 9-3 银行存款余额调节表

账号：　　　　　　　　　　　年　　月　　日　　　　　　　　　　单位：元

| 项目及经济业务内容 | 金额 | 项目及经济业务内容 | 金额 |
| --- | --- | --- | --- |
| 企业银行存款日记账余额 | | 银行对账单余额 | |
| 加：企业未收银行已收 | | 加：银行未收企业已收 | |
| 减：企业未付银行已付 | | 减：银行未付企业已付 | |
| 调整后余额 | | 调整后余额 | |

财务主管：　　　　　　审核人：　　　　　　出纳：　　　　　　制表人：

备注：本表必须为非出纳人员编制审核，并由责任人签章，每笔未达账项必须注明经济业务内容。

### 3. 银行存款余额调节表的作用

（1）银行存款余额调节表是一种对账记录或对账工具，不能作为调整账面记录的依据，即不能根据银行存款余额调节表中的未达账项来调整银行存款账面记录，未达账项只有在收到有关凭证后才能进行有关的账务处理。

（2）调节后的余额如果相等，通常说明企业和银行的账面记录一般没有错误，该余额通常为企业可以动用的银行存款实有数。

（3）调节后的余额如果不相等，通常说明一方或双方记账有误，需进一步追查，查明原因后予以更正和处理。

## 二、实物资产的清查方法

实物资产主要包括固定资产、存货等。实物资产的清查就是对实物资产在数量和质量上所进行的清查，常用的清查方法主要有实地盘点法和技术推算盘点法。

### 1. 实地盘点法

通过点数、过磅、量尺等方法来确定实物资产的实有数量。其适用的范围广，在多数财产物资清查中都可以采用这种方法。

### 2. 技术推算盘点法

利用技术方法对财产物资的实存数进行推算，又称估推法。采用这种方法，对于财产物资不是逐一清点计数，而是通过量方、计尺等技术推算财产物资的结存数量。这种方法计量的结果不是十分准确，允许有一定的误差，适用于成堆量大而价值又不高，难以逐一清点的大宗财产物资的清查，如煤炭、矿石等的清查。

清查对象的数量确定以后，还要进一步确定清查对象的质量。对于实物的质量的检验方法，可以根据实物特点的不同采用物理的或化学的方法进行检验。

为明确经济责任，实物清查过程中，实物保管人员和盘点人员必须同时在场。对于盘点的结果，应如实登记"盘存单"，并由盘点人和实物保管人签字或盖章。"盘存单"既是记录盘点结果的书面证明，也是反映财产物资实存数的原始凭证，盘存单见表9-4。

**表9-4　盘存单**

单位名称：　　　　　　　　　　盘点时间：　　　　　　　　　　　　　　编号：
财产类别：　　　　　　　　　　存放地点：

| 编号 | 名称 | 计量单位 | 数量 | 单价 | 金额 | 备注 |
|---|---|---|---|---|---|---|
|  |  |  |  |  |  |  |
|  |  |  |  |  |  |  |
|  |  |  |  |  |  |  |

盘点人：　　　　　　　　　　　保管人：

为了进一步查明实际盘点的结果与对应账簿的账面结存数额是否一致，确定盘盈或盘亏情况，还应根据盘存单和有关账簿记录，编制"实存账存对比表"。"实存账存对比表"是调整有关账簿记录的原始凭证，是确定有关人员经济责任的依据，实存账存对比表见表9-5。

表9-5 实存账存对比表

单位名称： 年 月 日

| 编号 | 类别及名称 | 计量单位 | 单价 | 实存 | | 账存 | | 对比结果 | | | | 备注 |
|---|---|---|---|---|---|---|---|---|---|---|---|---|
| | | | | | | | | 盘盈 | | 盘亏 | | |
| | | | | 数量 | 金额 | 数量 | 金额 | 数量 | 金额 | 数量 | 金额 | |
| | | | | | | | | | | | | |
| | | | | | | | | | | | | |
| | | | | | | | | | | | | |
| | | | | | | | | | | | | |

会计主管： 复核： 制表：

## 三、往来款项的清查方法

往来款项主要包括应收、应付款项和预收、预付款项等，往来款项的清查一般采用发函询证的方法进行核对。

往来款项清查以后，将清查结果编制"往来款项清查报告单"，填列各项债权、债务的余额。对于有争执的款项以及无法收回的款项，应在报告单上详细列明情况，以便及时采取措施进行处理，避免或减少坏账损失。

## 任务检测

### 一、单项选择题

1. 对库存现金进行盘点时，下列不正确的是（ ）。

   A. 清查现金实存数，并与库存现金日记账余额核对

   B. 盘点结果应填制"库存现金盘点报告表"

   C. 检查库存限额的遵守情况及有无白条抵库情况

   D. 出纳人员必须在场，并且由盘点人员亲自盘点

2. 甲公司20××年10月31日的银行存款核对中发现，银行对账单余额为3 600元，银行存款日记账账面余额为2 500元，经逐笔核查，发现有如下未达账项：①10月29日，外地某购货单位汇来一笔预付款1 800元，银行已收妥入账，而企业尚未入账；②10月30日，银行支付承兑货款1 000元，企业尚未记账；③10月30日，企业开出现金支票一张计900元，但持票人尚未到银行提现；④银行代扣电话费600元，但企业尚未收到有关凭证。调整后银行存款的余额应是（ ）元。

   A. 3 400　　　　　　B. 2 700　　　　　　C. 3 800　　　　　　D. 1 700

### 二、多项选择题

1. 下列各项中，属于实物资产清查中常用的方法是（ ）。

   A. 核对账目法　　B. 查询核实法　　C. 技术推算法　　D. 实地盘点法

2. 下列未达账项中，会使本企业"银行存款日记账余额"大于"银行对账单余额"的有（ ）。

   A. 银行已收、企业未收款　　　　　　B. 企业已收、银行未收款

   C. 银行已付、企业未付款　　　　　　D. 企业已付、银行未付款

### 三、判断题

1. 未达账项是指银行已经入账，而企业因未接到有关凭证而尚未入账的账项。（ ）

2. 盘点实物时，发现其账面数大于实存数，即为盘盈。（ ）

**任务三 掌握财产清查结果的处理**

→ 掌握库存现金、实物资产、往来款项财产清查结果的处理要求、步骤和方法

→ 掌握对清查结果的账务处理

小明把工厂里所有的财产物资进行了一遍清查，结果有多的也有少的，小明知道比账上多的叫盘盈，比账上少的叫盘亏，这些盘亏、盘盈该怎么处理？本任务会解决他的疑问。

我们已经学习了财产清查的方法，对于清查的结果应该怎样处理？盘亏盘盈的账务处理怎么做？

## 一、财产清查结果处理的要求

对于财产清查中发现的问题，如财产物资的盘盈、盘亏、毁损或其他各种损失，应核实情况，调查分析产生的原因，按照国家有关法律法规的规定，进行相应的处理。

财产清查结果处理的具体要求有：

（1）分析产生差异的原因和性质，提出处理建议。

（2）积极处理多余积压财产，清理往来款项。

（3）总结经验教训，建立和健全各项管理制度。

（4）及时调整账簿记录，保证账实相符。

## 二、财产清查结果处理的步骤与方法

对于财产清查结果的处理可分为以下两种情况：

### 1. 审批之前的处理

要根据"清查结果报告表""盘点报告表"等已经查实的数据资料，填制记账凭证，记入有关账簿，使账簿记录与实际盘存数相符，同时根据权限，将处理建议报股东大会、董事会、经理（厂长）会议或类似机构批准。

### 2. 审批之后的处理

企业清查的各种财产的损溢，应于期末前查明原因，并根据企业的管理权限，经股东大会、董事会、经理（厂长）会议或类似机构批准后，在期末结账前处理完毕。企业应严格按照有关部门关于财产清查结果提出的处理意见进行账务处理，登记有关账簿，并追回由于责任者原因造成的财产损失。

期末结账前，如果企业清查的各种财产的损溢尚未经批准，在对外提供财务报表时，先按上述规定进行处理，并在附注中做出说明；其后批准处理的金额与已处理金额不一致的，调整财务报表相关项目的年初数。

## 三、财产清查结果的账务处理

### （一）设置"待处理财产损溢"账户

反映和监督企业在财产清查过程中查明的各种财产物资的盘盈、盘亏、毁损及其处理情况，应设置"待处理财产损溢"账户（但固定资产盘盈和毁损分别通过"以前年度损益调整""固定资产清理"账户核算）。该账户属于双重性质的资产类账户，下设"待处理流动资产损溢"和"待处理非流动资产损溢"两个明细分类账户进行明细分类核算。

该账户的借方登记财产物资的盘亏数、毁损数和批准转销的财产物资盘盈数；贷方登记财产物资的盘盈数和批准转销的财产物资盘亏及毁损数。企业清查的各种财产的盘盈、盘亏和毁损应在期末结账前处理完毕，所以"待处理财产损溢"账户在期末结账后没有余额。其账户结构见表9-6。

**表9-6　待处理财产损溢**

| 借方 | 贷方 |
|---|---|
| （1）财产物资的盘亏数、毁损数<br>（2）批准转销的财产物资盘盈数 | （1）财产物资的盘盈数<br>（2）批准转销的财产物资的盘亏及毁损数 |

### （二）库存现金清查结果的账务处理

#### 1. 库存现金盘盈的账务处理

库存现金盘盈时，应及时办理库存现金的入账手续，调整库存现金账簿记录，即按盘盈的金额借记"库存现金"科目，贷记"待处理财产损溢——待处理流动资产损溢"科目。

对于盘盈的库存现金，应及时查明原因，按管理权限报经批准后，按盘盈的金额借记"待处理财产损溢——待处理流动资产损溢"科目，按需要支付或退还他人的金额贷记"其他应付款"科目，按无法查明原因的金额贷记"营业外收入"科目。

**例9-1**　甲公司在现金清查中发现库存现金溢余150元。在报经批准前，根据"库存现金盘点报告表"所确定的现金溢余金额，编制会计分录如下：

借：库存现金　　　　　　　　　　　　　　　　　　　　　　150
　　贷：待处理财产损溢——待处理流动资产损溢　　　　　　　　150

**例9-2**　经核查，上述现金溢余中有100元属于应支付给王林的款项，其余50元原因不明。在报经批准后，根据"库存现金盘点报告表"审批意见，编制会计分录如下：

借：待处理财产损溢——待处理流动资产损溢　　　　　　　　150
　　贷：其他应付款——王林　　　　　　　　　　　　　　　　100
　　　　营业外收入　　　　　　　　　　　　　　　　　　　　 50

#### 2. 库存现金盘亏的账务处理

库存现金盘亏时，应及时办理盘亏的确认手续，调整库存现金账簿记录，即按盘亏的金额借记"待处理财产损溢——待处理流动资产损溢"科目，贷记"库存现金"科目。对于盘亏的库存现金，应及时查明原因，按管理权限报经批准后，按可收回的保险赔偿和过失人赔偿的金额借记"其他应收款"科目，按管理不善等原因造成净损失的金额借记"管理费用"科目，按自然灾害等原因造成净损失的金额借记"营业外支出"科目，按原记入"待处理财产损溢——待处理流动资产损溢"科目借方的金额贷记该科目。

**例9-3**　　甲公司在现金清查中发现短缺现金300元。在报经批准前，根据"库存现金盘点报告表"所确定的现金短缺金额，编制会计分录如下：

$\quad$借：待处理财产损溢——待处理流动资产损溢 $\hfill$ 300

$\qquad$贷：库存现金 $\hfill$ 300

**例9-4**　　经核查，例9-3现金短缺中150元属于出纳员的责任，应由出纳赔偿；其余150元因管理不善而导致短缺。在报经批准后，根据"库存现金盘点报告表"审批意见，编制会计分录如下：

$\quad$借：其他应收款——出纳 $\hfill$ 150

$\qquad$管理费用 $\hfill$ 150

$\qquad$贷：待处理财产损溢——待处理流动资产损溢 $\hfill$ 300

### （三）存货清查结果的账务处理

#### 1. 存货盘盈的账务处理

存货盘盈时，应及时办理存货入账手续，调整存货账簿的实存数。盘盈的存货应按其重置成本作为入账价值借记"原材料""库存商品"等科目，贷记"待处理财产损溢——待处理流动资产损溢"科目。

对于盘盈的存货，应及时查明原因，按管理权限报经批准后，冲减管理费用，即按其入账价值，借记"待处理财产损溢——待处理流动资产损溢"科目，贷记"管理费用"科目。

**例9-5**　　甲公司在财产清查中，盘盈材料一批，按同类材料估计确定其成本为2 000元，经检查是由平时收发计量误差所致，按管理权限报经批准后，冲减"管理费用"。

$\quad$借：原材料 $\hfill$ 2 000

$\qquad$贷：待处理财产损溢——待处理流动资产损溢 $\hfill$ 2 000

经批准后，作如下会计分录：

$\quad$借：待处理财产损溢——待处理流动资产损溢 $\hfill$ 2 000

$\qquad$贷：管理费用 $\hfill$ 2 000

#### 2. 存货盘亏的账务处理

存货盘亏时，应按盘亏的金额借记"待处理财产损溢——待处理流动资产损溢"科目，贷记"原材料""库存商品"等科目。材料、产成品、商品采用计划成本（或售价）核算的，还应同时结转成本差异（或商品进销差价）。涉及增值税的，还应进行相应处理。

对于盘亏的存货，应及时查明原因，按管理权限报经批准后，按可收回的保险赔偿和过失人赔偿的金额借记"其他应收款"科目，按管理不善等原因造成净损失的金额借记"管理费用"科目，按自然灾害等原因造成净损失的金额借记"营业外支出"科目，按原记入"待处理财产损溢——待处理流动资产损溢"科目借方的金额贷记该科目。

例 9-6  甲公司在财产清查中，A 材料盘亏 5 600 元，经检查是由于保管人为原因管理不善所致，按管理权限报经批准后，列作管理费用。现行增值税税率为 13%。请做出审批前和审批后的会计分录：

审批前：

借：待处理财产损溢——待处理流动资产损溢　　　　　　　　　　　　5 650

　　贷：原材料——A 材料　　　　　　　　　　　　　　　　　　　　　　5 000

　　　　应交税费——应交增值税（进项税额转出）　　　　　　　　　　　650

审批后：

借：管理费用　　　　　　　　　　　　　　　　　　　　　　　　　　5 650

　　贷：待处理财产损溢——待处理流动资产损溢　　　　　　　　　　　5 650

例 9-7  甲公司一仓库因遭受地震毁损 A 产品 300 台，每台成本 500 元。在报经批准前，根据"账存实存对比表"确定的材料毁损数，编制会计分录如下：

借：待处理财产损溢——待处理流动资产损溢　　　　　　　　　　　150 000

　　贷：库存商品——A 产品　　　　　　　　　　　　　　　　　　　150 000

例 9-8  甲公司上述因遭受地震毁损的 A 产品，回收甲材料 24 000 元，应由保险公司理赔 75 000 元，款项尚未收到，其余经批准转为企业净损失。

根据对毁损产品的处理结果，应根据材料入库单、理赔协议和相关审批意见，编制会计分录如下：

借：原材料——甲材料　　　　　　　　　　　　　　　　　　　　　24 000

　　其他应收款——保险公司　　　　　　　　　　　　　　　　　　　75 000

　　营业外支出　　　　　　　　　　　　　　　　　　　　　　　　　51 000

　　贷：待处理财产损溢——待处理流动资产损溢　　　　　　　　　150 000

## （四）固定资产清查结果的账务处理

### 1. 固定资产盘盈的账务处理

企业在财产清查过程中盘盈的固定资产，经查明确属企业所有，按管理权限报经批准后，应根据盘存凭证填制固定资产交接凭证，经有关人员签字后送交企业会计部门，填写固定资产卡片账，并作为前期差错处理，通过"以前年度损益调整"科目核算。盘盈的固定资产通常按其重置成本作为入账价值借记"固定资产"科目，贷记"以前年度损益调整"科目。涉及增值税、所得税和盈余公积的，还应按相关规定处理。

例 9-9  甲公司在财产清查中，发现一台未入账的设备，其重置成本为 48 000 元。假定不考虑其他税费等因素，固定资产盘盈时，编制分录如下：

借：固定资产　　　　　　　　　　　　　　　　　　　　　　　　　48 000

　　贷：以前年度损益调整　　　　　　　　　　　　　　　　　　　　48 000

### 2. 固定资产盘亏的账务处理

固定资产盘亏时，应及时办理固定资产注销手续，按盘亏固定资产的账面价值，借记"待处理财产损溢——待处理非流动资产损溢"科目，按已提折旧额，借记"累计折旧"科目，按其原价，贷记"固定资产"科目。涉及增值税和递延所得税的，还应按相关规定处理。

对于盘亏的固定资产，应及时查明原因，按管理权限报经批准后，按过失人及保险公司应赔偿额，借记"其他应收款"科目，按盘亏固定资产的原价扣除累计折旧和过失人及保险公司赔偿后的差额，借记"营业外支出"科目，按盘亏固定资产的账面价值，贷记"待处理财产损溢——待处理非流动资产损溢"科目。

**例9-10** 甲公司在财产清查中，盘亏设备一台，其账面原价为86 000元，已提折旧30 000元。按管理权限报经批准后，列作营业外支出。

假定不考虑其他税费等因素，固定资产盘亏时，编制分录如下：

借：待处理财产损溢——待处理非流动资产损溢　　　　　　　　　　　56 000
　　累计折旧　　　　　　　　　　　　　　　　　　　　　　　　　　30 000
　　　贷：固定资产　　　　　　　　　　　　　　　　　　　　　　　　　　86 000

经批准后，作如下分录：

借：营业外支出　　　　　　　　　　　　　　　　　　　　　　　　　56 000
　　　贷：待处理财产损溢——待处理非流动资产损溢　　　　　　　　　　　56 000

### （五）结算往来款项盘存的账务处理

在财产清查过程中发现的长期未结算的往来款项，应及时清查。对于经查明确实无法支付的应付款项可按规定程序报经批准后，转作营业外收入。

**例9-11** 甲公司通过对应付账款清理，确认乙公司已撤销营业执照，前欠的应付款37 500元无法偿还，经批准转入营业外收入。

应付账款无法支付，会计部门根据无法支付应付账款审批表，编制会计分录如下：

借：应付账款——甲公司　　　　　　　　　　　　　　　　　　　　37 500
　　　贷：营业外收入　　　　　　　　　　　　　　　　　　　　　　　　37 500

对于无法收回的应收款项则作为坏账损失冲减坏账准备。坏账是指企业无法收回或收回的可能性极小的应收款项。由于发生坏账而产生的损失，称为坏账损失。

企业通常应将符合下列条件之一的应收款项确认为坏账：①债务人死亡，以其遗产清偿后仍然无法收回；②债务人破产，以其破产财产清偿后仍然无法收回；③债务人较长时间内未履行其偿债义务，并有足够的证据表明无法收回或者收回的可能性极小。企业对有确凿证据表明确实无法收回的应收款项，经批准后作为坏账损失。对于已确认为坏账的应收款项，并不意味着企业放弃了追索权，一旦重新收回应及时入账。

## 任务检测

**一、单项选择题**

1. 盘亏的存货，报经批准处理后进行账务处理时，应该分别记入有关账户，但不记入（　　　）。

　　A. 管理费用　　　　　　　　　　　　B. 销售费用
　　C. 营业外支出　　　　　　　　　　　D. 其他应收款

2. 有关盘盈盘亏处理正确的是（　　　）。

　　A. 固定资产盘盈首先通过"待处理财产损溢"科目核算
　　B. 在处理建议得到批准之前，财务部门不得进行任何账务处理

C. 固定资产盘盈报经批准后通过"营业外收入"科目核算

D. 调整存货盘盈或盘亏的账面记录时,通过"待处理财产损溢"科目核算

## 二、多项选择题

1. 在"待处理财产损溢"账户借方登记的内容有( )。

A. 盘盈的财产物资      B. 结转经批准核销的盘盈

C. 盘亏的财产物资      D. 结转经批准核销的盈亏

2. 企业对财产物资的盘亏和毁损数,经批准后计入管理费用的有( )。

A. 由于管理不善造成的存货净损失      B. 自然灾害造成的存货净损失

C. 合理损耗造成的存货损失      D. 应由保险公司赔偿的部分

## 三、判断题

1. 无法查明原因造成的现金短款应计入营业外支出。      ( )

2. 出现库存现金短缺时,属于责任人赔偿的部分,应借记"其他应收款"账户。( )

## 四、业务题

资料:

企业对存货进行清查盘点,发现A产品盘亏20件,每件单位成本60元。经查明,85%属于定额范围内的损失,由企业负担;其余15%由保管员负担。盘盈乙材料20千克,每千克30元,经查明系计量错误造成。做批准前和批准后的会计处理。

## 项 目 总 结

本项目的主要内容包括:财产清查概述、财产清查的方法、财产清查结果的处理。同学们需要深度理解的内容在最后一个任务"财产清查结果的处理"中,里面涉及一些会计分录,而且这些分录相较以前的有一定的难度,建议学习时与前面的相关账务处理联系起来。

Project 10

项目十

财务报表

熟悉资产负债表的列示要求与编制方法

熟悉利润表的列示要求与编制方法

熟悉财务报表编制的基本要求

掌握资产负债表、利润表的作用

了解财务报表的概念与分类

学习目标

## 任务一　知悉财务报表

**任务目标**

→ 了解财务报表的概念以及构成
→ 了解财务报表的分类
→ 掌握财务报表编制的基本要求及其具体内容
→ 了解财务报表编制前的准备工作

**任务情景**

　　爸爸对小明说："我想知道咱家工厂的经营成果？你利用你学的知识做一下。"小明来到学校问老师该怎样记录这些事情，老师说本任务会解决他的疑问。

**知识准备**

　　我们已经学习了会计凭证、会计账簿，还在上一个项目进行了财产清查的学习，终于到了会计工作流程的最后一步——学习财务报表。财务报表的概念、分类及编制前的准备工作是什么？

### 一、财务报表的概念与分类

#### （一）财务报表的概念

财务报表是对企业财务状况、经营成果和现金流量的结构性表述。

一套完整的财务报表至少应当包括下列组成部分：

**1. 资产负债表**

反映企业在某一特定日期的财务状况的财务报表。

**2. 利润表**

反映企业在一定会计期间的经营成果的财务报表。

**3. 现金流量表**

反映企业在一定会计期间的现金和现金等价物流入和流出的财务报表。

**4. 所有者权益变动表**

反映企业构成所有者权益的各组成部分当期的增减变动情况的财务报表。

**5. 附注**

对在资产负债表、利润表、现金流量表和所有者权益变动表等报表中列示项目的文字描述或明细资料，以及对未能在这些报表中列示项目的说明等。

上述财务报表组成部分具有同等的重要程度。

#### （二）财务报表的分类

**1. 按编报期间不同分类**

按编报期间不同分为中期财务报表和年度财务报表。

（1）中期财务报表。中期财务报表是以短于一个完整会计年度的报告期间为基础编制的财务报表，包括月报、季报和半年报等。中期财务报表至少应当包括资产负债表、利润表、现金流量表和附注这四个组成部分。

（2）年度财务报表。年度财务报表是指以一个完整的会计年度（自公历1月1日起至12月31日止）为基础编制的财务报表。年度财务报表一般包括资产负债表、利润表、现金流量表、所有者权益变动表和附注这五个组成部分。

年度财务报表简称年报，在每年度终了时编制，应于年度终了后4个月内对外提供。

### 2. 按其编报主体不同分类

按其编报主体不同分为个别财务报表和合并财务报表。

（1）个别财务报表。个别财务报表是由企业在自身会计核算基础上对账簿记录进行加工而编制的财务报表，它主要用以反映企业自身的财务状况、经营成果和现金流量情况。

（2）合并财务报表。合并财务报表是以母公司和子公司组成的企业集团为会计主体，根据母公司和所属子公司的财务报表，由母公司编制的综合反映企业集团财务状况、经营成果及现金流量的财务报表。

## 二、财务报表编制的基本要求

### （一）以持续经营为基础编制

企业应当以持续经营为基础，根据实际发生的交易和事项，按照《企业会计准则——基本准则》和其他各项会计准则的规定进行确认和计量，在此基础上编制财务报表。以持续经营为基础编制财务报表不再合理，企业应当采用其他基础编制财务报表，并在附注中声明财务报表未以持续经营为基础编制的事实、披露未以持续经营为基础编制的原因和财务报表的编制基础。

### （二）采用正确的会计基础

除现金流量表按照收付实现制原则编制外，企业应当按照权责发生制原则编制其他财务报表。

### （三）至少按年编制财务报表

企业至少应当按年编制财务报表。年度财务报表涵盖的期间短于一年的，应当披露年度财务报表的涵盖期间、短于一年的原因以及报表数据不具可比性的事实。

### （四）项目列报遵守重要性原则

重要性是指在合理预期下，财务报表某项目的省略或错报会影响使用者据此做出经济决策的，该项目具有重要性。

重要性应当根据企业所处的具体环境，从项目的性质和金额两方面予以判断，且对各项目重要性的判断标准一经确定，不得随意变更。判断项目性质的重要性，应当考虑该项目在性质上是否属于企业日常活动，是否显著影响企业的财务状况、经营成果和现金流量等因素；判断项目金额大小的重要性，应当考虑该项目金额占资产总额、负债总额、所有者权益总额、营业收入总额、营业成本总额、净利润、综合收益总额等直接相关项目金额的比重或所属报表单列项目金额的比重。

## （五）保持各个会计期间财务报表项目列报的一致性

财务报表项目的列报应当在各个会计期间保持一致，除会计准则要求改变财务报表项目的列报或企业经营业务的性质发生重大变化后，变更财务报表项目的列报能够提供更可靠、更相关的会计信息外，不得随意变更。

## （六）各项目之间的金额不得相互抵销

财务报表中的资产项目和负债项目的金额、收入项目和费用项目的金额、直接计入当期利润的利得项目和损失项目的金额不得相互抵销，但其他会计准则另有规定的除外。

一组类似交易形成的利得和损失应当以净额列示，但具有重要性的除外。

资产或负债项目按扣除备抵项目后的净额列示，不属于抵销。

非日常活动产生的利得和损失，以同一交易形成的收益扣减相关费用后的净额列示更能反映交易实质的，不属于抵销。

## （七）至少应当提供所有列报项目上一个可比会计期间的比较数据

当期财务报表的列报，至少应当提供所有列报项目上一个可比会计期间的比较数据，以及与理解当期财务报表相关的说明，但其他会计准则另有规定的除外。

财务报表的列报项目发生变更的，应当至少对可比期间的数据按照当期的列报要求进行调整，并在附注中披露调整的原因和性质，以及调整的各项目金额。对可比数据进行不切实可行的调整，应当在附注中披露不能调整的原因。

## （八）应当在财务报表的显著位置披露编报企业的名称等重要信息

企业应当在财务报表的显著位置（如表首）至少披露下列各项：①编报企业的名称；②资产负债表日或财务报表涵盖的会计期间；③人民币金额单位；④财务报表是合并财务报表的，应当予以标明。

## 三、财务报表编制前的准备工作

在编制财务报表前，需要完成下列工作：①严格审核会计账簿的记录和有关资料；②进行全面财产清查、核实债务，并按规定程序报批，进行相应的会计处理；③按规定的结账日进行结账，结出有关会计账簿的余额和发生额，并核对各会计账簿之间的余额；④检查相关的会计核算是否按照国家统一的会计制度的规定进行；⑤检查是否存在因会计差错、会计政策变更等原因需要调整前期或本期相关项目的情况等。

## 任务检测

### 一、多项选择题

1. 一套完整的财务报表至少应当包括（　　　）。
   A. 资产负债表、利润表　　　　　　　　B. 现金流量表
   C. 所有者权益变动表　　　　　　　　　D. 附注

2. 按照财务报表编报主体的不同分类，下列符合该分类标准的有（　　　）。
   A. 反映财务状况的报表　　　　　　　　B. 合并财务报表
   C. 反映经营成果的报表　　　　　　　　D. 个别财务报表

## 二、判断题

1. 财务报表中资产项目和负债项目的金额不得相互抵销，因此资产或负债项目不得按扣除备抵项目后的净额填列。　　　　　　　　　　　　　　　　　（　　）

2. 企业应定期根据会计凭证汇总编制会计报表。　　　　　　　　　　（　　）

**任务二　掌握编制资产负债表的方法**

➡ 了解资产负债表的概念和列报总体要求
➡ 掌握资产负债表编制的基本方法
➡ 了解资产负债表的作用

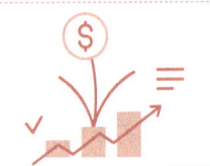

　　小明的爸爸想知道工厂的财务状况，小明知道反映企业在某一特定日期的财务状况的报表是资产负债表，回到学校问老师该怎样编制资产负债表，老师说正好咱们该学习"任务二　掌握编制资产负债表"的相关内容了，本任务可解决小明的疑问。

　　我们已经学习财务报表的有关内容，结合前面学习的会计要素，了解资产负债表的列报项目是什么？又是怎么编制的呢？

### 一、资产负债表的概念与作用

资产负债表是反映企业在某一特定日期的财务状况的财务报表。

它是根据"资产=负债+所有者权益"这一会计恒等式，按照一定的分类标准和顺序，将企业在一定日期的全部资产、负债和所有者权益项目进行适当分类、汇总、排列后编制而成的。

资产负债表中的数据体现的是特定时点的财务状况，因此，资产负债表属于静态报表，它也是企业基本会计报表之一，是所有独立核算的企业单位都必须对外报送的会计报表。

资产负债表的作用主要有：①可以提供某一日期资产的总额及其结构，表明企业拥有或控制的资源及其分布情况；②可以提供某一日期的负债总额及其结构，表明企业未来需要用多少资产或劳务清偿债务以及清偿时间；③可以反映所有者所拥有的权益，据以判断资本保值、增值的情况以及对负债的保障程度。

### 二、我国企业资产负债表的一般格式

在我国，资产负债表采用账户式的格式，即左侧列示资产，右侧列示负债和所有者权益。

资产负债表由表头和表体两部分组成。表头部分应列明报表名称、编表单位名称、资产负债表日和人民币金额单位；表体部分反映资产、负债和所有者权益的内容。其中，表体部分是资产负债表的主体和核心，各项资产和负债按流动性排列，所有者权益项目按稳定性排列。我国企业资产负债表的格式见表10-1。

## 表 10-1 资产负债表

编制单位：　　　　　　　　　　年　月　日

会企01表
单位：元

| 资　产 | 期末余额 | 年初余额 | 负债和所有者权益（或股东权益） | 期末余额 | 年初余额 |
|---|---|---|---|---|---|
| 流动资产： | | | 流动负债： | | |
| 货币资金 | | | 短期借款 | | |
| 交易性金融资产 | | | 交易性金融负债 | | |
| 应收票据 | | | 应付票据 | | |
| 应收账款 | | | 应付账款 | | |
| 预付款项 | | | 预收款项 | | |
| | | | 合同负债 | | |
| | | | 应付职工薪酬 | | |
| | | | 应交税费 | | |
| 其他应收款 | | | | | |
| 存货 | | | | | |
| 合同资产 | | | | | |
| 持有待售资产 | | | 其他应付款 | | |
| 一年内到期的非流动资产 | | | 持有待售负债 | | |
| 其他流动资产 | | | 一年内到期的非流动负债 | | |
| 流动资产合计 | | | 其他流动负债 | | |
| 非流动资产： | | | 流动负债合计 | | |
| 债权投资 | | | 非流动负债： | | |
| 其他债权投资 | | | 长期借款 | | |
| 长期应收款 | | | 应付债券 | | |
| 长期股权投资 | | | 长期应付款 | | |
| 投资性房地产 | | | | | |
| 固定资产 | | | 预计负债 | | |
| 在建工程 | | | 递延收益 | | |
| | | | 递延所得税负债 | | |
| | | | 其他非流动负债 | | |
| 生产性生物资产 | | | 非流动负债合计 | | |
| 油气资产 | | | 负债合计 | | |
| 无形资产 | | | 所得税权益（或股东权益）： | | |
| 开发支出 | | | 实收资本（或股本） | | |
| | | | 其他权益工具 | | |
| | | | 其中：优先股 | | |
| | | | 永续股 | | |
| 商誉 | | | 资本公积 | | |
| 长期待摊费用 | | | 减：库存股 | | |
| 递延所得税资产 | | | 其他综合收益 | | |
| | | | 专项储备 | | |
| 其他非流动资产 | | | 盈余公积 | | |
| 非流动资产合计 | | | 未分配利润 | | |
| | | | 所有者权益（或股东权益）合计 | | |
| 资产总计 | | | 负债和所有者权益（或股东权益）总计 | | |

### 三、资产负债表编制的基本方法

#### （一）"期末余额"栏的填列方法

资产负债表"期末余额"栏内各项数字，一般应根据资产、负债和所有者权益类科目的期末余额填列，具体方法如下：①根据一个或几个总账科目的余额填列；②根据明细账科目的余额计算填列；③根据总账科目和明细账科目的余额分析计算填列；④根据有关科目余额减去其备抵科目余额后的净额填列；⑤综合运用上述填列方法分析填列。

#### 1. 根据一个或者几个总账账户的期末余额直接填列

此填列方法包含以下三种情况：

（1）按某个总账账户的期末余额填列。资产负债中的大部分项目都是根据总账账户的期末余额直接填列，如"交易性金融资产""递延所得税资产""短期借款""应付票据""应付职工薪酬""递延所得税负债""预计负债""实收资本（股本）""资本公积"和"盈余公积"等项目。

（2）余额应在相反方向以"-"号填列。资产负债表中的有些负债项目，如"应交税费"，如果其相应账户出现借方余额，应以"-"号加上期末余额的方式填列。

（3）按多个总账账户的期末余额填列。资产负债表的一些项目需要根据多个总账账户的余额计算填列，如"货币资金"项目，应根据"库存现金""银行存款"和"其他货币资金"三个总账账户期末余额的合计数填列。又如"未分配利润"项目，则应根据"本年利润"和"利润分配"账户期末余额的计算填列。具体来说，又分为两种情况：

在年度中间的1～11月份，应根据"本年利润"账户和"利润分配"账户的余额计算填列，如果方向一致，将其合计填入报表（亏损用负数）；如果"本年利润"账户和"利润分配"账户的余额方向不一致，将其差额填入报表（亏损用负数）。

在年度终了的12月份，因本年实现的利润和已分配的利润已经转接，可直接根据"利润分配——未分配利润"账户的年末余额填列。该账户如为贷方余额（正数），表示尚未分配的利润；该账户如为借方余额（负数），表示未弥补亏损。

年末转账后，"本年利润"账户应无余额，"未分配利润"项目应根据"利润分配"账户的年末余额直接填列，贷方余额以正数填列，如为借方余额，应以"-"填列。

📙**例10-1**　2018年12月31日，甲公司结账后有关总账账户余额，见表10-2。

表10-2　总账账户余额　　　　　　　　　　　　　　　　　　　　（单位：元）

| 总账账户名称 | 借方余额 | 贷方余额 |
| --- | --- | --- |
| 应付职工薪酬 | | 84 000 |
| 应交税费 | 14 000 | |
| 实收资本 | | 2 949 000 |
| 盈余公积 | | 423 000 |

要求计算甲公司资产负债表中"应付职工薪酬""应交税费""实收资本""盈余公积"项目的金额。

计算过程：

应付职工薪酬项目金额 =84 000（元）

应交税费项目金额 =-14 000（元）

实收资本项目金额 =2 949 000（元）

盈余公积项目金额 =423 000（元）

例10-2　2018 年 12 月 31 日，甲公司"库存现金"科目余额为 1 000 万元，"银行存款"科目余额为 1 000 000 元，"其他货币资金"科目余额为 999 000 元，则 2018 年 12 月 31 日，甲公司资产负债表中"货币资金"项目"期末余额"的列报金额为多少元？

计算过程：

"货币资金"项目期末余额 =1 000+1 000 000+999 000=2 000 000（元）

例10-3　2018 年 12 月 31 日，甲公司期末"本年利润"的借方余额为 70 000 元，"利润分配"贷方余额分别为 180 000 元，则当期资产负债表中"未分配利润"项目金额应为（　　　）元。

  A. 250 000　　　　B. 190 000　　　　C. 180 000　　　　D. 110 000

【答案】D。"未分配利润"项目金额 =-70 000+180 000=110 000（元）。

### 2. 根据明细账账户余额计算填列

资产负债表中部分项目需根据相关明细账账户余额填列，如"应付账款"项目，应根据"应付账款"和"预付账款"（以下简称"两付"账户）两个账户所属的相关明细账的期末贷方（应付账款账户为负债类，所以是贷方）余额合计数计算填列。

"应收账款"项目，应根据"应收账款"和"预收账款"（以下简称"两收"账户）所属明细账借方（应收账款账户为资产类，所以是借方）余额之和减去相应"坏账准备"账户余额后的金额填列。

"预收款项"项目，应根据"应收账款"和"预收账款"账户所属明细账账户贷方（预收账款账户为负债类，所以是贷方）余额之和填列。

"预付账款"项目，应根据"应付账款"和"预付账款"账户所属明细账账户借方（预付账款账户为资产类，所以是借方）余额之和填列。

例10-4　2018 年 12 月 31 日，甲公司结账后有关总账账户及所属明细账余额，见表 10-3。

**表 10-3　总账账户及所属明细账余额**

单位：元

| 总账账户名称 | 明细账户 | 借方余额 | 贷方余额 |
|---|---|---|---|
| 应收账款 | | 360 000 | |
| | 甲公司 | 460 000 | |
| | 乙公司 | | 100 000 |
| 预付账款 | | 210 000 | |
| | A公司 | 210 000 | |
| 应付账款 | | | 315 000 |
| | C公司 | | 365 000 |
| | D公司 | 50 000 | |
| 预收账款 | | | 450 000 |
| | 丙公司 | | 450 000 |
| 坏账准备——应收账款 | | | 50 000 |

要求：计算甲公司资产负债表中"应收账款""预付款项""应付账款"和"预收款项"项目的金额。

计算过程：

应收账款项目金额 =460 000–50 000=410 000（元）

预收账款项目金额 =450 000+100 000=550 000（元）

应付账款项目金额 =365 000（元）

预付账款项目金额 =210 000+50 000=260 000（元）

### 3. 根据总账账户和明细账账户的余额分析计算填列

"长期应付款"和"长期待摊费用"项目，应该分别根据"长期应付款"和"长期待摊费用"总账账户的余额减去将于1年内到期的长期应付款和将于1年内（含1年）摊销的数额后的金额计算填列。

"长期借款"和"应付债券"账户的期末余额，扣除其中在资产负债表日起1年内到期，且企业不能自主地将清偿义务展期的部分后的金额填列。

例 10-5　2018 年 12 月 31 日，甲公司结账后"长期借款"账户的期末借方余额为 548 000 元，其中，将于 1 年内到期的长期借款为 300 000 元。计算甲公司资产负债表中"长期借款"项目的金额。

计算过程：

长期借款项目的金额 =548 000–300 000=248 000（元）

其中 300 000 元计入"一年内到期的非流动负债"项目中。

### 4. 根据有关账户余额减去其备抵账户余额后的净额填列

例如，"长期股权投资""在建工程"项目，应根据相关账户期末余额填列，已计提减值准备的，还应扣减相应的减值准备；"固定资产""无形资产"和"投资性房地产"项目，应根据相关账户的期末余额扣减相应的累计折旧（摊销、折耗）填列，已计提减值准备的，还应扣减相应的减值准备，采用公允价值计量的上述资产，应根据相关账户的期末余额填列。

例 10-6　2018 年 12 月 31 日甲公司"固定资产"科目余额为 1 045 000 元，"累计折旧"科目余额为 300 000 元，"固定资产减值准备"科目余额为 50 000 元。甲公司 2018 年 12 月 31 日资产负债表"固定资产"的项目金额为（　　　）元。

　　A．650 000　　　　B．700 000　　　　C．950 000　　　　D．1 000 000

【答案】A。固定资产项目的金额 =1 045 000–300 000–50 000=695 000（元）。

### 5. 综合运用上述填列方法分析填列

例如，"存货"项目，应根据"材料采购""原材料""发出商品""库存商品""周转材料"和"生产成本"等账户期末余额合计，减去"存货跌价准备"等账户期末余额后的金额填列，材料采用计划成本核算以及库存商品采用计划成本核算或售价核算的企业，还应按加减材料成本差异，商品进销差价后的金额填列。

例 10-7　2018 年 12 月 31 日甲公司有关科目余额如下："发出商品"科目借方余额为 810 000 元，"生产成本"科目借方余额为 290 000 元，"原材料"科目借方余额为 100 000 元，"库存商品"科目借方余额为 200 000 元，"材料成本差异"科目的贷方余额为 50 000 元。要求计算甲公司资产负债表中存货项目的列报金额。

计算过程：

"存货"项目"期末余额"的列报金额 =810 000+290 000+100 000+200 000–50 000=

1 350 000（元）。

根据以上例题，2018 年 12 月 31 日甲公司编制的资产负债表见表 10-4。

### 表 10-4　资产负债表

编制单位：甲公司　　　　　　　　　　　2018年12月31日　　　　　　　　　　　　　会企01表
（单位：元）

| 资　产 | 期末余额 | 年初余额 | 负债和所有者权益（或股东权益） | 期末余额 | 年初余额 |
|---|---|---|---|---|---|
| 流动资产： | | | 流动负债： | | |
| 货币资金 | 2 000 000 | | 短期借款 | | |
| 以公允价值计量且其变动计入当期损益的金融资产 | | | 交易性金融负债 | | |
| 应收票据 | | | 应付票据 | | |
| 应收账款 | 410 000 | | 应付账款 | 365 000 | |
| 预付款项 | 260 000 | | 预收款项 | 550 000 | |
| | | | 合同负债 | | |
| | | | 应付职工薪酬 | 84 000 | |
| | | | 应交税费 | −14 000 | |
| 其他应收款 | | | | | |
| 存货 | 1 350 000 | | | | |
| 合同资产 | | | | | |
| 持有待售资产 | | | 其他应付款 | | |
| 一年内到期的非流动资产 | | | 持有待售负债 | | |
| 其他流动资产 | | | 一年内到期的非流动负债 | 300 000 | |
| 流动资产合计 | 4 020 000 | | 其他流动负债 | | |
| 非流动资产： | | | 流动负债合计 | 1 285 000 | |
| 债权投资 | | | 非流动负债： | | |
| 其他债权投资 | | | 长期借款 | 248 000 | |
| 长期应收款 | | | 应付债券 | | |
| 长期股权投资 | | | 长期应付款 | | |
| 其他权益工具投资 | | | | | |
| 投资性房地产 | | | | | |
| 固定资产 | 695 000 | | 预计负债 | | |
| 在建工程 | | | 递延收益 | | |
| | | | 递延所得税负债 | | |
| | | | 其他非流动负债 | | |
| 生产性生物资产 | | | 非流动负债合计 | 248 000 | |
| 油气资产 | | | 负债合计 | 1 533 000 | |
| 无形资产 | | | 所得税权益（或股东权益）： | | |
| 开发支出 | | | 实收资本（或股本） | 2 949 000 | |
| | | | 其他权益工具 | | |
| | | | 其中：优先股 | | |
| | | | 永续股 | | |
| 商誉 | | | 资本公积 | | |
| 长期待摊费用 | | | 减：库存股 | | |
| 递延所得税资产 | | | 其他综合收益 | | |
| | | | 专项储备 | | |
| 其他非流动资产 | | | 盈余公积 | 123 000 | |
| 非流动资产合计 | 695 000 | | 未分配利润 | 110 000 | |
| | | | 所有者权益（或股东权益）合计 | 3 482 000 | |
| 资产总计 | 4 715 000 | | 负债和所有者权益（或股东权益）总计 | 4 715 000 | |

### （二）"年初余额"栏的填列方法

本表的"年初余额"栏通常根据上年末有关项目的期末余额填列，且与上年年末资产负债表"期末余额"栏一致。如果企业上年度资产负债表规定的项目名称和内容与本年度不一致，应当对上年年末资产负债表相关项目的名称和数字按照本年度的规定进行调整，填入"年初余额"栏。

## 任务检测

### 一、单项选择题

1. 下列信息中，不能通过资产负债表提供的有（　　　）。
   A. 企业承担的债务
   B. 企业所有者在企业资产中享有的经济利益份额及其结构
   C. 企业拥有或控制的资源及其分布情况
   D. 企业利润的形成情况及影响利润增减变动的因素

2. 资产负债表分为左右两方，其中左方为（　　　）。
   A. 资产项，按资产的流动性自小到大顺序排列
   B. 资产项，按资产的流动性自大到小顺序排列
   C. 负债及所有者权益项目，一般按求偿权先后顺序排列
   D. 负债及所有者权益项目，按短期负债、长期负债、所有者权益顺序排列

### 二、多项选择题

1. 资产负债表中"期末数"的资料来源是（　　　）。
   A. 日记账余额 　　　　　　　　　　B. 明细账余额
   C. 总账余额 　　　　　　　　　　　D. 备查登记簿记录

2. 在编制资产负债表货币资金项目时，应在"其他货币资金"账户下合计填列的有（　　　）。
   A. 银行汇票存款 　　　　　　　　　B. 存出投资款
   C. 银行本票存款 　　　　　　　　　D. 银行承兑汇票

### 三、判断题

1. 资产负债表中的"长期借款"项目应根据"长期借款"科目的期末余额直接填列。 （　　　）
2. 资产负债表反映企业某一会计期间的动态财务状况。 （　　　）

### 四、编制报表

海洋公司2018年8月31日部分总账及明细账期末余额见表10-5。

表 10-5　总账及明细账余额表

| 账户名称 | | 明细账余额 | | 总账余额 | |
|---|---|---|---|---|---|
| | | 借方 | 贷方 | 借方 | 贷方 |
| 应收账款 | A公司 | 15 000.00 | | 50 000.00 | |
| | B公司 | | 23 000.00 | | |
| | C公司 | 58 000.00 | | | |
| 应付账款 | D公司 | 25 000.00 | | | 5 000.00 |
| | E公司 | | 30 000.00 | | |
| 坏账准备 | | | | | 2 000.00 |
| 原材料 | | | | 87 500.00 | |
| 库存商品 | | | | 69 000.00 | |
| 生产成本 | | | | 32 000.00 | |
| 材料成本差异 | | | | | 1 500.00 |
| 固定资产 | | | | 500 000.00 | |
| 累计折旧 | | | | | 82 000.00 |
| 无形资产 | | | | 200 000.00 | |
| 累计摊销 | | | | | 15 000.00 |
| 长期借款 | 专项借款 | | 360 000.00 | | 500 000.00 |
| | 一般借款 | | 140 000.00 | | |
| 本年利润 | | | | 56 000.00 | |
| 利润分配 | 未分配利润 | | 169 000.00 | | 169 000.00 |

注：长期借款中"一般借款"于2019年6月30日到期。

要求：根据上述余额表，填列资产负债表10-6相关项目。

表 10-6　资产负债表（简表）

编制单位：海洋公司　　　　　　　　2018年8月31日　　　　　　　　单位：元

| 资　　产 | 期末余额 | 负债和所有者权益 | 期末余额 |
|---|---|---|---|
| 货币资金 | | 短期借款 | |
| 应收票据 | | 应付账款 | |
| 应收账款 | | 预收款项 | |
| 预付款项 | | 应付职工薪酬 | |
| | | 应交税费 | |
| 其他应收款 | | 一年内到期的非流动负债 | |
| 存货 | | 长期借款 | |
| 一年内到期的非流动资产 | | 其他非流动负债 | |
| 固定资产 | | 实收资本 | |
| 在建工程 | | 盈余公积 | |
| 无形资产 | | 未分配利润 | |

## 任务三　掌握编制利润表的方法

→ 了解利润表的概念与作用
→ 熟悉利润表的列示要求
→ 熟悉利润表的相关项目的计算
→ 掌握利润表编制的基本方法

　　工厂经营一年了，年底小明的爸爸想知道工厂到底赚了多少钱。小明知道反映一定会计期间经营成果的报表是利润表，于是回到学校问老师该怎样编制利润表，老师说正好咱们该学习"掌握编制利润表"，本任务会解决他的疑问。

　　我们已经学习了财务报表的有关内容，结合前面学习的会计要素，那么对于利润表的列报项目是什么？又是怎么编制的呢？

### 一、利润表的概念与作用

　　利润表是反映企业在一定会计期间的经营成果的财务报表。该表主要是依据"收入−费用=利润"这一会计等式，按一定的分类标准和顺序，将企业一定会计期间的各种收入、费用支出和直接计入当期利润的利得和损失进行分类排列形成的。

　　利润表是根据"收入−费用=利润"编制的，利润表中的数据说明某一期间的经营成果，因此，利润表属于动态报表，它也是企业基本会计报表之一，是所有独立核算的企业单位都必须对外报送的会计报表。

　　利润表的作用主要有：①反映一定会计期间收入的实现情况；②反映一定会计期间的费用耗费情况；③反映企业经济活动成果的实现情况，据以判断资本保值增值等情况。

### 二、我国企业利润表的一般格式

　　在我国，企业应当采用多步式利润表，将不同性质的收入和费用分别进行对比，以便得出一些中间性的利润数据，帮助使用者理解企业经营成果的不同来源。

　　利润表通常包括表头和表体两部分。表头应列明报表名称、编表单位名称、财务报表涵盖的会计期间和人民币金额单位等内容；利润表的表体，反映形成经营成果的各个项目和计算过程。我国企业利润表的格式见表10-7。

**表 10-7　利润表**

会企02表<br>单位：元

编制单位：　　　　　　　　　　　　　年　　月

| 项　目 | 本期金额 | 上期金额 |
|---|---|---|
| 一、营业收入 | | |
| 　减：营业成本 | | |
| 　　税金及附加 | | |
| 　　销售费用 | | |
| 　　管理费用 | | |
| 　　财务费用 | | |
| 　　研发费用 | | |
| 　加：资产减值损失 | | |
| 　　信用减值损失 | | |
| 　　其他收益 | | |
| 　　投资收益（损失以"–"号填列） | | |
| 　　其中：对联营企业和合营企业的投资收益 | | |
| 　　公允价值变动收益（损失以"–"填列） | | |
| 　　资产处置收益（损失以"–"填列） | | |
| 二、营业利润（亏损以"–"号填列） | | |
| 　加：营业外收入 | | |
| 　减：营业外支出 | | |
| 三、利润总额（亏损总额以"–"号填列） | | |
| 　减：所得税费用 | | |
| 四、净利润（净亏损以"–"号填列） | | |

## 三、利润表编制的基本方法

### （一）"本期金额"栏的填列方法

"本期金额"栏根据"主营业务收入""主营业务成本""税金及附加""销售费用""管理费用""财务费用""资产减值损失""公允价值变动损益""投资收益""营业外收入""营业外支出""所得税费用"等科目的发生额分析填列。其中，"营业利润""利润总额""净利润"等项目根据该表中相关项目计算填列。其列报方法如下所述：

#### 1. 营业利润的计算

以营业收入为基础，减去营业成本、税金及附加、销售费用、管理费用、财务费用、研发费用，再加上其他收益、投资收益公允价值变动收益（减去公允价值变动损失）和信用减值损失、资产减值损失、资产处置收益（减去投资损失），计算出营业利润。

（1）"营业收入"项目，反映企业经营主要业务和其他业务所确认的收入总额。本项目应根据"主营业务收入"和"其他业务收入"账户的发生额分析填列。

（2）"营业成本"项目，反映企业经营主要业务和其他业务所发生的成本总额。本项目应根据"主营业务成本"和"其他业务成本"账户的发生额分析填列。

（3）"税金及附加"项目，反映企业经营业务应负担的消费税、城市维护建设税、资源税、教育费附加及房产税、土地使用税（城镇土地使用税的简称）、车船税、印花税等相关税费。本项目应根据"税金及附加"账户的发生额分析填列。

（4）"销售费用"项目，反映企业在销售商品过程中发生的包装费、广告费等费用和为销售本企业商品而专设的销售机构的职工薪酬、业务费等经营费用。本项目应根据"销售费用"账户的发生额分析填列。

（5）"管理费用"项目，反映企业为组织和管理生产经营发生的管理费用。本项目应根据"管理费用"账户的发生额分析填列。

（6）"研发费用"项目，反映企业进行研究与开发过程中发生的费用化支出，该项目应根据"管理费用"科目下的"研发费用"明细科目的发生额分析填列。

（7）"财务费用"项目，反映企业筹集生产经营所需资金等而发生的筹资费用。本项目应根据"财务费用"账户的发生额分析填列。

（8）"其他收益"项目，反映与企业的日常活动有关计入当期损益的政府补助等。本项目应根据"其他收益"科目的发生额分析填列。

（9）"投资收益"项目，反映企业以各种方式对外投资所取得的收益。本项目应根据"投资收益"账户的发生额分析填列，如为投资损失，本项目以"－"号填列。

（10）"公允价值变动收益"项目，反映企业应当计入当期损益的资产或负债公允价值变动收益。本项目应根据"公允价值变动损益"账户的发生额分析填列，如为净损失，本项目以"－"号填列。

（11）"信用减值损失"项目，反映企业计提的各项金融工具减值准备所形成的预期信用损失。应根据"信用减值损失"科目的发生额分析填列。

（12）"资产减值损失"项目，反映企业各项资产发生的减值损失。本项目应根据"资产减值损失"账户的发生额分析填列。

（13）"资产处置收益"项目，反映企业出售划分为持有待售的非流动资产（金融工具、长期股权投资和投资性房地产除外）或处置组时确认的处置利得或损失，以及处置未划分为持有待售的固定资产、在建工程、生产性生物资产及无形资产而产生的处置利得或损失。

（14）"营业利润"项目，反映企业实现的营业利润，如为亏损，本项目以"－"号填列。

### 2. 利润总额的计算

以营业利润为基础，加上营业外收入，减去营业外支出，计算出利润总额。

（1）"营业外收入"项目，反映企业发生的与经营业务无直接关系的各项收入，主要包括债务重组利得、与企业日常活动无关的政府补助、盘盈利得、捐赠利得等。本项目应根据"营业外收入"账户的发生额分析填列。

（2）"营业外支出"项目，反映企业发生的与经营业务无直接关系的各项支出，主要包括债务债组损失、公益性捐赠支出、非常损失、盘亏损失、非流动资产毁损报废损失等。本项目应根据"营业外支出"账户的发生额分析填列。

（3）"利润总额"项目，反映企业实现的利润，如为亏损，本项目以"－"号填列。

### 3. 净利润的计算

以利润总额为基础，减去所得税费用，计算出净利润。

（1）"所得税费用"项目，反映企业应从当期利润总额中扣除的所得税费用。本项目应根据"所得税费用"账户的发生额分析填列。

（2）"净利润"项目，反映企业实现的净利润，如为亏损，本项目以"－"号填列。

## （二）"上期金额"栏的填列方法

"上期金额"栏应根据上年该期利润表"本期金额"栏内所列数字填列。如果上年该期利润表规定的各个项目的名称和内容同本期不一致，应对上年该期利润表各项目的名称和数字按本期的规定进行调整，填入利润表"上期金额"栏内。

例 10-8　海洋公司 2018 年 10 月份损益类账户发生额见表 10-8。

**表 10-8　损益类账户发生额**

单位：元

| 账 户 名 称 | 借方发生额 | 贷方发生额 |
|---|---|---|
| 主营业务收入 | | 200 000.00 |
| 其他业务收入 | | 50 000.00 |
| 投资收益 | | 2 680.00 |
| 营业外收入 | | 7 880.00 |
| 主营业务成本 | 110 000.00 | |
| 其他业务成本 | 20 000.00 | |
| 税金及附加 | 3 660.00 | |
| 管理费用 | 15 600.00 | |
| 销售费用 | 36 700.00 | |
| 财务费用 | 13 200.00 | 3 800.00 |
| 资产减值损失 | 2 650.00 | |
| 营业外支出 | 1 000.00 | |
| 所得税费用 | 14 562.50 | |

根据上述资料编制利润表见表 10-9。

**表 10-9　利润表（简表）**

编制单位：海洋公司　　　　2018年10月　　　　单位：元

| 项　　目 | 本期金额 |
|---|---|
| 一、营业收入 | 250 000.00 |
| 减：营业成本 | 130 000.00 |
| 税金及附加 | 3 660.00 |
| 销售费用 | 36 700.00 |
| 管理费用 | 15 600.00 |
| 研发费用 | |
| 财务费用 | 9 400.00 |
| 加：资产减值损失 | 2 650.00 |
| 信用减值损失 | |
| 投资收益（损失以"–"号填列） | 2 680.00 |
| 其中：对联营企业和合营企业的投资收益 | |
| 其他收益 | |
| 资产处置收益（损失以"–"） | |
| 二、营业利润（亏损总额以"–"号填列） | 54 670.00 |
| 加：营业外收入 | 7 880.00 |
| 减：营业外支出 | 1 000.00 |
| 三、利润总额（亏损总额以"–"号填列） | 61 550.00 |
| 减：所得税费用 | 14 562.50 |
| 四、净利润（净亏损以"–"号填列） | 46 987.50 |

单位负责人：　　　　会计主管：　　　　复核：　　　　制表：

## 任务检测

### 一、单项选择题

1. 编制利润表所依据的会计等式是（    ）。
   A. 收入−费用=利润
   B. 资产=负债+所有者权益
   C. 借方发生额=贷方发生额
   D. 期初余额+本期借方发生额−本期贷方发生额

2. 某企业2018年实现营业收入9 500万元，发生营业成本5 200万元，税金及附加2 500万元，财务费用20万元，管理费用30万元，销售费用50万元，营业外收入2 000万元，营业外支出1 500万元，该企业2018年的利润总额应为（    ）万元。
   A. 200          B. 3 700          C. 2 200          D. 1 700

### 二、多项选择题

下列各项中，影响营业利润的账户有（    ）。
   A. 主营业务收入       B. 其他业务成本       C. 营业外支出       D. 税金及附加

### 三、判断题

1. 利润表的"上期金额"栏应根据当年上期利润表"本期金额"内所列数字填列。（    ）
2. 企业的利润总额减去所得税后的金额即是净利润。                          （    ）

### 四、计算题

资料：甲企业2018年"主营业务收入"科目发生额为2 100 000元，"主营业务成本"科目发生额为760 000元，"其他业务收入"科目发生额为540 000元，"其他业务成本"科目发生额为220 000元，"税金及附加"科目发生额为750 000元，"销售费用"科目发生额为75 000元，"管理费用"科目发生额为65 000元，"财务费用"科目发生额为230 000元，"资产减值损失"科目发生额为46 000元，"公允价值变动损益"科目为借方发生额520 000元（无贷方发生额），"投资收益"科目贷方发生额为890 000元（无借方发生额），"营业外收入"科目发生额为200 000元，"营业外支出"科目发生额为53 000元，"所得税费用"科目发生额为252 750元。

计算该企业2018年度利润表中的营业利润、利润总额和净利润。

## 项 目 总 结

本项目是学习的难点和重点。本项目的主要内容包括：财务报表的概述、编制要求，资产负债表、利润表的概念与作用、列报要求、一般格式和编制方法。

本项目非常重要，同学们必须领会、掌握。学习时应着重理解记忆财务报表的分类，资产负债表和利润表的格式，以及各自项目的填列方法等。

# 参 考 文 献

[1] 财政部会计资格评价中心. 初级会计实务[M]. 北京：经济科学出版社，2018.

[2] 常虹，孙淑芬. 基础会计[M]. 北京：北京交通大学出版社，2012.

[3] 张玉森，陈伟清. 基础会计[M]. 4版. 北京：高等教育出版社，2011.

[4] 会计从业资格考试辅导教材编写组. 会计基础[M]. 北京：人民出版社，2015.

[5] 会计专业精品教材编委会. 会计基础[M]. 上海：立信会计出版社，2017.